HUMOR Y AMOR

HUMOR Y AMOR
DE AQUILES NAZOA

Título
HUMOR Y AMOR
Aquiles Nazoa

© Herederos de Aquiles Nazoa
© 1988, EDITORIAL PANAPO, Caracas

2.ª Edición Venezolana Ilustrada, 1993

Reservados todos los derechos

ISBN: 980-230-104-3

Diseño y Portada: Jacqueline Cherouvrier

Fotocomposición: Textos Eche c.a.

Impreso y encuadernado en
Editorial Texto, s.r.l. - Avenida El Cortijo, Nº 4,
Quinta Marisa, Los Rosales - Caracas.
Telfs.: 62.24.85 - 62.87.30

Distribuye: Editorial Panapo s.r.l. - Av. José Angel Lamas,
Centro Industrial Palo Grande, Edif. Industrial Nº 1,
Primer Piso, al lado del Hospital Militar
Teléfonos: 462.36.31 - 462.98.47 - 462.94.57

PROLOGO

Más que una mente alucinada, un poeta es el producto de una vida intensa y plena; eso era Aquiles Nazoa, una mezcla de juglar y maromero que, a veces mordaz y en ocasiones tierno, nos lleva desde el sueño a la vigilia, contándonos de un modo muy sencillo, aquellas fábulas tejidas con el hilo que une sin prejuicio lo grotesco y delicado, como quien va bordando en nuestro mapa el recuerdo de la cosas más comunes.

Allá está Aquiles más allá del tiempo y la memoria, quizás vestido con su gala de prematuro guía turístico, llevándonos por el reino de los sueños, a conocer los intensos parajes donde el cochino y la tortuga siembran corazones para enriquecer nuestro más humano encuentro.

Entre los pliegos de este libro habita el poeta con nosotros, dibujado en la mágica investidura de un Merlín tropical que nos deleita con su espléndida nostalgia, transportando nuestro oído desde el complaciente rumor del Avila hasta el inquietante corneteo citadino. Aquí conviven la comedia y la tragedia (siempre el humor tiene algo de trágico) como dos hermanitos inventados por Vallejo. Aquí no hay enlatados ni fórmulas exóticas, estas páginas resumen nuestra esencia y exploran el aroma del camino que a menudo transitamos.

Al igual que un Dante milagroso que porta en su bolsillo la brújula de Humboldt, este autor de alta filantropía, como diría el maestro Antonio Machado, nos deja por norte la palabra vida.

Escribo estos párrafos sin saber si es un prólogo, pues carezco del talento de los críticos. Tomo por testigos de la profundidad de esta lectura, a todos los hombres y paisajes donde duerme la presencia del poeta. Nada puede agregarse a este libro que ya no lo contenga, pues somos héroes y villanos del mismo contexto. Sólo nos queda imaginar que desde más allá de las nubes y los mares, donde también se fue a vivir el tren de Caño Amarillo, Aquiles nos mira como un complaciente *Papadios,* que en vez del ojo vigilante nos muestra su sonrisa de niño grande.

Armando Contreras

Aquiles Nazoa, retratado por la fotografía de Manrique en 1924, con el vestido de Nazareno que decidió su vocación de monaguillo.

BUEN DIA, TORTUGUITA

Buen día, tortuguita
periquito del agua
que a balcón diminuto de tu concha
estás siempre asomada
con la triste expresión de una viejita
que está mascando el agua
y que tomando el sol se queda medio
dormida en la ventana.

Buen día, tortuguita,
abuelita del agua
que para ver el día
el pescuecito alargas
mostrando unas arrugas
con que das la impresión de que llevaras
enrollada una tohalla en el pescuezo
o una vieja andaluza muy gastada,

Buen día, tortuguita,
payasito del agua
que te ves más ridícula y más torpe
con tus medias rodadas
y el enorme paltó de hombros caídos
que llevas sobre ti como una carga
y con el que caminas dando tumbos,
moviendo ahora un pie y otro mañana
como una borrachita,
como una derrotada,
como un payaso viejo
que mira con fastidio hacia las gradas.

Buen día, tortuguita,
borrachito del agua...
¿De dónde vienes, di, con esos ojos
que se te cierran solos, y esa cara
de que en toda la noche no has dormido,

y esa vieja casaca
que se ve que no es tuya,
pues casi te la pisas cuando andas?

Buen día, tortuguita,
filósofo del agua
que te pasas la vida hablando sola,
porque si no hablas sola, ¿a quién le hablas?
¿Quién, a no ser un tonto atendería
a tus tontas palabras?
¿Ni quién te toma en serio a ti con esa
carita de persona acatarrada
y esa expresión de viejita chocha
que a tomar sale el sol cada mañana
y que se queda horas y horas medio
dormida en la ventana?

Buen día, tortuguita,
periquito del agua,
abuelita del agua,
payasito del agua,
borrachito del agua,
filósofo del agua…

PROFESION DE BANQUERO

Extraña profesión la del banquero:
dibujar lagartijas en billetes,
comerse puntualmente su tabaco
y pinchar con su pluma entomológica
los números servidos a su mesa.

Instalado en su silla vaticana
pellizca aquí y allá menudas cifras
o bien al escuchar la trompetilla
que le tira un audífono privado,
asume una actitud de esbelto brindis
y se bebe el teléfono de un trago.

Extraña profesión la del banquero:
ponerse bicicletas en los ojos,
limpiarlas cuando llega otro banquero
con su gentil pañuelo junto al cual
lleva también un corazón Luis XV,
o ponerse a decir cosas aseadísimas
con ademanes propios de conejo
ante una dactilógrafa de vidrio
que se sienta ante él como una etcétera.

A las once el banquero toca el timbre,
pues es la hora de tener jaqueca
y de la caja fuerte saca una
píldora de importancia y se la toma.

Qué extraña profesión la del banquero:
pinchar con su estilográfica las cifras
como exquisitas presas de ensalada
y en casi maternales cucharadas,
dárselas de comer a la chequera.

MURMURACIONES DE SOBREMESA
CON JACQUES PREVERT

En estos tiempos no se puede creer en milagros
hoy al cortar el pan salió volando un pollo
luego supimos que era una broma del panadero
ya decía yo.

En esos tiempos no se puede creer en el amor
anoche nuestro hijo mayor
se tragó a su novia mientras le daba un beso
luego se disculpó diciendo que había sido sin querer
ya decía yo.

En estos tiempos no se puede
creer en lo que pintan los pintores
Picasso acaba de pintar un caballo
comiéndose el corazón de una muchacha
pero el cuadro se titulaba
muchacha comiéndose el corazón de un caballo
ya decía yo.

BUENOS DIAS AL AVILA

Buen día, señor Avila.
¿Leyó la prensa ya?
¡Oh, no!... No se moleste:
siga usted viendo el mar,
es decir, continúe
leyendo usted en paz
en vez de los periódicos
el libro de Simbad.
¿Se extraña de la imagen?
Es muy profesional.
¿O es que es obligatorio
llamarlo a usted Sultán
y siempre de Odalisca
tratar a la ciudad?
¡Por Dios, señor, ya Persia
no lee a Omar Khayyám,
y en vez de Syro es Marden
quien manda en Irán!

Cambiemos, pues, el tropo
por algo más actual:
digamos, por ejemplo,
que usted, pese a su edad
y pese a que en un ojo
tiene una nube (o más),
es un lector celeste
y espléndido, ante el cual
como un gran diario abierto
se tiende la ciudad.

¿Se fija usted? la imagen
no está del todo mal...
¿Qué le ha gustado? ¡Gracias!
Volvamos a empezar.

Buen día, señor Avila,
¿Leyó la prensa ya?

¿Se enteró de que pronto
con un tren de jugar
su solapa de flores
le condecorarán?
¡Oh, no! ¡No, no! No llore,
¿Por qué tomarlo a mal?
Será, se lo aseguro,
un tren de navidad
con el que usted, si quiere,
podrá también jugar.
Serán, sencillamente,
seis cuentas de collar
trepándose en su barba
de viejo capitán.

Tendrá el domingo entonces
un aire de bazar
con sus colgantes cajas
de música que van
de la ciudad al cielo,
del cielo a la ciudad.
¡Adiós, adiós! los niños
le dirán al pasar
y el niño sube-y-baja
tal vez le cantarán:
usted dormido abajo
refunfuñando: —Bah...!
y arriba los viajeros
cantando el pío-pa.

¿Pero por qué solloza,
si nada le ocurrirá?
¿Le asusta que las kódaks
aprendar a volar?
¿O dígame, es que teme,
¡mi pobre capitán!
que novios y turistas
se puedan propasar
y como a un conde ruso

lo tomen de barmán?
¿Es eso lo que teme?
¡Pues no faltaba más...!
¡Usted cantinero...!
¡Qué cómico será!
¡Usted, que más que conde
fue en tiempo un Sultán.
Con una nube en el brazo
diciendo: —oui, madame,
en tanto que la triste
luna de Galipán
le sirve de bandeja
para ofrecer champán...!

Buen día, señor Avila,
me voy a retirar.
Saludos a San Pedro
y a los hermanos Wright.

(El Avila lloraba,
llovía en la ciudad).

HISTORIA NATURAL CONTADA POR CARLOTA

La tara tiene vocación de carreta,
aunque su actual ocupación es la soldadura autógena.
La cerbatana se consume de sufrimiento por el hijo,
pero no lo perdona.

Ciertas maripositas acaban de salir ̇de misa de cinco.
El sapo no se ha acabado de vestir.
Y hay hormigas que andan preguntándose
atolondradamente:
—¿Será por aquí? ¿Será por aquí? ¿Será por aquí?

La rana es el corazón del agua.
¿Y quién dice que el alacrán no es un invento bélico de
Leonardo?
El cigarrón es fogonero de una locomotora.
Y la libélula duda entre si estudia química o se casa.

La abeja recomienda, para la gripe, el uso del sweter
y próximamente se le
va a casar una hija que en seguida se pondrá como ella.

Las arañas tienen la mano en la mejilla.
¿Cuántas cosas no caben en ese bolso de señora
que llevan debajo del brazo las gallinas?

Los pichones de paloma en camiseta:
pasaron muy mala noche y piensan si se afeitan o no.
Los pavos se pusieron un saco vacío por la cabeza
y las gallinetas un ajustado vestidito de mangas largas.
(Ay, estamos de luto —dicen—, pero eso no impide
que nos siga gustando hablar de la vida ajena).

Los conejos no cesan de preguntarse qué pasa qué pasa,
ni las lechuzas de tener la manos en el bolsillo.
El hipopótamo se mete en el agua
y al cabo rato sale para que lo toquen a ver si ya está
blandito.

Todas estas locuras

me las dice Carlota,
un morrocoy que para no aburrirse,
se distrae escribiendo sus memorias.
Cada mañana sale por el campo,
como un viejito, a saludar las cosas;
orienta a las hormigas extraviadas,
lee algunas noticias en las hojas
y después de indagar si la lechuza
sigue con las parótidas
y si el gusano medidor ya puede
caminar sin muletas, ve la hora,
lo piensa, lo repiensa, y al fin vuelve
a meterse en su concha.

Tiene allí un libro de Samain y tiene
una mesita coja,
ante la cual, en mangas de camisa,
y con sus anteojitos, se acomoda
y, a la luz de una vela,
de todo lo que ha visto toma nota.

Y algún día, tal vez de aquí a cien años,
saldrá a la luz el libro de Carlota.

Carlota para entonces se habrá muerto
y a otro quizá se atribuirá su obra,
mas cada vez que un niño
se ría de leer tan lindas cosas,
habrá un rumor de mariposas blancas
en el lírico túnel de su concha.

ZOO DOMINICAL

Llevemos los niños al zoo
y aprenderán el secreto de los animales
el zoo es más barato que el cine
muchos más sentimental también
y a todos nos gusta del mismo modo
que nos guataría exprimir el tubo del dentrífico,
para ser la salida del chorrito súbito.

Elefante para ir a la escuela
el canguro pintándose los labios
el león se está fumando un tabaco
el mono siempre tratando de ensartar una aguja
el cisne stradivarius.

Hipopótamo cuasimodo subyacente
vejez de ana pavlova el aveztruz
burro verdaderamente en calzoncillos la cebra
el tigre aburrido de tanto ser tigre
mariano picón salas se parece a mefistófeles
régulo burelli rivas usa bigote para cepillarse la sonrisa
pedro emilio coll royendo un chiste como un pedacito de
queso.

La jirafa deshoja la flor de su adolescencia
la jirafa evocación de la primera novia
me provoca enamorarme de la jirafa.

Y por fin la ardilla enanito buscando a blanca nieve
dentro del corazón perfumado de las nueces.

Llevemos pues los niños al zoo
y serán poetas cuando están grandes verdad rosita.

MARILYN EN LA MORGUE

En el año ya lejanísimo
mil novecientos treinta y dos,
cuando en las últimas pianolas
rodaba aún el charlestón
y en las pantallas fulguraba
la mirada de Clara Bow,
y mi hermana tenía un novio
que había estado en Nueva York
y yo tenía doce años
y era un muchacho soñador
y me bastaba verlo a él
con su flamante traje sport
—saco de rayas, gorra a cuadros,
pantalón a lo Harold Lloyd—,
y oír narrar sus aventuras
de fogonero en un vapor
y lavaplatos en Manhattan
y bailarín de un Music Hall;
en esa época que digo
—¡era en el año treinta y dos!—
ah, me bastaba sólo eso
—¡yo era ya el tonto que aún soy!—
para subirme a mis ensueños
como quien sube a un ascensor.

Desde entonces ando en el mundo
como anduviera Dreamy-Boy,
viviendo en sueños la aventura
que la vida nunca me dio.
visto harapos de vagabundo,
mi equipaje es mi corazón,
viajo en los trenes de la noche,
no tengo un diez para un hot-dog,
pero mastico mi esperanza
como quien masca un chewing-gum
y si me mata la tristeza
echo una estrella en el juke-box.

Nadie me espera, como nadie
cuando salí me dijo adiós.
De dónde vengo no me importa
como tampoco a dónde voy.
Cierto que soy un muerto-de-hambre,
un vagabundo, un polizón,
con el sombrero agujereado
y los zapatos sin cordón,
pero quién niega que soy libre,
que soy tan libre como Ford
y que a mis pies tengo la tierra
como un magnífico balón
para jugar al football-rugby
y así olvidar de qué soy:
de que soy un hombre sin casa,
un pobre paria, un Dreamy-Boy,
un John Smith desamparado
de quien se ha olvidado el amor,
un prisionero de ciudades
que a sí mismo se encadenó
y que se arrastra por los trenes
de una prisión a otra prisión!

Y aquí está América a mis pies
como un magnífico balón;
puedo jugar con ella al rugby
o, si prefieren, al beisbol.
Un Rockefeller es el pitcher
y un Rockefeller es el coach.
Pero juguemos a otra cosa,
porque yo soy mal jugador,
y lo que quiero con América
es encontrarle el corazón.

Por hallárselo ando rodando
de la Florida a Nueva York.
En Alcatraz viví cien años,
tuve una novia en Oregón,
en Carolina fui John Brown

y en Alabama fui Jim Crow;
en Chicago fui caletero
y en Amalfi morí de amor;
fui bailarín en Nueva Orleans
allá en el año treinta y dos,
y ahora en un tren de madera
voy de Pitssburgh a Nueva York
con la esperanza ya perdida
de descubrir en cuál rincón
dejó la América del Lincoln
olvidando su corazón.

¿Qué contaré cuando regrese
a aquel mundo del treinta y dos
cuando bastaba que mi amigo
me saludara: —Hello boy—
para que yo, muchacho tonto
hiciera igual que Dreamy-Boy
y me subiera a mis ensueños
como quien sube a un ascensor,
para llegar a un mundo mágico
en donde estaba Nueva York?

Ah, Marilyn, tu cruel América,
tu desdichada gran nación
te ha destrozado entre sus manos
como un paquete de pop-corn.
Y allí estás, pálida manzana
bajo tu luna de neón.

PARA AVELINA DUARTE
Navidad...

Avelina, Avelina, amiga mía,
hermana de mi novia y mi pañuelo,
hoy he pensado en ti mirando el cielo
con su inocente azul de Epifania.

Sabrás que es Navidad; que de agua fría
nos pone el clima flores en el pelo,
mientras envuelto en su gabán de yelo
pasa Diciembre en troika de alegría.

Lleno su corazón de cascabeles
y música de antiguos carrouseles,
la ciudad se volvió juguetería.

Y en ese fino mundo espolvoreado
de azúcar infantil, te he recordado,
¡Avelina, Avelina, amiga mía!

PARA ALVARO SANCLEMENTE

Alvaro Sanclemente, amigo mío!
me dicen que estás malo, y yo quisiera
darte —rosa cordial de cabecera—
esta canción de afecto que te envío.

Y en cuyo fondo pasa como un río,
un río de tristísima ribera,
tu Bogotá frutal y jardinera
arrebujada en su gabán de frío.

Pues hoy al escribirte está presente
con su luz de vitral sobre mi frente,
la lírica postal iluminada

que le enviaste a mi noble compañera
cuando yo te abracé por vez primera,
Alvaro Sanclemente, camarada!

INVOCACION AL TRANVIA

Tranvía de Caracas, buen tranvía
que te marchaste de la población
con tu presencia de juguetería
y con tus campanitas de cordón...

Porque yo te recuerdo todavía
y te guardo sencilla devoción,
he resuelto escribirte esta elegía
así, por no dejar, sin son ni ton...

Elegía muy tierna que te traje
desde los viejos cables del paisaje
donde —memoria musical— persistes.

Y que escribo en el polvo que te cubre
porque yo soy un tonto y está octubre
como para decir cosas muy tristes.

ELEGIA A JOB PIM

También vine a decirte yo hasta luego
ya que te marchas al total sosiego,
y sólo puedo darte en su partida
este verso, esta flor: mi despedida.

¿Qué más podría ofrecerte, si tú tienes
ya los mejores bienes:
el único soñar
que no tiene un amargo despertar;
la amable tierra, la apacible losa,
la posibilidad de ser un día
signo, aroma, color de poesía:
savia, tronco o raíz de alguna rosa?

Adiós, Job Pim. La tierra te sea leve, y mi elegía
un poquito más leve todavía.

EL ULTIMO PANDEHORNERO

Para Enrique Bernardo Núñez

Va el pandehorno,
va el pandehorno,
va el pandehorno abicochao,
el que comen lo muchacho
cuando etán enamorao...!

Calle arriba y calle abajo,
diciendo el viejo pregón
por el que canta el recuerdo
de un tiempo que ya pasó;
calle abajo y calle arriba,
furtivo como un rumor,
con un cristal de nostalgia
quebrándosele en la voz,
va el último pandehornero
por esas calles de Dios.

Las roscas en el canasto
—¡tan tostaditas que son!—
tienen la color morena
y hasta la misma calor
de la mano campesina
que en oro las modeló,
y del mantel que las cubre
—blanco mantel de algodón—
fluye un aroma casero
—leña, maíz, papelón—
con que olorosas las calles
va dejando el vendedor
a lejanísimos campos
con maizales bajo el sol.

Va el pandehorno,
va el pandehorno,
va el pandehorno abicochao,

el que comen lo muchacho
cuando etán enamorao...!

La ciudad vuelve a su infancia
cuando escucha su pregón
y las antiguas ventanas
tornan a abrirse en su honor
y en el ojal del pasado
revive la vieja flor,
en tanto que el pandehornero
va de portón en portón
como el último recuerdo
de un tiempo que ya pasó.
¡Viejo tiempo en que Caracas,
vestida de tradición,
al Avila se asomaba
como a un florido balcón
para escuchar las romanzas
que le cantaba el amor,
y los domingos se abrían
como abanicos de sol
para gentiles paseantes
con modales de salón
que con helados de fresa
se quitaban el calor
o asistían a retretas
donde en la parte mejor
los niños en los tranvías
pasaban diciendo adiós,
en tanto que el pandehornero
desgranaba su pregón:

Va el pandehorno,
va el pandehorno,
va el pandehorno abicochao,
el que comen lo muchacho
cuanto etán enamorao...!

Calle arriba, calle abajo,
diciendo el viejo pregón
por el que canta el recuerdo
de un tiempo que ya pasó,
va el último pandehornero
por esas calles de Dios.

Primer Guía Oficial de Turismo en Puerto Cabello, por esta época fue botones del hotel Majestic de Caracas.

ELEGIA SENCILLA

Hermano, hermano, pienso todavía
en tu sueño de amor: los grandes viajes.
!Cuántas veces viajó en los equipajes,
que no eran tuyos, tu melancolía!

Y has muerto sin viajar; tu fantasía
ya no explora los nórdicos paisajes,
ni escribes el valor de los pasajes
al margen de tu rota geografía.

Al camposanto parroquial del puerto
te condujeron, pobre hermano muerto,
en tu caja de pino un turbio día.

Y al sur de sus zapatos marineros
quedó la mar feliz de los viajeros
cantando para siempre tu elegía.

GLOSA PARA VOLVER A LA ESCUELA

Comienza el año escolar,
y septiembre en Venezuela
vuelve a ser como una escuela
que se abre de par en par.

Oh escuela de mi niñez
donde en las tardes llovía,
quién pudiera, en un tranvía
ir a tu encuentro otra vez!
Cerca ya de la vejez,
no te he podido olvidar,
pues en mi afecto un lugar
donde aún me cantas, existe,
y en el que siempre más triste
comienza el año escolar.

Con tu pueril mirador
y tu violenta lechada,
yo te creía pintada
con lápices de color.
Y en tu jardín interior,
que era un jardín de novela,
llegué a pensarte gemela
del viejo Tontoronjil...
¡Y es que en mi infancia era abril
y septiembre en Venezuela!

¿Dónde está tu Director
con sus miradas siniestras?
¿Dónde tus lindas maestras
que nos mataban de amor?
A veces un tierno olor
a tela nueva, a canela,
de tu ambiente me revela
la vieja aroma dormida,
¡y entonces toda la vida
vuelve a ser como una escuela!

Y hoy, al volver la excursión
de niños a la mañana,
yo he vuelto a oír tu campana
cantando en mi corazón.
Deja, pues, que en tu salón
tome el último lugar
y permíteme soñar
que vuelvo a la edad sencilla
en que el mundo es una Mantilla
que se abre de par en par.

LUNA DE QUEDA

Esta noche te he visto, luna de epifanía.
Desolada y remota mirabas la ciudad
desde un cielo tan triste que a mí me parecía
como recién salido de una enfermedad.

Mientras por los aleros de la ciudad vacía
ibas desparramando tu inútil claridad,
un tiro de revólver sonó en la lejanía
y un mundo de ladridos pobló tu soledad.

Nada más. Tú seguiste tu viaje por el cielo
con la melancolía de una barca de hielo
que irremediablemente se perdiera en el mar.

Y yo que te miraba con ojos de jumento
te escribí estas estrofas con el presentimiento
de que tal vez más nunca te volveré a cantar.

EN LA PLACITA

Por escribir alguna bagatela
sobre el reencuentro con las cosas idas
hoy vuelvo a recorrer las avenidas
que antaño me llevaban a la escuela.

Marco de aquella edad fue esta plazuela
llena de rosas blancas o encendidas,
y las acacias, ¡siempre tan floridas!
del Gran Ferrocarril de Venezuela.

Oh, placita infantil en la que un día
el duro corazón de un policía
me hizo llorar hasta ponerme ronco!

Tú has sido más feliz que la arboleda,
pues de aquellas acacias ya no queda
ni una ramita, ni una flor, ¡ni un tronco!

RESPONSO AL PASAJE DEL CAPITOLIO *

Ya que te están tumbando, pasaje, me apresuro
a decirte —y lo digo de todo corazón—
que el verte hecho pedazos me ha pegado muy duro
porque no estoy de acuerdo con tu demolición.

Durante mucho tiempo fuiste lugar de citas
de púgiles, taurómacos, doctores en beisbol,
comerciantes en prendas, mercaderes semitas,
vendedores de puros y tendidos de sol.

Teatro fuiste mil veces de grandes sampableras
—casi siempre por causa de un torero o de un *short*—
sin que tú protestaras ni bravo te pusieras,
¡y eso que te rompían los vidrios del "Sport"!

Como bonito, es cierto, nunca fuiste bonito,
pero bastante útil fuiste en compensación;
en ti hallamos todos un refugio gratuito
contra las contingencias de cualquier chaparrón.

Porque tú no tenías ni goteras ni baches
y eras, de ñapa, pródigo en sana distracción,
pues tu Oficina Liotu con sus mil cachivaches
te hacía más ameno que cualquier barracón.

Para todos tuviste tu techo hospitalario...
En tus pretiles, siempre tan limpios como yo,
asiento le ofreciste a más de un proletario
y fue mucho el borracho que en tu suelo durmió.

Adiós, pues, oh Pasaje del Capitolio, siento
hoy, al verte por tierra, lo que debe sentir
esa pila de vagos que desde este momento
tienen un sitio menos en donde discutir!

---

* No llegaron a demolerlo; por ahora se conformaron con "remodelarlo",
  que es peor.

EL CALVARIO

Se está acabando el viejo paseo de El Calvario:
como un tumor maligno lo roe la erosión:
de sus claros jardines, de su oloroso herbario,
sólo quedan chamizas en triste confusión.

De amores juveniles romántico escenario,
con él se muere un poco de nuestro corazón:
¿quién no paseó sus frondas de parque octogenario
con su novia y una cámara de cajón?

¡Oh, parque antaño digno de los impresionistas!,
¿a dónde irán ahora tus pueriles turistas,
los que comían gofio junto al viejo Colón?

Tú fuiste, a la vera del bullicio, un remanso,
descanza en paz. Y cuiden por siempre tu descanso
los leones del Arco de la Federación.

DOMINGO

Este domingo, que está nublado,
lo pasaré al amor del tibio lecho
con un gran libro abierto sobre el pecho,
como un convaleciente delicado.

Tú vendrás varias veces a mi lado
con el café oloroso y recién hecho,
que yo me tomaré con el derecho
que tiene al buen café todo hombre honrado.

Lloviznará. Junto al fogón fragante,
al son de la gotera en el bajante,
entonarás una canción sencilla.

Y así el domingo familiar y ameno
te hará más dulce a ti, y a mí tan bueno
como un niño inventado por Mantilla.

SONETOS CON POLLO Y COCHINO

¡Cómo me gustaría ser un cerdo:
vivir en un corral, en una piara,
o amarrado a una mata de tapara
entre pollos que brincan si los muerdo!

Más robusto y feliz cuanto más cuerdo,
no habría conmoción que me turbará:
me bastaría con mis conchas para
con todo lo demás estar de acuerdo.

Y cuando ya pletórico y gordazo,
me asestarán el clásico manazo
para ser en chuletas convertido.

Aún verías mi rostro doble-ancho,
sonriéndole a la gente desde un gancho,
como diciendo: —Muy agradecido...

Y a ti cómo te envidio, hermano pollo!
Cierto que yo por manso te critico,
mas de no haberlo sido desde chico
no hubieras alcanzado el desarrollo.

Aislado en tu corral como en un hoyo,
sólo para comer le das al pico
(tal vez por no encontrar, como el perico,
quien te dé un escobazo en el meollo).

Apático, ni alegre ni sombrío,
vives para escarbar y decir pío;
y el día que la doña que te ha criado.

Quiera comerte en salsa o con fideos,
sin tratar de marearte con rodeos
te retuerce el pescuezo, y arreglado.

ADIOS A LA PLAZA DE CAPUCHINOS

¡De modo que te tumban, Plaza de Capuchinos!
Si el progreso lo pide, ¡qué le vamos a hacer!
Pero aún quedan algunos caraqueños genuinos
a quienes tu derrumbe les tiene que doler.

¿Te acuerdas de los tiempos en que tenías rejas
y una oxidada fuente donde jugaba el sol
y un viento siempre en marzo, sonoro de hojas viejas,
digno de que lo oyera Santiago Rusiñol?

Por un lado tenías a la escuela Zamora
de la que yo era alumno cuando te conocí.
Yo amaba a mi maestra, pero se hizo señora
y entonces dulcemente me enamoré de ti.

Y ya fue para siempre: criado en cerro y en pieza,
me diste el aire limpio con que siempre soñé.
Después pasé a otra escuela, la del viejito Meza,
y de ella muchas veces, por ti, me jubilé.

Fue el tiempo en que el famosos bandolero Agapito
y la infantil pandilla de que era capitán
andaban por los cerros, de ranchito en ranchito,
haciendo cosas vistas en el Cine San Juan.

(Discípulo de "El Zorro", todo un lince del hampa,
una vez lo cercaron con un truco pueril,
y a ti te consta, oh plaza, que el que cayó en la trampa
fue el señor Juan Rodríguez, que era el jefe civil).

¿Recuerdas tus domingos, un poco pueblerinos,
en que tú compartías el júbilo trivial
de los niños gritándoles ¡mi medio! a los padrinos
que luego, en centavitos, nos tiraban un real?

Y amabas a los niños con amor de abuelita,
incluso a los Subero, que jugaban foot-ball
y que una vez, "chutando" con una perolita,
te rompieron los vidrios del último farol.

¿Te acuerdas de las tardes en que Emilio Lovera
venía a visitarse buscando inspiración
y el barbero de enfrente chasqueaba la tijera
viéndole la melena con maligna intención?

Añosa, siempre ungida de una vaga tristeza,
eras como un poema de Verlaine; más aún:
eras como el refugio final de la belleza
en un mundo que usaba pantalones balún.

Pero un día del 30 te embistió la piqueta
"municipal y espesa" y el criterio de opereta,
te aderezó con lajas, pérgolas de opereta,
y un palomar más cursi que un cronista social.

Y de ñapa en el centro te colocó un muñeco
que un tal Chicharro Gamo modeló con los pies
y al que por darle un nombre, para llenar el hueco,
le pusieron el nombre del pobre Don Andrés.

Y con los años fuiste poniéndote más fea
y más ruin, sin que nadie se apiadara de ti...
Hoy supe que te iban a tumbar: Que así sea.
¡Hace bastante años que debió ser así!

ELEGIA AL BARRIO EL CENIZO
A Rafael Guinán

¡Callejón del Cenizo!
Callejón que a los ojos de mi infancia
revelaste el hechizo
que alojan, sin jactancia,
las cosas que no tienen importancia.

Se aproxima tu ocaso,
y yo asisto a tu adiós con el esplín
con que tú, paso a paso,
seguiste hasta su fin
la juventud de Aurora Dubaín.

Mas sabe que, como ella,
los que una vez te vieron no te olvidan:
tu recuerdo y su huella
más bien se consolidan
mientras los años más los intimidan.

Con tu ciega de tango,
tus perros, tu detal de pan isleño
y tus niños sin rango,
triunfaste en el empeño
de hacer de mí un cantor de lo pequeño.

De tu quietud avaro,
jamás cruzó tus noches sino el viento,
y con ellas, al claro
de tu luna de cuento,
me volviste un romántico irredento!

Y he aquí que de pronto
la mano del progreso te hace trizas
y caes como un tonto
viendo, en tanto agonizas,
que de Cenizo pasas a cenizas.

Y sobre cuanto fueras
alzará un puente su potente giba

con sus líneas severas,
y con su comitiva
de zoquetes que escupen desde arriba...

¡Tú debajo de un puente!
¡Tú ejerciendo funciones de quebrada
y en barranco indecente
tu calle transformada!...
¡Cenizo, ya lo ves, no somos nada!

HUMOUR NOIR

Hay días en que somos tan áridos, tan áridos
(cosa que al gran Porfirio se le olvidó decir)
que nos pasamos horas sentados a la máquina
y no hallamos ni media palabra que escribir.

Nos sentimos entonces estúpidos, estúpidos,
criaturas despreciables indignas de vivir,
y sufrimos la angustia de haber caído a un sótano
del que nunca, más nunca fuéramos a salir.

Son esos días grises, insípidos, monótonos
en que —tal vez la influencia de "Las Flores del Mal"—
se nos antoja el mundo como si lo miráramos
a través de los blancos vidrios de un hospital.

Y mil veces buscamos el tema en los periódicos,
y todo lo que dice nos parece trivial
y pensamos que haciendo chistecitos imbéciles
tenemos ya treinta años y el mundo sigue igual.

Y miramos la pluma, la máquina los lápices
con una asnal mirada que significa: ¡Bah!,
y nos ensimismamos pensando en lo difícil
que es, sin usar futuros, rimas verso en á.

Pero de pronto viene la luz a nuestro espíritu
y hay algo que por dentro nos dice: ¡Qué cará!
Si es que no encuentras temas, explícaselo al público
y dile que perdone, que otro día será!...

LLUVIAS

Han llegado las lluvias. Muchos recuerdos gratos
vienen a mi memoria cuando empieza a llover:
mis tardes en la escuela, mis primeros zapatos,
mis primeros amigos, los que no he vuelto a ver...

¿Serán ellos ahora como estos mentecatos
que en mojarse no encuentran el más leve placer
y huyendo de la lluvia, como si fueran gatos,
con las primeras gotas echaron a correr?

Yo mismo, que en mis tiempos de escolar no sabía
de contento más grande ni mayor alegría
que salir, en el cinto las alpargatas rotas,

a vadear las corrientes, chapoteando en el barro,
hoy soy un caballero que le teme al catarro...
Definitivamente somos unos idiotas.

EXALTACION DEL PERRO CALLEJERO

Ruin perro callejero,
perro municipal, perro sin amo,
que al sol o al aguacero
transitas como un gamo
trocado por la sarna en cachicamo.

Admiro tu entereza
de perro que no cambia su destino
de orgullosa pobreza
por el perro fino,
casero, impersonal y femenino.

Cuya vida sin gloria
ni desgracia, transcurre entre la holgura,
ignorando la euforia
que encierra la aventura
de hallar de pronto un hueso en la basura.

Que si bien se mantiene
igual que un viejo lord de noble cuna,
siempre gordo, no tiene
como tú la fortuna
de dialogar de noche con la luna.

Mientras a él las mujeres
le ponen cintas, límpianle los mocos,
tú, vagabundo, eres
—privilegio de pocos—
amigo de los niños y los locos.

Y en tanto que él divierte
—estúpido bufón— a las visitas,
a ti da gusto verte
con qué gracia ejercitas
tus dotes de Don Juan con las perritas...

Can corriente y moliente,
nombre nadie te dio, ni eres de casta;
mas tú seguramente

dirás iconoclasta:
—Soy simplemente perro, y eso basta.

La ciudadana escena
cruzas tras tu dietético recurso,
libre de la cadena
del perro de concurso
que ladra como haciendo algún discurso.

Y aunque venga un tranvía,
qué diablos, tú atraviesas la calzada
con la filosofía
riente y desenfrenada
del que a todo perder, no pierde nada.

LUNA DE MIEL

Una semana llevas conmigo de casada.
Estamos, como dicen, en la luna de miel,
Yo te saco del brazo muy emperifollada,
luciendo la elegancia barata de tu piel.

La pareja que hacemos se dijera escapada
de una primorosísima ampliación al pastel.
Los vecinos nos miran con amable mirada,
felices de que hagamos tan bien nuestro papel.

Sin atreverte a usarlo, con mirada pueril
miras el esmaltado juego de aguamanil
y a veces te provoca llevarlo al corredor.

Mientras que yo deseo que venga algún extraño
para salir a abrirle con mi bata de baño
y oír cuando me diga: —Buenas tardes, señor...

POEMA RIGUROSAMENTE PARROQUIAL

Un día —cualquier día— sin meditarlo mucho,
cansado de hacer versos cogeré mi morral
y en busca de sosiego me marcharé a un pueblucho
donde nunca suceda nada trascendental;

donde pueda pasarme la vida en un chinchorro
hablando con la vieja dueña de la pensión
sobre los amoríos de su ahijada Socorro,
la moral de estos tiempos, la mala situación...

Por las tardes, sin saco me sentaré a la puerta
—recostada la silla de cuero a la pared—
para ver al curita que en la plaza desierta
evoca las escenas cristianas de Millet.

Me llegaré otras veces al botiquín de enfrente
en donde los "pesados" juegan al dominó,
y allí tendré una charla pueril e intrascendente
con un bachillercito poeta como yo.

Seré el mejor amigo de un viejo excomulgado
detenido tres veces por el jefe civil
por acusar al cura de ladrón de ganado
y a la iglesia católica de empresa mercantil.

Y vendrán los domingos —esbozo de sonrisa
sobre la adusta cara del tedio parroquial—
con sus pobres muchachas que concurren a misa
y su descolorida banda municipal.

Yo también daré entonces unos cuantos paseos
por la pequeña plaza, y acaso yo también
me incorpore a la cuerda de locales romeos
que "se tiran a fondo" con todo lo que ven.

Después para sus casas se irá toda la gente
mientras de algún potrero viene el triste gemir
de un burro que rebuzna melancólicamente
anunciando la hora de acostarse a dormir.

Y seguirá mi vida monótona y oscura
sin que en ella suceda nada trascendental,
salvo alguna pequeña discusión con el cura
o alguna periquera de tipo electoral.

Hasta que un día salga montado en mi tarima
rumbo del camposanto, y algún corresponsal
escriba mi elegía con esa frase encima:
"Ha muerto el secretario del Juez Municipal".

ELECCIONES

Tal y como el doctor me lo ha prescrito
y porque la ciudad me desagrada,
vivo en la soledad de un pueblito
rural, en el que nunca pasa nada.

Antigua cabecera de Distrito,
hoy es una comarca abandonada
con una iglesia descarapelada,
diez casas y un billar, ¡todo marchito!

Mas hoy, por excepción, algo ha ocurrido:
de las casas de frente derruido
brotan rostros de apático semblante.

Pasa un radio gritando: ¡Llegó el pollo!
Y más atrás, sonriente y rozagante,
un doctor con sombrero de cogollo.

PUEBLO Y MAS PUEBLO

Salvo algún chisme —siempre una bobada—
que muy de tarde en tarde lo recorre
y en su fastidio apenas lo socorre,
en este pueblo nunca pasa nada.

Siempre parece ser de madrugada,
y se diría que ni el tiempo corre
si no se oyera en la distante torre
de vez en cuando alguna campanada.

Pero, mientras escribo, por la acera
pasa un tropel de gente a la carrera
en dirección del cruce de caminos.

Y cuando salvo a ver: —Pero, ¿qué pasa?
Ya responde una vieja en la otra casa:
—¡Que se volteó el camión de los cochinos!

AY, QUE RICO

Son las niñas que vienen de Caracas...
Vienen al pueblo a hacerse las turistas;
andan en pantalones, toman "vistas"
y les tiran piedritas a las vacas.

Con cierta entonación de guacharacas
dicen que las dislocan los arpistas,
y entran a los comercios minoristas
preguntando por loros y maracas.

Por la tarde se van, con las melenas
adornadas con ramas y cayenas
que botarán después por el camino.

Y al bajar en la próxima parada
—"tú sabes, para no llegar sin nada"—
se compran medio kilo de cochino.

EN VIAJE

Sumido en las dulzuras del paisaje
y harto ya de leer, voy como un tonto
canturreando en el tren, cuando, de pronto
por accidente se interrumpe el viaje.

Como la mayoría del pasaje,
a investigar la situación me apronto;
mas me seduce, apenas me desmonto,
la paz, tan honda, del rural paraje.

Y mientras muy bucólico, medito
en la cosas que haría si en tan sola
región me regalaran un ranchito.

Oigo que en un vagón dice un pistola:
—¿Verdad que este lugar es bien bonito?...
¡Qué lástima que no haya motorola!

AL TUERTO LOPEZ

Tuerto López, me estoy pasando el día
en un desvencijado poblachón
donde no turba la monotonía
sino el paso fugaz de algún camión.

Nada le falta: ni la pulpería
con su burro amarrado de un horcón,
ni la municipal chismografía
de las solteras sin composición.

Hay una paz asnal que no convida
sino a echarse a dormir, porque la vida
es, mi querido Tuerto, por acá,

intransitable y sorda como esta
calle por donde a pleno sol de siesta
pasa el bobo diciendo: —Bá, bá, bá…

TRINA

Todo está en paz; la noche se ilumina
con una luna de marfil y oro;
las ranas y los grillos forman coro;
el aire huele a tierra de pimpina.

Al pie de la ventana, en una esquina,
hay un muchacho cuyo nombre ignoro,
hablando con su novia más que un loro:
la muchacha en cuestión se llama Trina.

—¿Te acuerdas, Trina —le pregunta el mozo—
que me ofreciste un beso bien sabroso
si encontraba un trabajo con buen sueldo?

Y la joven, esquiva como un gato,
se le queda mirando largo rato,
y al final le responde: —No me acueldo...

Esperando el autobús en Cagua, Estado Aragua. Año 50.

LOS CAZADORES DE MUCHACHITAS

Cuando una de estas jóvenes que interrumpen un día
su curso de "Inglés Básico" y mecanografía
para entrar en el mundo de los que "tienen modo"
con un joven decente que "Compró carro y todo'.

Cuando una de estas jóvenes, por haberse casado
con doctor, ya figura entre los más granado,
lo primero que aprende es a hablar del suplicio
que es hoy día en Caracas la cuestión del servicio...

"Con lo pésimo —dicen— que está el servicio ahora,
nadie sabe el trabajo que pasa una señora.
La última que tuve fue una negra tuyera
y ¡ay mijita!, te digo que aquello era un fiera.

Y eso que la poníamos a dormir en el baño
y le dábamos libres dos domingos al año.
¿Y sabes hasta dónde llegaba su osadía?
¡A pedir que le dieran tres comidas al día"

"Es que esas son sirvientas maleadas por Caracas
—le responde la otra—. Yo en cambio de Tucacas
traje una que me dieron para que yo la eduque
y ésa me lo hace todo. —Pregúntaselo a Luque:

Lava, plancha, cocina, me le atiende al chiquito,
y eso sí, niña: ¡tiembla cuando le doy un grito!
Esa no mueve un dedo sin pedirme permiso
porque, caray, ¡le saco los ojos si es preciso!

Un sábado le dije: "Mire, cuando haya gente
usted no entre ni salga por la puerta del frente".
Como a los cuatro días me desobedeció
y, con visita y todo, supo quién era yo.

Le dejé esas costillas que —pregúntale a ella—
todavía le duelen cada vez que resuella.
Ella quisiera irse, pero ésa no se va...
¿No ve que allá en Tucacas la espera su papá?"...

Y así, cada domingo, cada fin de semana
sale de nuevos ricos la alegre caravana
a recorrer los campos buscando muchachitas
como quien busca lapas o picures o arditas.

Se pasan un gran día de monte, y al regreso
junto con el cochino, las cachapas y el queso,
se traen a una idiota marcada de viruelas
que se estrenó ese día sus primeras chinelas.

Y ya tiene otra misia quien le haga los mandados
y a quien matar a palos y a quien darle sobrados
y a quien pelarle el coco y a quien hacerlo odioso
¡todo lo que en la vida pudiera ser hermoso!

UNA PELA

Por fin, después de toda una semana
de llovizna obstinada y fastidiosa,
ha vuelto a aparecer, como una rosa
de juventud, el sol esta mañana.

Y abierta hacia los campos la ventana
me siento ante mi Rémington mohosa
con ganas de escribir alguna cosa
en loor de San Isidro y de Doñana.

Pero de pronto, rotos, conmovidos,
me llegan unos trágicos gemidos
y el áspero chasquear de una correa.

Y olvido a San Isidro y a Doñana...
¡Cómo encontrar hermosa una mañana
que para un pobre niño está tan fea!

JEFATURA DEL PUEBLO

En un pueblo cualquiera del interior de Venezuela, la mañana de un domingo. Acaba de formarse un pleito de gallera.

MELECIO: ¡No, no, usté me paga mi gallo! eso lo arreglamos
en la jefatura!
ULPIANO: Pero Melecio, chico, hazme el favor, ven acá, chi-
co...
MELECIO: ¡No señor! ¡Tú me pagas mi gallo es lo que es!
ULPIANO: Bueno, vale, está bien; vamos a la jefatura y ya es-
tá.
UNA MUJER: Ay, Dios mío, dígame ese hombre peleando con
su compadre de sacramento a ver si le sale el diablo!
*(Los de la disputa van a la jefatura con todo el pueblo atrás.
La jefatura está cerrada. Tocan fuertemente al portón.
Nadie contesta).*
ULPIANO: Ahí tá, pues, la jefatura tá cerrada. Vamos a ver
qué me vas a hacer ahora.
MELECIO: ¿Cerrada? ¡Ya me vas a pagar mi gallo es lo que
es.
*(Vuelve a tocar al portón varias veces, con largas pausas
entre llamada y llamada, esperando inútilmente que alguien
conteste. A las mil y quinientas oyen adentro una voz lejanísi-
ma. Se entabla a través de la puerta, un diálogo a gritos, co-
mo los que se oyen junto a los ríos de una orilla a la otra).*
LA VOZ: ¿Quién es...?
MELECIO: ¡Gente de paz!... ¿Ahí tá el jefe civil?
LA VOZ: ¡Tá pa los toros coliaos!
MELECIO: ¿Y el secretario?
LA VOZ: Tampoco. Tá pa una telnera en la orilla el río!
MELECIO: ¿Y el polecía?
LA VOZ: Salió pa ve un choque y no ha vuelto!
MELECIO: ¡Ah caracha!... ¿Y usté quién es?
LA VOZ: Yo soy el arrestao, pero no le puedo abrí porque me
estoy bañando...
MELECIO: Ah bueno, mire, entonces ponga cuidao: cuando
venga el jefe civil...

60

LA VOZ: Ajá...

MELECIO: ...usté le dice que por aquí vino Melecio a arreglá un asunto de un gallo que me malogró mi compadre Ulpiano... Pero que como él no estaba aquí, nosotros vamos a seguí peleando y volvemos más tardecita, ¿yalosabe?

LA VOZ: ¡Bueno, no tenga cuidao!...

MELECIO: Bueno, muy agradecido.

(Se disponea irse, pero...)

LA VOZ: ¡Mire!...

MELECIO: ¿Ajá?...

LA VOZ: ¿Usté me quiere hacé un favor?

MELECIO: :Cómo no!...

LA VOZ: Ah bueno mire, ¿Usté sabe ahí junto e la barbaría del Tuerto Elías, esa casa 'e tejas donde se la pasa un mochito en la puerta?

MELECIO: Sí...

LA VOZ: Entonces, mire: Me hace el bien de avisámele allá a Encalnación Carrillo que Ismaelito está arrestao desde anoche, porque estaba pelao en el botiquín de la plaza y le quiebré la tutuma 'e vidrio a la motorola... Y que me mande un pantalón, ¿sabe? polque el que tengo es el de parrandeá...!

MELECIO: Ah bueno. Como a mi compadre lo van a arrestá de toas maneras por el inconveniente 'el gallo, yo le digo que se lo mande con él. ¿Yalosabe?...

LA VOZ: ¡Bueno!...

MELECIO: Bueno, pues.

LA VOZ: Bueno...

EN CAGUA

A Amílcar Sterchevich

La calle duerme en paz. Entre jirones
de nubes el pastel flota la luna,
y el paisaje sin fin es como una
descolorida tapa de bombones.

Por entre viejas tapias y portones
pasa el viento cantor de la laguna
y pasa, maldiciendo su fortuna,
un borracho que arrastra los tacones.

Y en esta inmensa soledad nocturna
mientras de nubes tristes se embadurna
la cara serenísima del cielo.

Toda mi inspiración se deshilacha
cuando explota, tocando una guaracha,
la motorola de Benito Melo!

ELEGIA

Adriana, yo recuerdo todavía
que aún sin ser una mujer completa,
hace cinco años era tu silueta
lo más gracioso que en el pueblo había.

Y hoy eres la perfecta ama de cría;
te recoges el moño con peineta,
y ya vas por los tres: uno de teta
y dos que comen tierra todo el día.

Sin embargo, en tu casa esta manaña,
mientras de tu cocina provinciana
sacabas dos escuálidas silletas

tu triste situación eché al olvido,
pues me dio risa ver a tu marido
con el sombrero puesto y en chancletas.

CABALLEROS A LA GARZON

Los que lleguemos vivos al año venidero,
según ha dicho en Londres un famoso barbero,
podremos ser testigos del más grande espectáculo
que se dio desde el dado por Moisés con su báculo.

Pues el barbero afirma que desde el año entrante
la moda masculina será el pelo abundante,
ora enrrollado a modo del turbante de un sheik,
o bien, suelto al estilo de Verónika *Leik*.

Un tiempo el pelo largo fue usual en el varón,
como nos lo demuestra la historia de Sansón,
mas desde que Dalila descubrió el sillón Koken,
ningún hombre se escapa de que en él lo coloquen.

Por otra parte, aquellos eran recios varones
que derribaban templos y abatían leones,
y en los que la melena era el anticipo
de unas barbas tan feas que quitaban el hipo.

En cambio, qué distinto se verá el hombre actual
cuando empiece a peinarse buclecitos y tal...
Puede que la melena nos mejore el aspecto,
pero sin una chiva que compense el efecto
ni una musculatura que destripe leones,
quizá no parezcamos propiamente sansones...

Si Renato El Hermoso, siendo tan muscular...
dio con su cabellera, tanto, ¡tanto qué hablar!,
¿qué decir de los miles de endebles pelagatos
que ni remotamente somos unos Renatos?

(Yo lo veo en mí mismo: yo me adscribo a esa moda
y lo que es mi honorable familia se acomoda,
pues al verme el moñito, quien menos me atropelle
me dirá: —Adiós Rosario... Saludos a Popeye!)

Y como las mujeres en su gran mayoría
tienden a recortarse más pelo cada día,

así como a ponerse pantalones también,
con esa moda nadie va a saber quién es quién...

Será un mundo de gente desconfiada e incrédula,
donde será un peligro tener novia sin cédula,
un mundo en el que muchos harán una conquista
para encontrarse luego con... un oportunista.

Con todo, dice en Londres el famoso barbero
que desde el año entrante ni un solo caballero
quedará, que no lleve su moño y su peineta.
¡Falta ver si a las damas le gusta esa jareta!

¿Serán los que usen moños sus hombres favoritos,
o bien los que esa moda deje sanos y salvos?
En el caso primero los calvos están fritos,
y en el caso segundo, ¡se gozaron los calvos!

NADA

*"El que escribe para comer,
ni come ni escribe"*

Leo toda la prensa. Todavía
no he dado con el tema. Ni siquiera
una perlita en el filón de afuera,
ni una vulgar cuestión de policía.

Y sin pensarlo —tonta tontería—
me dedico a formar una ringlera
de letra sin sentido, a la manera
de una lección de mecanografía...

Porque el día, señores, que ha pasado
ha sido melancólico y pesado
como un día de lluvia en el destierro.

Y yo he estado vacío y aburrido
con ese aburrimiento indefinido
del hombre que regresa de un entierro.

CONVERSACION CON UN COCHINO

Cochino, buenos días.
Cochino, ¿cómo estás?
¿Qué me cuentas, cochino?
¿Qué novedades hay?
¡Espera! No te asustes:
no te vengo a matar.
Acércate, cochino:
cochino, ven acá.
Quédate aquí echadito
sin gruñir ni roncar,
y como dos amigos
vamos a conversar.

Tú no sabes, cochino,
qué lástima me da
saber que a ti la gente
no te suele nombrar
sino para hacer chistes
por lo hediondo que estás,
y que nadie en el mundo
se te puede acercar
sin decir: ¡fo, carrizo!,
sin decir: ¡fo, cará!

Yo, cochino, te admiro,
yo te admiro a pesar
de que con esa trompa
pareces un disfraz,
porque pese a tu aspecto
tan poco intelectual
y a ese absurdo moñito
que te cuelga de atrás,
ya quisieran, cochino,
los que te tratan mal
tener de tus virtudes
siquiera la mitad

¡Oh imagen cochinesca
de la sinceridad!
Tú haces tus cochinadas
metido en tu barrial:
como eres un cochino,
te portas como tal
sin ocultarle a nadie
tu condición social.
Ni engañas, ni te engañan:
tú vives y ya está;
sabes que mientras seas
cochino y nada más,
del palo cochinero
nadie te va a salvar,
y así esperando vives
tu toletazo en paz.
Ni pides garantías
ni pides libertad,
ni pides que interpelen
al cochinero tal
sin permisos del SAS,
sino que estás tranquilo
metido en tu barrial
con tu trompa adelante,
con tu rabito atrás
soportando en silencio
la pueril necedad
de los que te hacen chistes
por lo hediondo que estás
y dicen fo carrizo
y dicen fo cará,
y no ven que ellos mismos
—o su modo de actuar—
comparados contigo
huelen mucho más mal.

Hasta luego, cochino,
yo me voy a almorzar;

68

te prometo que el lunes
volveré a tu barrial
y si no te han raspado
volveremos a hablar.
Mas por si para entonces
no te vuelvo a encontrar,
acércate, cochino.
ven, acércate más,
para darte en la trompa
mi besito final.

EL MISMO PIANITO
Poema electoral

¡Quién iba a decirlo!
¡Quién iba a pensar
que después de tanto
cerebralizar,
y tanto escribir
y tanto charlar
que si patatín
que si patatán
quién iba, repito,
quién iba a pensar
que sin darnos cuenta
vinimos a dar
en el mismo sitio
y en el mismo lugar
donde ya estuvimos
antes de empezar!

"Esto está maduro,
y ahora sí es verdad;
esta lavativa
ya esta al reventar:
un empujoncito,
¡uno nada más!,
¡pal suelo es que va!"
Así lo creía
nuestra ingenuidad
y más de un zoquete
se sentó a esperar,
para ver tan sólo
—¡qué broma, caray!—
que aquello que empujan
sigue en su lugar,
igual que la baba
que dice el refrán
que menos se mueve
mientras más le dan.

¡Quién iba a decirlo!
¡Quién iba a pensar
que después de tanto,
de tanto charlar,
y tantas peleas
y tanto blá blá,
estamos lo mismo
—peores quizás—
que aquellos pianitos
de cuando Guzmán
a los que llamaban
Merengue —No— Más:
comenzaba el hombre
su piano a tocar
y al son del merengue
la gente a bailar,
y al fin de la pieza
sonaba: ¡Chin plán!,
y el mismo merengue
volvía a empezar.

¡Qué broma, carrizo!
¡Qué broma, caray!
Tres años corriendo,
tres años o más,
tres años brincando
de aquí para allá,
tres años buscando
por donde brincar,
y al fin de tres años
venir a encontrar
que no hemos salido
del mismo lugar:
que el ritmo es el mismo
y el mismo compás
y el mismo merengue
que vuelve a empezar:
los mismos doctores,
la misma unidad,

las mismas campañas,
los votos y tal,
y otro presidente
—o el mismo quizás—
y nuevos discursos
y vuelta a empezar
el mismo pianito
constitucional.

Todas estas cosas
las ganas que dan
son de irse uno
corriendo porái
y comprarse un burro
y enseñarlo a hablar,
y a decir ¡jí jí!
y a decir ¡já já!,
para cuando alguno
lo venga a embromar:
"Escucha, burrito,
¿tú vas a votar?",
pele los dientotes
y diga: —¡Qué va!
¡Vayan a la porra,
vayan al cará
con sus elecciones
y con su unidad
y con sus adecos
y su grupo Ars
y sus garantías
y su libertad
y con esos viejos
que ya huelen mal!

¿Qué adelanta un burro
con seleccionar
el palo que encima
le van a quebrar
o con que lo dejen

el nombre indicar
del próximo vivo
que lo va a montar?

¡Vayan a la porra!
¡Vayan al cará!
con sus candidatos
y con lo demás!
Que si en estos años
—¡tres años o más!—
otros no aprendieron
sino a taparear,
yo he aprendido al menos
a decir ¡jí jí!
y a decir :já já!

¡Jí jí jí jí jí jí,
já já já já já já!

CANCION DE LA GALLINA

En el corral sentado
vi una gallina ayer bastante fina,
y fue tan de mi agrado
que casi a la sordina
le escribí esta "Canción a la Gallina".

¡Oh gallina inocente,
calla tu cacareo detonante
que a tantísima gente
le resulta chocante,
y a escuchar mi canción ven un instante!

Yo te admiro, ¡oh gallina!,
yo admiro en ti el afán con que procuras,
sin dejar de ser fina,
sacar de la basura
las más apetitosas sabrosuras.

Ducha en sacar provecho
de lo que sucio esté, sin ensuciarte,
y de cualquier desecho
que a tu pico se ensarte,
¡allí, gallina, es donde está tu arte!

Pudriciones exhumas,
pero con tal cuidado las escarbas,
que en ellas pescas rumas
de granitos y larvas
sin que te salpiquen ni las barbas.

Yo he visto, en cambio, humanos
que escarbando también como los buenos
pestíferos pantanos
e infecciosos terrenos,
¡se ensucian mucho más y sacan menos!

PEQUEÑO CANTO AL BURRO

¡Oh burro, noble hermano!,
permíteme que ahora que me aburro
buscando un tema en vano,
a modo de susurro
te dedique un pequeño Canto al Burro.

Feliz tú que, callado,
miras cómo la vida se desliza,
y si el arriero airado
unos palos te atiza,
soportas en silencio tu paliza.

Para más de un idiota
tu nombre constituye un serio agravio
y casi nadie nota
que pese a tal resabio,
más vale un burro bueno que un mal sabio.

Tú no haces el ridículo:
si por buscarte pleito alguien le da,
tú en lugar de un artículo
que nadie leerá
le sueltas dos patadas y ya está.

Ahí vuelves del trabajo,
cansado, soñoliento, medio cojo,
y ahora, cabizbajo,
vas sin ningún enojo
a buscar tu poquito de malojo.

Yo desde aquí te miro,
mientras en pos de un tema a ti recurro,
y desde mi retiro
me digo en un susurro:
¡quien fuera como tú, querido burro!

Mi próximo poema
para ti, será mucho más bonito:
por hoy, por darme el tema
para el presente escrito,
¡mil gracias, queridísimo burrito!

JUDAS QUEMADO EN CAGUA

Cuando entró apagando las velas
el viento en la procesión,
y la torre echó a la calle
sus campanas de latón
—tres repicando a Aleluya
y dos a Resurrección—;
cuando el domingo aragüeño
de muchachas floreció
y el sol como colcha de arpa
puso a la plaza mayor,
cien cohetes levantaron
sus palmas de relumbrón
y todo fue gente y gritos:
¡Ahí viene la Comisión!

Jinetes de punta en blanco,
al ojo el sombrero alón,
espumante los caballos
y en el pecho todo el sol,
despejando van las calles
formado de dos en dos.
Delante, Benito Melo
va en un caballo marrón,
crujiente en su liquiliqui,
deslumbrante de almidón
y en la cara la sonrisa
como una flor de balcón.

Y atrás, entre las dos filas,
en un burrito trotón,
con el frente hacia la ola,
con el cuerpo hecho un montón,
con los pies escobillando
un forzado galerón,
atrás va el judas del pueblo
siguiendo a la Comisión.

Pantalón de cotonía,
zapatos sin dirección,
casaca federalista,
basura por corazón,
va el pobre Judas de Cagua:
lo agarró la Comisión
y el pueblo, encendido en gritos,
lo sigue como un hachón.

Ya baja Benito Melo
de su caballo marrón
ya un olor de kerosene
se mezcla con el del ron,
ya flores de las muchachas
recibe la comisión,
ya sin jinete se llevan
al borriquito trotón.
Y cuando al aire se agitan
las faldas del casacón
y los pies cambian en valse
su forzado galerón,
Judas al pueblo le dice
lo que va a continuación:
—Vine al mundo en Barrio Loco,
pero me crié en Barracón
y andé pa arriba y pa abajo
como mano de pilón.
Ya grande pasé a Turmero
donde empezó la cuestión,
pues allí en la jefatura
me encerraron por ladrón,
y en un descuido del guardia
me fugué por un balcón
y fui a dar en una iglesia
donde en aquella ocasión,
como era Semana Santa
celebraban la Pasión.

Caifás y Poncio Pilatos,
los jefes de la región,
andaban buscando a Cristo
no sé por qué acusación.
Y como ofrecieran plata
por el que diera razón,
yo quise salir de abajo
con aquel santo varón.

Y entonces lo fui a buscar
con mi segunda intención,
y de Cristo me hice amigo
pa luego hacerle traición.
Le di un beso en la mejilla,
le ofrecí veneración,
y en lo que todos dormían
le avisé a la Comisión.
Vinieron tres comisarios,
le pegaron un cordón
y al mismo tiempo brincaron
con mi gratificación.
Y con los treinta dinerios
que cogí por mi traición,
jugué bolas, me eché palos
y me compré un pantalón.

Pero al caer la tarde
vino la crucifixión,
y del Cristo moribundo
yo vi la triste expresión,
y no pude con la pena
que me embargó el corazón,
y me dije —¡Concha, Judas,
tú no mereces perdón!

Entonces llamé a Benito
y le dije: —Valezón,
mande a comprar kerosene
y conviértame en carbón

para que el pueblo de Cagua
se remite en mi lección
y no venda a los amigos
ni por precio de un millón.

Y mientras el pobre Judas
daba esta peroración.
repicaban Aleluya
las campanas de latón
y las chicharras del campo
cantaban Resurrección.

Tomada en el Tequendama de Trujillo. Un amigo de Plinio,
su mujer y la hija de Plinio, la bruma del fondo es el torrente,
que cuando hay poca agua se evapora en el trayecto.

CASA CON TRES VENTANAS

Tiene la casa grande tres ventanas:
dos a la Calle Real y una al camino;
las tres, no obstante su olor mohino,
conservan su altivez de veteranas.

Ante sus rejas todas las mañanas
me detengo un momento, me imagino
que adentro, de fastidio pueblerino
se mueren tres románticas hermanas.

¡Quién la viera!, me digo, y como advierto
que un postigo ha quedado medio abierto,
me subo al ventanal, sudando arrobas...

Y al llegar meto el ojo ansiosamente:
Ni muebles hay allí ni se ve gente.
La sala es un depósito de escobas.

GALERON CON UNA NEGRA

Desde Guachara al Cajón,
de Cazorla a Palo Santo,
no hay negra que baile tanto
como mi negra Asunción.
Cuando empieza el galerón
y entra mi negra en pelea,
todo el mundo la rodea
como hormiguero a huesito.
¡Porque hay que ver lo bonito
que esa negra joropea!

Que esa negra joropea
bien lo sabe el que la saca
que la compara a su hamaca
cuando hay calor, y ventea.
¡Así es que se escobillea!
—le dice algún mocetón.
Y en su honor hace Asunción
una figura tan buena,
que como flor de cayena
se le esponja el camisón.

Se le esponja el camisón,
y el mozo que la ha floreado
salta: —permiso, cuñado,
que es conmigo la cuestión!
Luego se ajusta el calzón,
la engarza por la cintura
y con tanta donosura
se le mueve y la maneja,
que la negra lo festeja
con una nueva figura.

Con una nueva figura
en que ella se le encabrita
como gallina chiquita
cuando el gallo la procura.

—¡Venga a verla, don Ventura!
—grita alguno hacia el corral,
y desde allí el caporal
dice con cara risueña:
—Baila bien esa trigueña;
yo la he visto en Guayabal.

Yo la he visto en Guayabal
y también en San Fernando.
Yo vengo el Llano cruzando
de paso para El Yagual,
y aunque decirlo esté mal
por parecer pretensión,
desde Guachara al Cajón,
de Cazorla a Palo Santo,
¡No hay negra que baile tanto
como mi negra Asunción!

VERANO BRAVO

Llega a los pobres campos el verano.
Bajo un cielo de cinc, humo y chamizas;
y en la explosión triunfal de las cocuizas,
el implacable sol venezolano.

Todo está inmóvil, todo en meridiano;
por la tierra sin fin, bestias plomizas
el belfo en polvo y en cenizas
y al impasible azul braman en vano.

Pasa el estruendo de un camión, y queda
como flotante entre la polvareda
un que otro enclenque rancho campesino,

donde, tensa en la luz del desperezo,
pareciera la gente en un bostezo
tragarse, de un tirón, todo el camino!

MATRIMONIO DE POBRE

Hoy se ha casado Petra mi vecina;
su casa abierta está de par en par,
toda flores, champaña y gelatina
y poético aroma de azahar.

Como en una taquilla de oficina
en la que algo le fueran a obsequiar,
una barra sarcástica y cretina
se ha aglomerado afuera a cantar.

"¡Vivan los novios!", brindan en la sala.
Luego, en un carro con chofer de gala,
se introducen los dos como en un nicho.

Y mientras el vehículo se aleja,
estalla un grito popular, de vieja,
—¡Para Macuto, y a parir se ha dicho!

ENCUENTRO CON UNA RELOJERA

"... ¡Pobres muchachas!"
El Tuerto López

Muchachas del pasado, melindrosas
muchachas del pasado
que cuidando "el tesoro más preciado"
se solían morir tuberculosas.

Y que sólo sabían hacer cosas
de cera virgen y papel rosado
o, en algún destemplado
piano, tocar a Juventino Rosas!...

Con qué dulce tristeza
las evoco esta tarde en la tibieza
de esta casa rural de cuando El Mocho,

viendo una relojera en la que dice
bordado en lentejuelas: *Berenice*
1908!

EL ECLIPSE DE LOS CHINOS

De la Caracas que muere
la de aquel tiempo antañón
en que a la Plaza Bolívar
le cantaba Luis Churión,
y las muchachas se iban
a Los Chorros de excursión;
de aquella vieja Caracas
cuya ingenua población
dejaba que un Valentino
le robara el corazón
y agitaba pañuelitos
cuando pasaba un avión,
o en las mesas de "La Francia"
devoraba con fruición
helados que se empacaban
en cajitas de cartón
en tanto que la retreta
tocaba una selección;
de aquella vieja Caracas
de pajilla y de bastón,
evocar quiero una estampa
que aunque nacida en Cantón
llegó a ser más caraqueña
que el famoso Don Ramón.
¿Quién no recuerda a los chinos
de almibarada expresión
que con un saco a la espalda
del tamaño de un camión
andaban de casa en casa
y de portón en portón
recogiendo unas camisas
tan negras como el carbón
que el sábado regresaban
más blancas que el algodón?

¡Pobres chinos lavanderos!
Humildes de condición,

por años fueron la sopa
de nuestra mala intención.
Yo mismo, que era un mangana,
jamás perdí la ocasión
de darles aquel gritico:
—*Chino, ma...luco, lalón,*
que a veces para lucirse
y a veces por diversión
les lanzaban los muchachos
imitándoles el son.
¡Y aquellas lavanderías...!
Eran siempre un caserón
con una tabla en la puerta:
"Lavandería Li-Pon"
y unas palabras chinescas
—sin duda la traducción—
que nimbaban el recinto
de una extraña sugestión.

Desde el zaguán hasta el fondo
corría un vasto mesón
y en él como treinta chinos
en chinelas sin talón
cantando mientras planchaban
con sus planchas a carbón,
en tanto que otros comían
arroz blanco en un tazón
y otros iban colocando
la ropa en un gran cajón
y otros más, medio desnudos,
cocinaban almidón,
todo esto bajo una selva
de alambres en profusión
atestados de camisas
y otras prendas de varón.

Ver aquello desde fuera
daba la misma impresión
que dan, en ciertas postales,
los mercados de Hong Kong.

Y es lo más extraordinario
que entre tanta confusión
jamás se perdió camisa
(ni tampoco pantalón).
Camisa que se entregara
de un chino a la discreción,
camisa que regresaba
sin faltarle ni un botón.
Y a tal punto eran artistas
en manejar el jabón
y en deslizar una plancha
sobre una blanca extensión,
que usted se las entregaba
más mugrientas que un fogón
y al venir no eran camisas,
sino lirios de algodón,
más blancas en su blancura
que cualquier comparación,
inclusive Blanca Nieve
y el cisne de la canción.
¿Por qué recuerdo a esos chinos
tan así, sin son ni ton?
Porque hace catorce días
de mandar tuve ocasión
a lavar una camisa
con gentes que de aquí son,
y al cabo de dos semanas
de diaria reclamación,
al fin me la devolvieron
hediondísima a jamón,
con un hueco en la pechera
vuelto el cuello un chicharrón,
¡y de ñapa no dejaron
ni para muestra un botón!

EL TURISMO EN DINAMARCA

Desde que míster Jorgensen, un yanki
fotógrafo de oficio y ex sargento
logró en un hospital de Dinamarca
"pasarse" al otro sexo;
o, para ser más claros,
desde que tras un corto tratamiento
volvió de un hospital de Copenhague
llamándose Cristina nuestro tercio,
ha crecido en tal forma
el interés mundial por aquel reino,
que contra la avalancha de turistas
piensa tomar medidas el gobierno.

Que haya tanto turismo en Dinamarca
es harto ventajoso desde luego,
y mucho más si, como en este caso,
son norteamericanos los viajeros.
Y no precisamente por los dólares
que vayan a dejar como recuerdo,
pues lo yankis no compran sino loros
y por allá no hay loros, sino perros *.

Es que yendo en persona
podrán ver los castillos, los museos,
admirar las estatuas del Thorwaldsen,
escuchar del gran Kagel los conciertos,
fotografiar la histórica terraza
donde Hamlet juró vengar al viejo
y comprobar, en fin, que Dinamarca
no es tan sólo un país mantequillero.

Así debiera ser, y así sería
si el turismo en cuestión fuera sincero,
pero, ¡ay!, se ha descubierto que los yankis
no van a Dinamarca a nada de eso!

Hay unos cuantos, claro
que van para ilustrarse (los más viejos),

pero en su mayoría son mocitos
que sólo van a hacerse el tratamiento:
Llegan en un avión por la mañana,
cogen el autobús del aeropuerto
y a la vuelta ya están "del otro lado":
ya están cristinizados por completo.

Cómo serán los casos de abundantes
que el gobierno ha anunciado estar dispuesto
a tomar severísimas medidas
para que los turistas no hagan eso.

Si yo fuera el Ministro de Justicia
danés, yo ordenaría que en los puertos
pintase el Real Pintor un cartelito
en inglés, que dijera más o menos:

"Alerta a los turistas,
Atención, pasajeros:
Bajo pena de multa,
de expulsión o de arresto,
aquí el que llega macho sale macho.
¡Se prohibe pasarse al otro gremio!"

* Perros daneses.

EL PESCADO DE BARRANQUILLA

Dicen que en Barranquilla fue pescado
un extraño pescado
pues aunque tiene mucho de pescado,
no parece pescado.

El mismo pescador que lo ha pescado
dice que él no conoce ese pescado:
y eso es él, que en materia de pescado
sabe más que un mismísimo pescado.
Conque, ¡cómo será dicho pescado!

Pero, en fin, describamos al pescado
(si es que puede llamársele pescado).

Se trata de un pescado,
al que si muchos tienen por pescado
es porque fue pescado,
pero por lo demás no es un pescado,
El caso es que, pescado o no pescado,
tres pies tiene el pescado
con lo que echó a correr al ser pescado.

Luego, no tiene escamas de pescado
como todo pescado,
por lo que, aunque la piel es de pescado,
no parece que fuera de pescado.

Y otra rareza tiene este pescado
bastante singular en un pescado:
no le gusta el pescado.
¡Y eso que se lo dan recién pescado!

Gracias, pues, al insólito pescado
que los barranquilleros han pescado,
pronto nos hartaremos de pescado:
¡Dejen que venga el porro del pescado!

LA SIESTA EN EL BRASIL

Un doctor brasilero de apellido Ovejeiro
—según leo en un diario de Río de Janeiro—
ha escrito dos artículos en donde le asesta
un rudo golpe a todos los que duermen la siesta.

Ovejeiro comprende que la siesta es un vicio
al que el clima del trópico resulta muy propicio;
un vicio al que Ovejeiro no le pone objeción,
siempre que los vicios tengan moderación.

Pero, según parece, la gente brasilera
es, durmiendo la siesta, la que más exagera,
y de allí que Ovejeiro lanzara una protesta
pidiéndole al gobierno que prohiba la siesta.

Las siestas, dice el docto compatriota de Vargas,
van siendo en nuestra tierra cada día más largas;
dese usted, a las dos de la tarde, una vuelta
y hallará a todo el mundo durmiendo a pierna suelta.

¡A las dos de la tarde todo el Brasil durmiendo!
¿No es esto un espectáculo sencillamente horrendo?
¿Qué dirá quien nos mire con extranjeros ojos?
¡Que los cariocas somos una cuerda de flojos!

Antiguamente, agrega lleno de indignación,
sólo nos acostábamos a hacer la digestión,
y a los pocos minutos, no más de cinco o diez,
cogíamos el saco, y a la calle otra vez.

Pero ahora es asunto de cerrar los portones
y ponerse piyamas y hacer las oraciones,
para ir despertándonos a las cuatro... pasadas,
y eso si nos despiertan las sábanas sudadas.

Y es lo peor del caso que, inexplicablemente,
todo el que duerme siesta se levanta caliente,
lo que complementado con los ojos hinchones,
nos da a todos un aire de feroces matones.

En fin, para Ovejeiro tan dañina es la siesta,
que hasta a los que la duermen les resulta funesta
y de allí que Ovejeiro quiera que en el Brasil
se erradique la siesta como hábito incivil.

El doctor Ovejeiro tiene mucha razón,
pero yo para el caso tengo otra solución
que es (perdonad el criollo vocablo a que recurro)
repartir café gratis a la Hora del Burro.

LAS RATAS VAN AL CINE

Yo admiro a Los Teques
con toda mi alma:
me gusta su clima,
su gente me encanta,
amo al teque-teque
de pequeñas patas,
y en los arrocitos
y demás parrandas,
comiendo tequeños
ninguno me gana.

Pero de Los Teques
lo que más me agrada
es que ésa es la tierra
de las cosas raras:
entierros sonoros,
mujeres con barbas,
gallinas que ponen
sin gallo ni nada
y, en fin, un torrente
de cosas extrañas
que nunca termina,
que nunca se acaba.

Ayer, por ejemplo,
la prensa nos narra
que para deleite
de los cineastas,
no hay cine en Los Teques
que no tenga ratas.

Pero no raticas
de esas de taguara,
sino ratas gordas
medio cachicamas,
que apenas del cine
las luces se apagan,

a correr comienzan
por toda la sala.

Y pierna que encuentran
por donde ellas pasan,
o a roer se pegan
o se le encaraman,
los gritos de alarma,
las sombras chinescas
que brincan y saltan,
y el bulto confuso
de cien que se agachan
tratando en lo oscuro
de ver a la rata.

A veces la bicha
trepa la pantalla
y entonces la cosa
se convierte en guasa,
pues allí se queda
como hipnotizada
haciendo equilibrios
sobre la muchacha,
mientras los guasones
entre carcajadas
le gritan —Ay, niña
¿Tas encandilada?

Pero que no venga
nadie a rescatarla,
porque en un segundo
se viene en picada,
haciendo que corran
hasta las butacas

¡Ratas en el cine!
¡Qué cosa tan rara!
¿Qué tiene con ellas
que ver la pantalla?

¿Será que en el fondo
se sienten Silvanas?

De todas maneras
una cosa es clara:
merced al sistema
de cine con ratas,
ya no hay en Los Teques
películas malas,
pues cuando es tediosa
la que está en programa,
¡siempre puede verse
la que dan las ratas!

SIGUEN APARECIENDO GATICAS

Lucho Gatica, el popular cantante
que de América en todas las naciones
ha roto multitud de corazones
con su voz de carnero agonizante,

tiene un hermano —a él muy semejante—
que le viene pisando los talones,
pues el tercio también canta canciones
y dicen que su voz gusta bastante.

El hermano en cuestión se llama Arturo,
y si a Lucho se asocia, de seguro
que muchas damas enloquecerán.

Pues si están ya con uno como están,
¡quién aguanta a esas viejas y a esas chicas
escuchando cantar a dos Gaticas!

EN CARACAS CADA DIA
SE SUICIDA UN POLICIA

¿Qué ocurre en este Distrito,
qué diablos es lo que pasa
que a cada rato en su casa
se paga un tiro un rolito?

¿Qué ocurrirá en la ciudad
que a cada instante un rolito
pega el salto de tordito
por su propia voluntad?

Tal vez parezca simpleza
que yo sobre el caso escriba,
pero es que a mí, con franqueza,
me alarma esa lavativa.

Pues ellos, sin eufemismos,
raspan hasta al Justo Juez,
pero, ¿rasparse a sí mismos?
¡Esta es la primera vez!

Y es lo más raro, lector,
de tan extraña manía,
que todos, ¡Quién lo diría!
se suicidan por amor.

Rolito que oye el rún rún
de que no lo quieren bien,
rolito que llega y ¡pún!,
se mete un tiro en la sien.

Y siguie... Jo esa tendencia
tan nefasta, pobrecitos,
ya van como seis rolitos
que se quitan la existencia.

Cuando a uno lo están robando
siempre hay alguien que previene:
—El policía no viene
porque se está suicidando.

Así, pues, lector, sugiero
que proclamemos a gritos:
—¡Ah caramba, compañero,
se rajaron los rolitos!

EL ABARATAMIENTO DE LAS MOMIAS

"Si los líquidos para momificar se hallan en to-
das las casas, si su adquisición es tan fácil,
¿quién nos dice que un día no lleguen a inyec-
tárnoslos? Muchas trágicas equivocaciones han
ocurrido y ocurren todos los días".

ENRIQUE BERNARDO NUÑEZ

Los que cultivan la egiptología
deben de estar que brincan de alegría,
pues lo que en ese gremio más se encomia
que es tener una momia,
será en lo sucesivo tan factible
como tener hoy día un "convertible";
bastará con llegarse a la botica
y comprar la inyección que momifica
y el resto será cosa de encontrar
a quién momificar.

Figúrate, lector, qué mantequilla:
que mediante una cosa tan sencilla
pueda cualquiera aquí tener su momia,
cuando otros muchos hay que junto al Nilo
por descubrir alguna echan el kilo
y al final los abate la estegomia
y si no la estegomia, el cocodrilo!

Pero al estar de todos al alcance
el líquido en cuestión,
¿quién impide que surja algún percance
y que nos momifiquen a traición?

¡Con razón teme Enrique
que alguno por error lo momifique!
Si hay gentes, como ocurre a cada rato,
que creyendo que es chicha o es carato
se "empujan" un perol de creolina
sin que les diga nada la hedentina,
¿qué no sucederá con una droga

que "ni huele ni hiede",
y que al ponerse en boga
no habrá una casa en la que no se hospede?

Ocurrirá sin duda más de un chasco;
por ejemplo, el que a causa de un chubasco
o de un baño nocturno, se constipe,
se compra una inyección para la gripe,
con otras medicinas la coloca,
y... el que venga a inyectarlo se equivoca.
¡Por no hacer de la ampolla un buen examen
lo convierte en un nuevo Tutankamen!
Y contra eso sí que no hay quien pueda:
quien momia se volvió, momia se queda!

De manera, lector, que nos gozamos,
pues si tenemos más que suficiente
con lo momificados que ya estamos,
¡cómo será la cosa si agregamos
la momificación por accidente!

EXTREMOS QUE SE TOCAN

Porque insistió en poner "Cabeza de Hacha"
en vez de una guaracha
al señor Juan Hernández, hace poco,
le quebraron diez discos en el "coco".

Y en Los Teques, en cambio, hace ya días
causáronle tremendas averías
a un hombre por decir que hasta la cacha
estaba ya de oír "Cabeza de Hacha".

La cabeza de Juan quedó hecha cisco,
y aunque no se la hendieron porque es dura,
salió con ocho puntos de sutura
y un chichón que parece un obelisco.

Y en cuanto al de Los Teques, según cuenta
Julio Barroeta Lara,
la agresión fue en su caso tan violenta
que sufrió conmoción en la "tapara".

Vuelven, pues, a tocarse los extremos,
y en qué punto se tocan ya sabemos:
Tratándose de un porro
se tocan en el Puesto de Socorro.

NOTICIAS COMENTADAS

Un doctor maracucho
declaró no hace mucho,
según dice una agencia informativa,
que es, la chinche de monte, inofensiva.

Y agrega que a su juicio,
el temor a esa chinche es un prejuicio.

Para considerarlas de ese modo,
sus razones tendrá, sin duda alguna;
pero con sus razones y con todo
¡a que nos agarra una!

•

Catorce días tiene Camatagua
sin una gota de agua.

Y en cuanto al pueblo en que yo vivo, en Cagua,
allá tampoco hay agua.

Lo único que falta es que en Caucagua
también se vaya el agua.

•

Antier en La Culebra —pobrecito—
mordió una mapanare a un muchachito.

Y en esa misma fecha, antes de ayer,
corneó un toro en Toroy a una mujer.

Si usted, caro lector, vive en El Tigre. .
¡mejor será que emigre!

•

Porque otra la llamaba "La Pelona"
tuvo un pleito una dama en Barcelona.

Y porque la apodaban "La Peluda"
tuvo otro pleito en Mérida una viuda.

En la casa, en la calle o en la tienda,
a las mujeres no hay quien las entienda.

•

Por culpa de un jumento
que, dice él, se le puso por delante,
sufrió en su camioneta un volcamiento
entre Ocumare y Cúa, Juan Infante.

La camioneta a Juan en el suceso
le quedó vuelto un churro
y en cambio salió el burro
completamente ileso.

Y el fin de esta historieta
fue el que su propia lógica insinúa:
Juan salió de Ocumare en camioneta
y llegó en burro a Cúa.

•

Un pulpero en Capacho, a quien un cliente
le acomodó un verazo por la frente,
sufrió, al verse la sangre en la camisa,
un ataque de risa.

Si tanto se rió él, piense el lector
cómo se reiría el agresor!

•

En Los Teques, variando la rutina,
ha puesto un huevo doble una gallina.

En Cagua, en cambio, a causa del moquillo,
no ponen entre dos uno sencillo.

•

Y como basta ya de zoquetadas,
terminan las Noticias Comentadas.

Aquiles Nazoa

EL OCASO DE DON JUAN

Estamos en el mes de los difuntos:
antaño de este mes lo más notorio
era que el del país en muchos puntos
daban en los teatros el Tenorio.

Pero ya de Don Juan y sus asuntos
sólo se ocupa un público irrisorio
cuyos participante, todos juntos,
no alcanzarían ni para un velorio.

¡Pobre Don Juan! tus célebres trastadas
son, a las de estos tiempos comparadas,
hazañas que no valen una locha.

Ya no dan sino risa tus querellas,
y respecto a burlar a las doncellas,
hoy cualquier sobador te da la mocha.

Documento para la historia de nuestros
partidos políticos.

EL URREDISMO EN LA POESIA

A un doctor urredista amigo nuestro
que se las sabe todas y es un lince,
le ordenaron, de parte del Maestro, *
que dejara el cambur antes del quince.

Y el doctor en cuestión, un gran carrizo,
que en lo pájaro bravo sobresale,
lo primero que hizo
fue pasar a la Caja, y metió un vale.

Dicen que hay otros, grandes y chiquitos,
que haciéndose también los motolitos,
cuando se retiraron de la escena
tenían ya cobrada, en valecitos,
mucho antes de vencerse, la quincena.

Si esto es cierto (la gente es habladora),
¿qué hará el cajero ahora?
¿Qué hará con ese cúmulo de vales
que respaldar no puede con los reales,
puesto que se los dio a los urredistas
y éstos ya no figuran en las listas?

Tal vez a causa de eso
hayan quien tome el caso por un queso,
y, aunque de una honradez sin paralelo,
vaya el hombre a parar a la Modelo.

¡Desdichado cajero,
ya ves cómo, querido compañero,
por seguir tus impulsos altruistas,
los desconsiderados urredistas
del cambur te dejaron el conchero!

* *El Maestro es el doctor Jóvito Villalba,
candidato presidencial de los tiempos de Monagas.*

LOS OVEJOS DE MACAPO
A Vinicio León

Hay, en tierras de Aragua, un pueblecito
—tal vez en ese Estado el más bonito—
cuyo nombre es Macapo
y al que yo alguna que otra vez me escapo.

Pueblecito tranquilo hasta el fastidio,
jamás hubo en Macapo un homicidio
ni una de esas trifulcas a garrote
que son en otros pueblos un azote.
Y en cuanto a silencioso,
el silencio en Macapo es ya famoso;
nadie alborota allí ni por rochela,
y si oís, cosa rara, que alguien grita,
podéis dar por seguro que es Paquita,
la lora de la escuela.
Un pueblo, en fin, pacífico y callado
que Virgilio no hubiera desdeñado.

Y así tenemos, por ejemplo, el caso,
de los ovejos, que a narrarles paso.

Don Cristóbal Mendoza,
financista vernáculo que goza
de fortuna estupenda,
se compró unos ovejos, y en Macapo
los hizo colocar en una hacienda
que allí tiene instalada a todo trapo.

Negocio tramitado
mediante intermediario, y desde lejos,
no fue sino más tarde, el mes pasado,
cuando vio el financista sus ovejos.

Y los halló magníficos de aspecto;
de lana, carne y peso, "como un clavo",
pero asimismo les notó un defecto:
se veían feísimos con rabo.

Y a los ojos perplejos
del tropel ovejuno,
los mandó a desrabar uno por uno,
como si fueran perros los ovejos...

Ahora están, sin duda, más bonitos
(aunque ellos no lo sepan, pobrecitos),
mas como consecuencia
de tan violento cambio de apariencia,
les cayó gusanera en los tronquitos.

Por supuesto, en Macapo,
la gente de la risa larga el trapo
cada vez que, a lo lejos,
oye el triste berrear de los ovejos...

Tan sólo falta ahora que ofendidos
de su exquisito dueño los oídos
por un berrear tan feo,
los mande a alguna escuela de solfeo
para perfeccionarles los berridos.

JUAN VICENTE TORREALBA
LE QUITA LA COLCHA AL ARPA

Juan Vicente Torrealba, el "gran arpista"
parece que es también latifundista
y que de una a la otra actividad
pasa con la mayor comodidad.

Muy dulce con el arpa, sin embargo,
tiene un hato llamado Banco Largo
donde haciéndole cosas a la gente
no hay quien le dé lo vuelto a Juan Vicente.

Pues donde Juan Vicente pone el ojo
llega inmediatamente al desalojo.
¡Qué doctor tan amargo!
Campesino que encuentra en Banco Largo,
le forma un zafarrancho,
lo manda a detener, le quema el rancho
y para amenizar la quemazón
toca el arpa, lo mismo que Nerón.

¡Quién nos iba a decir que ese sujeto
que se muestra más bien como un mampleto
con ese corotero que se pone
para cantar las rumbas que compone
—sobre todo con esa sobrecama
que por sobre los hombros se encarama
cuando regaña a la mujer querida
porque no quiso ser su consentida
¿quién nos iba a decir, vuelvo y repito,
que tras esa expresión de motolito
y esas botas de gaucho
que parecen de caucho,
con que ha hecho carrera Juan Vicente,
se ocultara un feroz terrateniente
que a fuerza de machete y de garrote
tiene al Guárico a salto de mogote?

Acaso la intención de Juan Vicente
en el caso presente
fuera probar con estos desalojos
que todos los productos de su mente
no son siempre tan falsos ni tan flojos
como dice la gente.

Pues quien por esos campos y caminos
se encuentre ese montón de campesinos
que ha obligado a salir de Banco Largo,
tendrá, aunque le resulte muy amargo
que admitir sin ninguna mezquindad
¡Estos sí son corridos de verdad!

DIFERENCIA ENTRE LA CORTE
DE LUIS XVI Y UNA GALLINA

Hay una gallina
norteamericana
que a la ciencia yanki
tiene alborotada,
pues es la gallina
sin duda más rara
que ha visto la especie
de las gallináceas.

No sé si es piroca,
no sé si es enana,
no sé si es papuja,
no sé si es jabada.
(¡Dirán los lectores
que yo no sé nada!).

Lo cierto es que dicen
que al ave de marras,
queriendo su dueño
comérsela horneada,
cortóle el pescuezo
y así degollada,
en un calderito
la dejó tapada,
tal vez para luego
venir a pelarla.

Algunos minutos
dejó que pasaran
y cuando ya estuvo
bien caliente el agua,
volvió al sitio donde
la gallina estaba.

Mas, ¡vaya sorpresa!,
qué cosa tan rara,
cuando el caldero
levantó la tapa,

vio que allí no había
gallina ni nada.

¿Qué es esto? —se dijo—
¿Qué es esto, caramba?
¿Quién fue el vagabundo
que me echó esa lava?
Yo no tengo perro,
yo no tengo gata,
yo no tengo zorro,
yo no tengo nada;
lo que tengo es novia
y es vegetariana!

Como un detective
por toda la casa,
jorungó cajones,
registro las camas,
levantó la alfombra,
rajó las almohadas,
y no halló ni huellas
del ave extraviada.

Compungido entonces,
al corral se marcha,
y allí de sorpresa
casi se desmaya,
pues la tal gallina
que por muerta daba,
no estaba tan muerta
como él la dejara:
así, sin cabeza,
sin pico ni nada,
la bicha, señores,
no sólo escarbaba,
sino que la bicha
también carareaba.

No ha habido en el mundo
gallina tan rara:

el cuello le cortan
y sigue encantada.

En cambio, lo mismo
le hicieron en Francia
a toda una Corte
con todo y monarca,
¡y a los diez minutos
nadie cacareaba!

NEGRO CHORIZO

No sé cómo en Caracas todavía
con lo urgente que se hace cada día
no ha sido promulgada, en bien de todos,
una ley que regule los apodos;
una ley por la cual ninguno pueda
colgarle a otro un nombre como un rabo
sino cuando éste, por su gusto, acceda
a soportarlo sin ponerse bravo.

Sería una ley rara, ciertamente,
pero le evitaría a nuestra gente,
numerosos percances,
casi todos de trágicos alcances.

¿Cuántos no ha habido ya que por un mote
usado de la víctima a disgusto
se llevaron su susto
al verse repelidos a garrote?

Todo eso viene a cuento porque un diario
nos ofreció anteayer la información
de un hombre a quien acusan de incendiario
por haber demostrado la intención
de volver una casa chicharrón.
Y la causa de todo,
según ha declarado, fue un apodo.

José Saavedra llámase el buen hombre
y está muy orgulloso de su nombre,
pero como es trigueño y es rollizo;
otro nombre le dan que lo desmedra,
pues José no lo llaman, ni Saavedra,
sino "Negro Chorizo".

¿Quién es el que al oír tan feo mote
dicho a todo gañote
no agarra, por lo menos una piedra?
Pues algo semejante hizo Saavedra:

Cuando a su casa el miércoles volvía,
de otra salió una voz que, en plena vía,
le cayó como un baño de granizo:
—¡Adiós, Negro Chorizo!

Y como no es Saavedra
un ciudadano a quien el fuego arredra,
de un fósforo y basuras echó mano
se aproximó a la casa con cautela
y le pegó candela
provocando un incendio soberano.

Yo, claro, no le elogio lo que hizo,
pero, ¿puede portarse de otro modo
un hombre a quien le montan un apodo
como ''Negro Chorizo?''…

LA OFENSIVA DE LOS CURSIS

La tragedia del río Caroní
que a todo el mundo ha conmovido aquí
y toda la nación cubrió de duelo,
ha servido también para que el vuelo
levanta una vez más el viejo azote
de tantos literatos de pegote
que suelen abundar en nuestro suelo.

No bien llegó el informe de que al río
se cayó ese gentío,
la noticia, que a todos nos fue ingrata,
a la gente sensata
le mereció el mayor de los respetos,
mas para los plumíferos mampletos
fue como un llamamiento a dar la lata
y a producir artículos repletos
de la cursilería más barata,
incluyendo los clásicos sonetos
donde llaman al río catarata,
o a las aguas "El reino de los peces"
o bien "onda imprecisa"
y otras ridiculeces
que aunque estemos de duelo nos dan risa.

Y Como los difuntos
eran todos maestros,
ahí es donde los cursis, todos juntos,
han volado la fuerza de sus estros
comparando la espuma con la tiza,
y al río con un vasto pizarrón
y otras cursilerías de esta guisa
que, como dije ya, darían risa
si no fuera tan seria la cuestión.

Y en cuanto al Caroní,
al que ha puesto también de vuelta y media
tratando de culparlo porque sí
de la horrible tragedia,

para los literatos de comedia
ya no se llama así.

Como se llama es Río del Dolor
o Río de la Muerte,
o piélago que en lágrimas convierte
la humana admiración por la labor
del Supremo Hacedor...
Frases todas estúpidas, banales,
más cursis que un pañito de repisa
y que aunque el llanto viertan a raudales
lo que causan es risa.

Así pues, literatos de ocasión,
contened vuestra noble inspiración;
del bello Apolo abandonad los feudos,
mantened vuestras liras embolsadas
y en respeto a los muertos y a sus deudos,
¡no sigáis escribiendo pistoladas!

EL LADRON DE PUERTO CABELLO

Cuenta el corresponsal que el otro día
entró un ladrón en un hogar porteño
y a un señor que le dijo ser el dueño
lo conminó a entregar cuanto tenía.

El señor le informó que lo sentía,
pero que él era casi un pedigüeño
con tres hijos —enfermo el más pequeño—
y sin trabajo, porque no lo había.

Tras comprobar que estaban los dos solos,
el ladrón le dio al hombre ochenta bolos
y se fue con el alma hecha una pasa.

Y desde entonces, oh lector amigo,
yo estoy ligando a ver, a ver si ligo
que ese ladrón recale por mi casa.

EL SARAMPION DE LA PRINCESA

A Elizabeth, princesa de Inglaterra,
como a cualquier negrita de esta tierra,
le da dado el sarampión,
enfermedad tenida por plebeya
y que, por eso mismo, al darle a ella,
rompió la tradición.

Por muy cierto hasta ahora se tenía
—bastante nos lo han dicho en poesía—
que las princesas son,
dada su sangre azul, del todo inmunes
a esos males caseros y comunes
que atacan al montón.

Cuentos nos han contado, por quintales,
de princesas enfermas, cuyos males
son siempre de postín:
algún hechizamiento, algún letargo
o esas ganas de echarse largo a largo,
que llaman el "esplín".

Y si hubo un caso grave fue el de aquella
princesita tan floja como bella
que veinte años durmió,
hasta que vino un príncipe en su jaca,
la despertó moviéndole la hamaca
y le dijo: —Les go...

¡Ah crudeza del mundo! Así es la cosa:
Elizabeth está sarampionosa
como cualquier mortal.
Y su rostro, a la luna parecido,
por causa de las ronchas ha sufrido
un eclipse total.

Así pues, los discípulos de Apolo
que han visto a las princesas sufrir sólo
males del corazón,
se llevarían una gran sorpresa
si llegaran a ver a esta princesa
¡con esa picazón!

LA MUJER DEL FUTURO

Un modisto parisino
lanzó el anuncio anteayer
de que el busto femenino
tiende a desaparecer.

Las mujeres del mañana
—dice el modisto agorero—
tendrán la pechera plana
como cualquier caballero.

Y añade que las muchachas
que habrá en el año dos mil
serán muchachas más *machas*
que cualquier jefe civil:

Recia voz, cara amarrada,
su ''mula'' en el pantalón
y un puño al que no hay quijada
que le aguante un pescozón.

Con esas damas sin busto
y empaque tan varonil,
¡qué mundo tan de mal gusto
será el del año dos mil!

Menos mal, caro lector,
que para ese año bendito
ya no queda ni el polvito
de un seguro servidor.

EL EXTRAÑO CASO DE "EL ESPUELERICO"

En el Tigre hace poco
fue detenido un caco
que para las gallinas era el coco
pues gallina que hallaba el muy bellaco,
gallina que pasaba su sofoco.

Dicho caco apellidábase Cabeza;
mas la gente, atendiendo a la destreza
que le ha dado en su oficio tanta fama,
Cabeza no lo llama,
y en lugar de ese nombre, un tanto esférico,
ha optado por llamarlo "El Espuelérico".

Pues bien, "El Espuelérico" sostiene
que su afición al robo de gallinas
se debe, más que a mañas poco finas,
a un complejo que tiene.

Tal vez porque de chico,
jugó excesivamente al pico-pico
o a la gallina ciega
(juego que ya, por suerte, no se juega),
lo cierto es que el complejo lo acogota
—dice él— desde su infancia más remota.

¡Y ay cuando ese complejo lo acomete!
Pues es como una fuerza que lo instiga
a que en cada corral abra un boquete
y a que de las gallinas consiga
se lleve las mejores seis o siete.

Y si esto es lo que ocurre cuando el mal
reacciona a un estímulo visual,
a cosas más extrañas dan motivo
las de tipo auditivo,
pues cuando escucha un gallo "El espuelérico"
se pone como un histérico:
se acomoda un saco y su sombrero,

se pierde de la noche entre las brumas,
se mete a un gallinero
y allí no se le escapan ni las plumas.

Ahora, encadenado
como un titán homérico
y de los gallineros alejado,
¿curará de su mal "El Espuelérico"
o saldrá de la cárcel más colérico?

Que se cure y que salga es lo que espero
yo, que mis simpatías no le ahorro,
y le prometo que, al tener dinero,
le mandaré a la cárcel un tablero
para que juegue zorro.

LA NIÑITA MORDELONA

La ciudad colombiana de Pamplona,
según informa el cable, teatro ha sido
de un suceso bastante divertido
por culpa de una niña mordelona.

José Enrique Marval,
comerciante de aquella capital,
venía hace algún tiempo enamorando
a cierta joven de apellido Ocando,
con la que proyectaba, Dios mediante,
casarse el año entrante.

Mientras no era Marval
lo que llaman aquí "novio oficial",
jamás pudo pasar de la ventana
para hablar con su linda colombiana.

Pero pedida ya la señorita
—la costumbre es la misma en todas partes—,
le fijaron sus días de visita:
los martes, los domingos y… los martes.

¡No sabía Marval que aquel momento
era el principio de su actual tormento!

Pues en la casa habita
una linda niñita
cuyo fiero carácter no hay quien frene,
y además del carácter, también tiene
la maña de morder desde chiquita.

Con menos de siete años
ya es el terror de propios y de extraños;
mas su especialidad son las visitas:
sin duda le resultan exquisitas.

Visitante que llega
puede dar por seguro
que ella lo velará como un zamuro
y que, al primer descuido, se le pega.

Imaginad la furia de Marval
una noche que, estando de visita,
se le fue por detrás la muchachita
y lo mordió en la zona intercostal.

Marval no dijo nada,
pero al siguiente día
hizo lo que después le costaría
el romántico afecto de su amada
y un tiempo prudencial de policía:

Se habló con un dentista de mercado,
esperaron la próxima visita,
y, después de sacarla a despoblado,
¡dejaron sin un diente a la niñita!

SU MAJESTAD SE CAE

Salió a pasear la reina de Inglaterra
y —alguna concha de cambur sería—
sufrió la soberana en plena vía,
su primera caída de post guerra.

Sacó la noble dama al dar en tierra
un rasguñito de menor cuantía
que, sin necesidad de cirugía,
con algodón y yodo se le cierra.

Se trata, pues, de un ínfimo accidente;
mas los diarios de todo el continente
en sus primeras páginas lo traen,

y ello tiene su parte de ironía;
Nadie nombra a los reyes hoy en día
sino cuando se caen...

LA NARIZ DE ALEJANDRA

La real familia inglesa,
según contó hace poco *El Nacional,*
por una serie crisis atraviesa,
y la causa es bastante original.

Una dama con nombre de balandra:
la princesa Alejandra,
parece que ha ocurrido en el desliz
de nacer con exceso de nariz,
una larga nariz, cuya medida
tiene a la real familia ensombrecida.

Fina, joven, alegre, desenvuelta,
jamás pensó Alejandra en verse envuelta
en una polvareda del cariz
de la que ha levantado su nariz.

Opinión de una parte de la Corte
es que se la recorte,
y opina otro sector, también de allí,
que se la deje así.

Claro está que a Alejandra no le importa
tenerla larga o corta,
ni tampoco parece que le amarga
tenerla corta o larga.

Pero como los príncipes no son
—como se ha visto en más de una ocasión—
sino una catajarria de infelices
que no suelen mandar ni en sus narices,
quizás con Alejandra se repita
el drama de su prima Margarita
y el joven oficial,
sólo que es en su caso, pobrecita,
mucho más grave el mal,
pues la renuncia a la que se le invita
es el de su apéndice nasal.

Con todo (y esto va como un consejo),
de estar yo de Alejandra en el pellejo,
y aunque por complacer a la realeza
me fueran a nombrar emperatriz,
¡primero me cortaba la cabeza
que dejar que me corten mi nariz!

ARROZ CON COCO

A Ramos Calles, popular psiquiatra
a quien medio Caracas idolatra
por haberle curado la "totora",
por otra actividad le ha dado ahora,
y está en la actualidad, según confiesa,
cultivando el arroz en Portuguesa.

Que haya hoy día un doctor que por el agro
cambie la medicina, es un milagro,
un noble proceder
que elogiado por todos debe ser
y divulgado en todos sus detalles.
Pero con relación a Ramos Calles,
aunque sostengo el mismo parecer,
sólo una observación tengo que hacer:

¿Por qué escogió el cultivo del arroz
al esgrimir la hoz?
Tratándose de un médico de locos,
¿no le cuadraba más el de los cocos?

Una entrevista de Nazoa en Colombia con el compositor de "El Caimán", son-porro colombiano.

¡AH CARRIZO!

¡Ah carrizo! Resulta que ahora Pepe Izquierdo
declara que con Goethe tampoco está de acuerdo.

Hace unos días Pepe dedicó un breve artículo
a demostrar que el pobre Shakespeare era un vehículo *
un autor cuya obra sólo estulticia expande
y que no rebuzna porque Dios es muy grande.

Y ahora Pepe Izquierdo la ha cogido con Goethe,
de quien también afirma que era un viejo zoquete:
nada importa que el *Werther* se lea todavía,
ni que Egmont continúe teniendo simpatía.
Lo dice Pepe, y basta: tal como él lo perfila,
Goethe no es más que un simple camisa de mochila.
Y anuncia que muy pronto va a traducir su Fausto
para probar que Wolfgang tenía el coco exhausto.

Pero las traducciones no se quedan ahí,
pues a fin de enterarnos de cómo es el maní,
traducirá de Shakespeare también *La Tempestad,*
que, a su juicio, es el "sumum" de la imbecilidad.
(Y eso que allí hay un tipo llamado Calibán
que es igualito a Pepe... vestido de Tarzán:
un monstruo que en el fondo tiene buen corazón,
pero al que vigilado tienen "por siacasón").

¿Qué entiende entonces Pepe por ser buenos poetas,
cuando son Goethe y Shakespeare para él tan maletas,
que si por un milagro los tuviera a la mano
ya los dos estarían en el aseo urbano?

Mas lo que importa en Pepe no son sus opiniones,
sino que respaldarlas quiera con traducciones...

Si no, esperad que el *Fausto* salga en su traducción,
¡y ya veréis que muchos le darán el razón!

* *Es decir, un carro*

SE CASA MARLON

El artista de cine Marlon Brando
ha conmovido al mundo de habla inglesa
al darle, desde Europa, una sorpresa
de esas que él sabe dar de vez en cuando.

Pues Marlon, que por Francia está viajando,
se ha enamorado allí de una francesa,
con la que, según se dice, pronto ingresa
de los hombres casados en el bando.

Mas lo que el pasmo unánime suscita
es el hecho de ser la francesita
hija de un pescador de por allá.

Por lo que, con razón, sobra quien crea
que por muy atractiva que ella sea,
quien le pescó ese novio fue el papá.

GIANNI CAMBI

Gianni Cambi, famoso deportista
que cumplió los cincuenta el mes pasado,
una acuática hazaña ha realizado
que en hombres de su edad nunca fue vista.

Pues no obstante estar ya sobre la pista
del gris otoño y del invierno helado,
el Canal de la Mancha cruzó a nado
como un escualo joven y optimista.

En cambio hay más de un mozo en nuestro suelo
del que pudiera Cambi ser abuelo,
que en un simple charquito se anonada.

Y es que la juventud de aquí se mueve,
hace literatura, fuma y bebe,
pero en cuanto a nadar, no nada nada.

NIÑOS CON CRESPOS

Leo una revista que en Italia y en Francia
—dos países que orientan la mundial elegancia
reviviendo está ahora, tras lustros de letargo,
la moda de los niños con el cabello largo.
Pero no la niñitas: los muchachos varones,
que como a los infantes de tiempos antañones
volverán a peinarles sus queridas mamás
rulitos.y melenas y bucles y demás.

Sostienen lo que abogan por la moda en cuestión
que no hay nada más feo que un muchacho pelón
y que además, la causa de que el niño hoy en día
no rinda ya en la escuela lo que antaño rendía
ni tenga ya la fuerza que tuvo en el pasado,
en los más de los casos radica en el pelado.

¿Por qué fue, por ejemplo, tan forzudo Sansón?
¿Por qué tan talentosos Franklin y Napoleón?
Porque cuando chiquitos todo esos carrizos
eran niños con crespos o bien niños con rizos.

Tales son las razones de mayor importancia
que aducen los que abogan en Italia y en Francia
porque vuelvan los niños a tener pelo largo;
y yo sigo pensando distinto, sin embargo...

Yo soy de los que piensan que ni aún muy chiquitos
quedan bien los muchachos varones con moñitos;
los moñitos no hacen sino crearles complejos
que si uno se descuida pueden llegar muy lejos...

Puede que el pelo largo contribuya en verdad
al desarrollo pleno de su virilidad,
puesto que ellos sostienen que el pelo viriliza...
¿Pero ese resultado quién nos lo garantiza?

Yo creo, ante esta duda, que los más indicado
es dejar a los niños con su coco afeitado

y no hacer experiencis con las pobres criaturas
que más tarde las vayan a meter en honduras.

A los niños chiquitos no se les tejen moños
porque después se ponen sumamente gazmoños
¡y un cambio experimentan en su modo de ser
cuyas derivaciones nadie puede prever!

EL CASO DE MAJARETE

Porque no le gustaba lo blandengue
de su manera de bailar merengue
un policía, en plan de matasiete,
hirió a un tipo al que llaman Majarete.

Tuvo lugar el caso por los lados
de Petare, y durante un arrocito
donde como invitados
estaban Majarete y el rolito.
Yel problema surgió, según se informa,
porque empezó un merengue, y Majarete
a bailarlo se puso en una forma
muy cónsona con ese remoquete,
a causa de lo cual el policía
se indignó declarando a toda voz
que por indecoroso se debía
sacar a Majerete del arroz.
Y diciéndole: —¡Vete!,
puso manos arriba a Majarete.

Fue entonces cuando airado,
protestó Majarete, formó un zorro
y todo terminó con el traslado
de Majarete al Puesto de Socorro.

De ese modo, lector, harto zoquete
se trueca en delincuente un policía,
sólo porque creyó —¡qué tontería!—
que se meneaba mucho Majarete.

EL MAYORDOMO Y EL GATO

Recientemente falleció en Montana
una viejecita norteamericana
que, en calidad de único heredero
le dejó a un mayordomo su dinero.

Mas la anciana del caso que relato
dejó también un gato
que ha venido a plantearle al mayordomo
un problema, lector, de tomo y lomo,
ya que en el testamento hay un mandato
que le impide aunque llegue a la indigencia,
disponer ni una puya de la herencia
hasta que no se muera dicho gato.

Me diréis: —¿Y por qué ese mayordomo
no se arma de na estaca o de un zapato
y acaba de una vez con ese gato
que debe de caerle como un plomo?

Ah, porque la viejecita, en previsión
de que ocurrir pudiera cosa tal
aclaró al imponer su condición
que del gato en cuestión la defunción
debe ser natural,
y si no muere así, tampoco hay real.

Lo que le queda, pues, al mayordomo
ante este caos, es conservar su aplomo,
con paciencia llevar su dura cruz
y esperar que se muera el micifuz.

Y como el gato tiene siete vidas,
¡esas puyas, lector, están perdidas!

EL CHICHERO Y EL GATO

Alejandro Romero,
un humilde chichero
que vive por el cerro de El Amparo,
fue antier protagonista de un suceso
que, si aquí hubiera premios para eso,
se ganaría el premio de lo raro.

Hallándose en su casa el otro día
mientras la chicha hacía,
parece que Alejandro encontró un gato
bebiéndole el carato
que tenía en fermento.
Y con toda presteza
—no teniendo a la mano otro armamento—
le tiró un cucharón a la cabeza,
mas con tan mala suerte, pobrecito,
que el cucharón, al gato destinado,
a quien se lo pegó fue al muchachito
del vecino de al lado.

Por lo cual el vecino, un tal Urbano
que es famoso en el barrio por lo fiero,
de un machete echó mano
y le cayó a planazos al chichero.

Dondequiera que estés, oh inmundo gato,
oye la maldición que echarte quiero:
Sinvergüenza, bandido, mentecato,
¡por ti perdió el carato
y llevó plan Romero!

LA DISCUSION DEL CONCILIO

Los prelados que asisten al Concilio
que en la patria de Horacio y de Virgilio
se celebra actualmente,
en una discusión se han enfrascado
de la que todo el mundo está pendiente
por el curioso giro que ha tomado.

El Cardenal de Chile, Silva Henríquez,
que es el que la polémica plantea,
unas palabras dijo en la asamblea
que han debido sonar como repiques.
Pues ha puesto de bulto
que el culto que hoy practica el pueblo inculto
por la Virgen María,
poco a poco ha dejado de ser culto
y se ha ido volviendo idolatría.

El Cardenal sostiene
que lo que hoy a la Virgen se le tiene
es una adoración desmesurada
y excesiva en vulgares oropeles,
que en vez de agradecida con sus fieles
debe ya de tenerla fastidiada,
sobre todo en la América Latina
donde es entre los fieles la rutina
"pegarse de la Virgen" para todo:
desde el que de casarse busca modo
hasta el que se le pierde una gallina.

Y lo peor del cuento
—añade el Cardenal en su homilía—
es que este culto ciego por María
va del de Jesucrito en detrimento,
pues mientras a la Virgen le dan todo:
dádivas, rogativas, procesiones,
al pobre Jesucristo —¡qué riñones!—
lo suelen arreglar de cualquier modo.

EL GESTO DEL PAPA

Su Santidad el Papa Pablo Sexto
ha tenido este mes un noble gesto
que no es en él, por cierto, cosa rara,
pues el Papa ha dispuesto que su tiara
—una tiara que vale muchos cobres—
sea en venta ofrecida
y que una vez vendida
se reparta la plata entre los pobres.

De este gesto del Papa
a nadie la hidalguía se escapa;
pero, ¡a!, aunque del modo más rotundo
aplaudamos del acto la nobleza,
surge un interrogante, asaz profundo,
que torna nuestro júbilo en tristeza:
ese gesto que al Papa tanto agracia,
¿logrará alguna eficacia?
Y aún cuando la tiara
se vendiera muy cara
tanto por su magnífica belleza
como por su prestigio sin segundo,
siendo tantos los pobres en el mundo,
¿cuánto nos tocaría por cabeza?

Yo lo digo, lector, porque ya escucho
el runrún insistente de que es mucho
aquí en nuestra Caracas pecadora,
el que a echar el gran fiado se prepara
contando desde ahora
con lo que va a tocarle de la tiara,

LOS RAPTOS DE ACARIGUA

Hace poco supimos por la prensa
—yo escribí sobre el caso el otro día—
que se encontraba en plena bancarrota
el Cuerpo de Bomberos de Acarigua;
pero nos llega
de la misma ciudad otra noticia
de la cual claramente se deduce
que la tal bancarrota era mentira.

La noticia en cuestión la da un colega
en su edición de antier, y en ella afirma
que una epidemia insólita de raptos
está haciendo su agosto en Acarigua,
y la cual ha llegado al tal extremo
que el pasado 21, ¡en sólo un día!,
de su hogar se fugaron con sus novios
siete acaragüeñitas.

La cuestión, por supuesto tiene andando
de cabeza a los padres de familia,
sobre todo a los padres que en su casa
tienen acaragüeñitas jovencitas
y a la parada están porque no saben
cuando les va a tocar su lotería...

Y a decir verdad no es para menos:
¿Quién que tenga en su casa una pavita
puede dormir en paz donde hay tenorios
que la mocha le dan al de Zorrilla
como lo prueban éstos que arramblaron
con siete acarigüeñitas en un día?

Quiénes son los raptores
es lo que está por verse todavía;
y mientras no se sepa, yo sostengo
que por mucho que se hable y que se escriba
¡no es cierto que se encuentre en bancarrota
el Cuerpo de Bomberos de Acarigua!

EL BARBERO AFEITADO

El peluquero Edicto Betancourt
se ha visto esta semana ante un problema
que por lo tanto es digno de que Burt
Lancaster lo interprete en el cinema.

El suceso ocurrió en Barquisimeto
donde nuestro sujeto
tiene una barbería
Y encontrándose en ella el otro día
llegaron un negrote y un gordito
que en el sillón por turno se sentaron
y a Edicto le ordenaron
que les sacara un corte bonito.

Edicto, que en su oficio es un paquete
se pegó a trabajar rolo a tolete,
y una vez que los tuvo hasta empolvados,
cuando les fue a cobrar sus seis simones
resultó que los tipos mencionados
eran sencillamente dos ladrones
que no pueden robar sino afeitados.

Y tras premiar a Edicto
con el más elogioso veredicto
por el corte de pelo,
levantaron vuelo
sin que Edicto pudiera hacerles nada,
llevándose de paso, los muy pillos,
varios perfumadores y cepillos
además del valor de la afeitada.

Y aquí, lector, termino estos renglones
en que al extraño caso me refiero
de cómo se afeitaron dos ladrones
y entre los dos peinaron al barbero.

EL GESTO DE SARTRE

Jean Paul Sartre, filósofo francés
y astro de la mundial literatura
que ver no puede un premio ni en pintura
por lo que ha rechazado más de tres,
ha vuelto a demostrar que ante los premios
es como ante la caña los abstemios
y que al vituperarlos casi a gritos
no se refiere sólo a los chiquitos.

Y en prueba de la mala catadura
con que mira también los premios buenos,
ahora ha rechazado, nada menos,
que el Premio Nóbel de Literatura.
Pero lo meritorio del rechazo
y lo que como heroico lo define,
no es que Sartre con él solo decline
el honor que comporta ese premiazo:
es que con dicho honor también ahuyenta
—y allí está de su gesto lo viril—
los churupos que el premio representa
y que en dólares son, según mi cuenta,
más de cincuenta mil.

Así, pues, queda la Academia Sueca
como una perfectísima babieca
con la mano estirada
porque Sartre no acepta la mascada...

De ser otro el autor favorecido,
qué distinta la cosa hubiera sido:
Si para darle el premio al que se escoge
es a un venezolano
no digo yo lo coge:
¡les arranca la mano!

LA CALVICIE Y LOS SOMBREROS

Un reputado especialista inglés
según contaba la Associated Press
el otro día
acaba de escribir algo que es
lo último en cuestión de alopecía:
un estudio realmente macanudo
con relación al cuero cabelludo.

"El calvo ante la ciencia"
se titula el estudio en referencia,
y en él dice el calvólogo eminente
que desgraciadamente,
es hoy día un problema la calvicie,
del que sólo se ve la superficie.

Dicho lo cual, de lleno se introduce
en la investigación de si el sombrero
nos preserva de un mal tan traicionero
o si, por el contrario, lo produce.

Y examinando el punto,
concluye que el sombrero, en la calvicie,
no es un factor que dañe o beneficie:
el sombrero es neutral en este asunto.

Y yo, que no soy ducho en la cuestión,
siempre he sido también de esa opinión:
Si la calvicie fue ocasionada
por el sinsombrerismo,
¿cómo explicarla en tantos que, aquí mismo,
no aflojan el sombrero para nada?

Y, al contrario, hay personas
que, sin usar sombreros ni cachuchas,
han llegado a quedarse tan pelones
como usando esas cosas otras muchas.

Moraleja
Si es fatal que dejemos el pelero,
lo dejaremos con o sin sombrero.

SE EMBROMO COLON

Según cierta información
que leí recientemente,
no fue Cristóbal Colón
quien descubrió el Continente.

Sino un tal Alonso Sánchez,
pescador de profesión
que al venderle unos lebranches
le pasó el dato a Colón.

Este Alonso, gran viajero,
parece ser de los dos
el que recaló primero
por estas tierras de Dios.

Y al volver con el relato
de cuanto había descubierto,
le cogió Colón el dato
y le jugó gallo muerto.

Colón con sus viajes hizo
un ruido de los mil dianches
mientras que el pobre Sánchez
más nadie supo un carrizo.

Así se escribe la historia:
Colón, tan serio y tan bueno,
y estaba ganando gloria
con escapulario ajeno.

¿CICLONES O CICLONAS?

De algún tiempo a esta parte la meteorología
ha adoptado el sistema —muy extraño a fe mía
y por demás ilógico a mi modo de ver—
de nombrar los ciclones con nombre de mujer.

Sobre todo los célebres ciclones del Caribe,
enemigos jurados de todo lo que vive,
ciclón que se produce del Caribe en la zona,
ciclón que por el nombre se convierte en ciclona;
y cuanto más destruya, más mate y más derribe,
más bonito es el nombre femenil que recibe.

Habiendo apelativos como Atila o Sansón,
que son tan apropiados para cualquier ciclón,
lo corriente es que el nombre con que se les define
no sugiera ciclones sino estrellas de cine.

Así se nos describen las hazañas de ''Flora'',
un ciclón que no obstante su nombre de señora,
cuando pasó por Cuba
hizo en aquellas tierras más daño que la buba;
o se dice que ''Daisy'' desmanteló una islita
a pesar de su nombre de catira chiquita.
O bien se nos relatan las andanzas de ''Cleo'',
como de una turista que anda dando un paseo,
¡y resulta que ''Cleo'' un tronco de ciclón
que por donde se mete no deja ni el manchón!

A mí nadie me saca que el sistema en cuestión
no es obra de la ciencia sino de algún guasón
que quizá con las damas tiene alguna rencilla
y por vengarse de ellas les echó esa varilla.

Yo convengo, si quieren bautizar a un ciclón,
que le pongan el nombre de un famoso soplón

o tal vez el de algún animal destructivo
como son, por ejemplo, la langosta o el chivo.

E incluso aceptaría, si el ciclón es chiquito,
que por darle algún nombre lo llamaran Pepito;
así cuando a algún pueblo vuelva el ciclón pedazos
diremos que es Pepito que anda dando pepazos.

Mas ¿por qué darle nombres como los antedichos
a una cosa tan macha como son esos bichos?

Si yo fuera señora ya hubiera protestado
contra los que tan raro sistema han instaurado,
pues resulta una falta de consideración
bautizar con un nombre de mujer a un ciclón.

MIGUEL Y SU BAQUIRO

Al pie de un guásimo
donde veíase
casi tan cómodo
como un sultán,
en su habitáculo
cerca de Antímano
tenía un báquiro
Miguel Guzmán.

Miguel teníalo
desde la época
en que, minúsculo,
lo capturó;
y como lástima
le dio comérselo,
igual que a un párvulo
lo prohijó.

Allá en Antímano
donde entre árboles
su granja avícola
tiene Miguel,
al pie de un guásimo
—como ya díjose—
amarró al báquiro
con un cordel.

A diario echábale
verduras pútridas,
conchas de plátanos
y hasta maíz;
y con tal régimen
fue en forma insólita
creciendo el báquiro
gordo y feliz.

Pero el cuadrúpedo
bicho selvático,
no estaba cómodo
con un trato tal,
y allá en su espíritu
como en un sótano,
su mala índole
seguía igual.

Hasta que el sábado,
dice el periódico
cuando solícito
se acercó a él,
en forma súbita
y asaz diabólica,
furioso el báquiro
mordió a Miguel.

Aquí hay políticos
que por estúpidos
o bien por líricos
sufriendo están
de los mismísimos
efectos trágicos
que de su báquiro
Miguel Guzmán.

ACERCA DE LAS PALOMAS DE PARIS
Poema capicúa

El mayor quebradero de testuz
que soporta hoy por hoy la Ciudad-Luz
es el que las palomas le plantean,
aunque muchos lectores no lo crean.

Pues aunque las palomas parisinas
debieran ser del mundo las más finas
como cuanto es de Francia originario,
parece que son todo lo contrario,
una especie de azote
que desde el aire opera
forzando al transeúnte, aunque no quiera,
a andar con el sombrero hasta el cogote.

Y ¡ay! de la dama o bien del caballero
que se atreva a salir sin el sombrero.—
Regresará a su casa enfurecido
e inesperadamente encanecido.

Y como en todas partes las palomas,
tal vez por su aversión a los repúblicos,
prefieren para blanco de sus bromas
los monumentos públicos,
figúrese el lector cómo estará
aquello por allá,
en una capital como París,
donde tiene una estatua cada Luis.

No es raro, pues, que el parisiense alcalde
esté ahora ofreciendo un diploma,
para todos el que mate una paloma,
pues mientras más perecen,
en igual proporción más aparecen.

Por lo cual considero que no es ripio
repetir de estos versos el principio:

El mayor quebradero de testuz
que soporta, hoy por hoy, la Ciudad-Luz
es el que las palomas le plantean,
aunque muchos lectores no lo crean.

La verdad sobre la pava. (Conferencia).

COCHINOS TRISTES

Desde Villa de Cura, Estado Aragua
una nota pevística nos llega,
informándonos de algo que es, sin duda,
para aguarle los ojos a cualquiera.
Y es que desde hace días
se ha presentado un mal en esta tierra
que ataca el corazón de los cochinos
y acaba por matarlos de tristeza.

El origen del morbo
no se sabe cuál sea,
pues ni criadores ni veterinarios
han visto cosa igual hasta la fecha.
Solamente se sabe que el cochino,
cuando tan rara enfermedad le pega,
se pone tan sensible,
que llora por las cosas más zoquetas.

Su proverbial sonrisa
en rictus melancólico se trueca,
se dedica a leer a Julio Flórez;
con claveles de muerto se alimenta
y va a los cementerios mucho, mucho
como Garrick buscando la receta.

Y así hasta que una noche,
una noche, señores, toda llena,
el cochino se encierra en su despacho,
saca un araguaney de la gaveta,
y haciendo un lanzamiento a la australiana,
se lo deja caer en la cabeza.

La cuestión, como veis, es peliaguda
¿Qué enfermedad tan rara seá esa
que a los cochinos de Villa de Cura

convierte en personajes de novela?
¿Será acaso huevito,
mal que ataca al cochino en las orejas
y que se extiende luego hasta la trompa
y, al fin, lo mata del dolor de muelas?

Pero no; yo estudié veterinaria
y aunque no soy muy ducho en esa ciencia,
me consta que cochino con huevito
no es igual que cochino con tristeza.

Y si del mal ignórase hasta el nombre,
menos habrá quien sepa
con qué puede curarse, y, sin embargo,
yo creo haber hallado la receta.

Y es que, considerando que los síntomas
son todos de tristeza,
¿por qué los ciudadanos de La Villa
no invitan sus cochinos a una fiesta?

LAS CARAOTAS DEL CEMENTERIO

En San Juan de Los Morros, cuenta un diario,
hay un sepulturero extraordinario;
mas no porque, emulando a Juan Simón,
enterrara su propio corazón,
ni porque de los muertos haga mofa
como aquel por quien Hamlet filosofa,
pues del sepulturero lo inaudito
es que, sordo a censuras y chacotas,
sembró en el cementerio un conuquito
y ya está cosechando caraotas.

Yo ignoro la opinión en que tendrán
a este sepulturero allá en San Juan;
pero yo lo tendría, por el mérito,
como hijo benemérito.

Bien ingrato es aquel conglomerado
si no lo tiene aún ni como ahijado,
pues nunca tuvo un pueblo tanta suerte,
o, al menos, será el único en el mundo
que al caer de la fosa en lo profundo
sepa en qué se convierte.

Y en cuanto al singular sepulturero,
me parece muy bien que entre las fosas
se dedique a sembrar leguminosas
en lugar de algún sauce plañidero.
Si otros enterradores en el mundo
la misma cosa hicieran, ¡qué alegría!,
se acabaría el hambre en un segundo,
puesto que la escasez se acabaría.

Figúrate, lector, qué buen criterio:
convertir en conuco un cementerio!

El hecho es tanto más extraordinario
cuanto que el mundo tiende a lo contrario.

Desde luego, en San Juan hay mucha gente
que ve en la siembra un acto irreverente;
son los que la necrópolis visitan
y el apotegma bíblico recitan
trocado en este raro disparate:
"¡Vainitas vainitae!"

Y lo que (sobre todo a las mujeres)
más le duele, quizás,
es ver que los más caros de sus seres
quedaron para abono, nada más,
por lo que hay que decirles: "¡Polvo eres
y en... caraotas te convertirás!"

Y no alcanzan a ver que de esta suerte
queda solucionado un grave asunto,
que es el que más temible hace a la muerte:
el del destino que tendrá el difunto.

La ventaja del caso es evidente,
y cuando más se estudia más se nota:
a convertirse en nada, francamente,
preferible es volverse caraota.

EL TEMIBLE RICARDITO

A Ricardo Montilla
quien ocupa en el Guárico la silla,
de algún tiempo a esta parte
por la historia le da dado y por el arte;
dos nobles vocaciones
que él cultiva de modo simultáneo
mezclándose las dos dentro del cráneo
como quien mezcla arroz con tropezones.

Y el caso ningún daño entrañaría
si Ricardo tuviera esa manía
y sólo practicárala en su casa:
lo malo es que Ricardo se la pasa
buscando a toda hora algún motivo
que le sirva a su numen de incentivo,
y ya no hay en el Guárico rincón
donde su patriotismo, asaz ramplón,
no hubiera levantado un monumento
o algún cursi adefesio de cemento
producto de su propia inspiración.

Lo último que hizo
fue un cierto "monumento a la bandera",
feroz mamarrachada patriotera
que además de más fea que el carrizo
resulta una constante exposición,
pues aunque es un motivo de irrisión
tiene allí don Ricardo un policía
con orden de rodar al que se ría
alegando irrespeto al pabellón.

Y por si no bastara esa varilla,
auténtica visión de pesadilla
cuya ridiculez no hay quien no advierta,

otra idea genial tiene Montilla
de la que ya nos dio la voz de alerta:
con mosaico italiano, del que brilla,
va a enmosaicar el Arco de la Puerta,

Es decir, va a cubrir de mosaiquitos
brillantes y bonitos
todo el cuerpo del Arco, de manera
que de lejos parezca una bañera.

Allí está, pues Montilla
poniendo a cada rato una tortilla
a cual más singular y extraordinaria:
no sé por qué lo veo en esa silla
y me acuerdo de Sancho en Barataria...

NOTICIAS COMENTADAS

En Durán, un pueblito muy pequeño
que existe de La Habana en los contornos,
tres cerdos se comieron los adornos
de un pino navideño.

Para lo que han quedado
los navideños pinos:
¡para que se los coman los cochinos!
¡Menos mal que a mí nunca me han gustado!

•

Un ratero —o tal vez una ratera—
cargó con los cepillos de Valera,
motivo por el cual
hasta ha llorado el párroco local.

¡Si así siente ese cura los cepillos,
cómo los sentirán los monaguillos!

•

Un niño colombiano,
de quien la prensa dijo
que era de sus papás el quinto hijo,
nació con un realito en una mano.

Vaya, pues, yo me alegro:
¡el quinto les salió con reintegro!

•

Afirma un escritor que el pueblo chino
no come casi nunca con comino.

Lo que viene a probarnos que el comino
se le importa un comino al pueblo chino.

A un indio del Perú, ya en su vejez,
le salieron los dientes otra vez.

Falta ahora saber
si también va salirle qué comer.

•

Un señor, por coger una peseta,
fue arrollado por una bicicleta.

Si en vez de una peseta es un "marrón",
lo arrolla, por lo menos un camión.

•

Como una maravilla
los alemanes dan
la noticia de un químico alemán
que descubrió una nueva mantequilla.

En cambio en Venezuela a cada rato
estamos descubriendo un nuevo queso
y excepto algún purista mentecato;
¡nadie se ocupa de eso!

EDUARDO Y EL MARRANO

Al perseguir en Nutrias a un marrano
al que iba a darle muerte y se le fue,
se fracturó una pierna el ciudadano
Eduardo Pérez E.

Para Eduardo, modesto campesino,
resultó el lance trágico en exceso,
pues un colapso, a causa del suceso
en la circulación le sobrevino.
De allí que muy feliz esté el cochino,
ya que entre la fractura y el colapso
le han prolongado el lapso.

—Yo no me alegro por el mal de Eduardo
—dira él—, pero sí por el retardo...
Y aunque de su leñazo aún me acosa
la sombra amenazante,
¿quién sabe si de aquí a que él se levante
me muero de otra cosa?

OTRA VEZ RICARDITO

El sábado pasado dediqué una cuartilla
a celebrar las gracias de Ricardito Montilla,
gobernante sanchesco de múltiples talentos
al que le dio la cosa por hacer monumentos.
En muchos de los cuales se copió, el muy bellaco,
de los que antes mostraban las cajas de tabaco.

El mentado Ricardo, como ustedes sabrán,
la sanchesca poltrona ya no ocupa en San Juan,
pero antes de marcharse darse ha querido el gusto
de convertir el Guárico en la Roma de Augusto,
y con ese motivo pobló aquella región
de adefesios y estatuas de su propia invención,
costosos exponentes de un mal gusto frenético
en que se expresa el simun del gomecismo estético
y de un efecto cómico tal que el que lo divisa
aunque sea de lejos se arrastra de la risa.

Fue muy especialmente en San Juan de Los Morros
donde vertió Montilla de su gusto los chorros
en una magna obra que, en dimensión suntuaria,
le realza su ambiente de ciudad carcelaria:
especie de necrópolis mezclada con chivera
cuya pagana ha sido nuestra bandera
y en donde Ricardito vació todo el carriel
de un Erario que, claro, no es el erario de él.

Pues bien, la croniquilla
que con este motivo le dediqué a Montilla,
salió el pasado sábado con más de un verso cojo
que alguien sin consultarme, metió en ella su antojo
alterándole el ritmo como le dio su gana
con el sano deseo de enmendarme la plana,
resultando del cambio, como era de prever,

EL KENNEL CLUB

Se fundó en Venezuela el Club Canino,
consorcio de persona muy boyantes
que coleccionan perros elegantes
de esos que tienen cara de cochino.

Conservar la salud del perro fino
dándole sus bañitos, sus laxantes
y alejando a las perras trashumantes
que los pueden desviar del buen camino...

Tal es el noble fin de club de perros.
Entre tanto, los niños de los cerros
viven como unos mismos condenados...

El mundo es malo, verdaderamente:
mientras se muere de hambre tanta gente,
¡qué bien viven los perros potentados!

LA MUERTEROLA

Dicen que en Los Teques
estrenado ha sido
de carros mortuorios
un nuevo servicio,
que está dando el palo
como aquí decimos.
Pues para deleite
de grandes y chicos,
con unas carrozas
que por el camino
cuando al muerto llevan
van tocando discos.

Asistir a entierros
es siempre un fastidio,
y si es en Los Teques
ya es casi un martirio:
con aquellas calles
que son unos riscos
donde las bajadas
parecen abismos
y las que subiendo
se cansa hasta un chivo,
nunca en los entierros
falta algún cretino
que pida que sea
llevado el occiso
"por dos o tres cuadras"
en hombros de amigos.

Y entonces, señores,
comienza el suplicio:
los carros delante
—¡los carros vacíos!—

y atrás los zoquetes
haciendo alpinismo,
pujando si suben,
si bajan, lo mismo:
los buenos del grupo
llevando al occiso,
y el resto a los lados
cargando barbisios;

Y es lo peor del caso
que a medio camino,
cuando al fin resuelven
usar los vehículos,
los que cogen carro
son siempre los vivos
y en tierra se quedan
como veinticinco
esperando el clásico
"¡Pero vente, chico!"...

Por eso en Los Teques
—¡un pueblo tan pío!—
al mejor entierro
no van más de cinco,
y eso si se trata
de un difunto rico;
que si el muerto es pobre
con viuda y con hijos
¡lo que es a ese entierro
no van sino él mismo!

Pues bien: estudiados
todos los motivos
de la resistencia
de los mirandinos
a asistir a entierros
y a cargar occisos,

una funeraria
de mucho prestigio
resolvió curarles
el paterrolismo
e inventó el sistema
de entierros con discos.

¡Entierros sonoros!
¡Muerto con sonido!
¿Quien no va a un entierro
con ese atractivo?
¿Ni quién va a cansarse
llevando a un occiso
a paso de "Subi",
o a paso de Billo,
o si es "Micaela"
quien abre camino?

Así sí ha quedado
resuelto el conflicto;
el todo es que el muerto
tenga buenos discos.
Pues teniendo un mambo
como el mambo Cinco
o un porro tan bueno
como "El Huerfanito",
¿Quién no va a un entierro
por pegarle al ritmo?

RECUERDOS DE SEMANA SANTA

Don Mamerto Quiñones
se fue en Semana Santa a Playa Brava,
y mientras se bañaba
detrás de unos peñones,
le robaron la ropa unos ladrones.
Entre tanto a Maimónides, su hijo,
le robaron el carro en Punto Fijo,
y su hijita menor, Carmen Calixta,
salió herida de un choque en la autopista.

Don Mamerto Quiñones
fue a tomarse en Macuto una cerveza,
y al saber que costaba seis simones,
agarró al mesonero a pescozones
y éste le puso un plato en la cabeza.
Entre tanto a su esposa, doña Meche,
y a su hermana Lucía
les quitaron un fuerte en Maiquetía
por un café con leche.
Y del caso, lector, lo más nefando
fue que al pobre Quiñones, al regreso
lo estaban esperando
para ponerlo preso.
Con razón, tras de tanta desventura,
la señora Quiñones asegura:
—Para la venideras vacaciones,
¡yo me quedo en Caracas con Quiñones!

LA PASION SEGUN SAN COCHO
O SER SANTO NO ES SER MOCHO

Al levantarse el telón
se ve en escena una cena
donde cena una docena
de tercios en camisón.

Ante la mesa de cedro
cuya forma es de redoma
se pone de pie San Pedro
y alza una copa de goma.

SAN PEDRO: Y ahora, con guarapita
voy a tener el honor
de pegarme esa copia
por el reino del Señor.

JESUS: Te doy las gracias, Perucho,
mas no te entusiasme mucho.
Mi reino no es de este mundo
donde hay tanto vagamundo;
Sin darme tiempo a que reine
aquí ni en lugar alguno,
entre vosotros hay uno
que me está poniendo un peine.

Rojo San Juan de furor
y con el gaznate seco
dice con sordo rencor:

—Ese de que habla el Señor
tiene que ser un adeco.

JESUS: Y bien, aunque la velada
está tan encantadora,
me parece que ya es hora
de tocar la retirada.

La cena estuvo exquisita
y la charla muy amena.
Yo voy a bajar la cena
y a echar una rezadita.

Bendiciendo a los demás
sale Cristo en un burrito
y al coger su cachachás
se le va Judas atrás
haciéndose el motolito.

SAN JUAN: Hoy Judas se ha comportado
como antes nunca lo hizo:
Para mí que ese carrizo
tiene su trompo enrollado.

Tras la escena que hemos visto
se pasa a un sitio remoto
donde Judas ya está listo
para negociar a Cristo
como si fuera un coroto.

En acción cinco soplones
y Judas, un poco esquivo,
que ya ha firmado el recibo
y está contando marrones.

JUDAS: Ya sabéis lo convenido:
Yo al verlo le doy un beso
y vosotros lo hacéis preso
cuando escuchéis el chasquido.

Iscariote se retira
y la escena pasa ahora
a un lugar donde se mira
a un gentío que le tira
peñones a una señora.

Y Jesús entra en escena
cuando ya falta muy poco
para que la Magdalena
le desportillen el coco.

JESUS: ¿Qué te asusta? ¿Qué te arredra?
¿Quién te persigue cual rata?
¿Quién te ha tirado esa piedra
que si te alcanza te mata?

MAGDALENA: Porque visto este sudario
(llorando) color de zamura clueca,
mi vecindario me impreca
diciéndome: ¡Adeca, adeca!
¡La adeca del vecindario!

JESUS: ¿Y por eso se te acosa
como a un animal inmundo?
Pues qué raro, niña hermosa,
porque, bien vista la cosa,
adeco aquí es todo el mundo.

Del interior o del centro,
ricachos o güelefritos,
aquí hasta los muchachitos
llevan su adeco por dentro.

Y alzando hacia el pueblo el brazo
le lanza el siguiente leco:

—¡Que el que no se sienta adeco
suelte el primer ladrillazo;

Todo el mundo se serena;
de armar la marimorena
ninguno tiene el valor,
y Cristo a la Magdalena
le susurra en la melena:

—¿No te lo dije, mi amor?

Haciéndose el distraído
sale Judas Iscariote
y según lo convenido,
a Cristo que está abstraído
le da un beso en el bigote.

Cristo observa con sorpresa
semejante atrocidad,
porque Judas cuando besa
es que besa de verdad.

Consumada esta acción vil,
la escena pasa, en dos platos,
a una especie de redil
donde están Poncio Pilatos
(un solemne pelagatos)
y Caifás que es un reptil.

PILATOS: ¿Cómo estamos hoy de presos?

CAIFAS: Ni muy flojos ni muy gruesos:
Fuera de mil en La Planta
y seis mil en la Modelo
y el número que ya espanta
de los enviados al cielo,
tenemos dos nada mas:
Jesucristo y Barrabás.

Caifás hacia afuera grita
con su voz más detonante:

—¡Que traigan a Carne Frita
y al tercio de la chivita
que se hace el interesante!

Salen los dos prisioneros:
Barrabás, que casi en cueros

muestra su cuerpo retaco,
y Jesús al que le choca
que en vez del Credo en la boca
cargue un enorme tabaco.

PILATOS: ¿Cuál de ellos es Barrabás?

CAIFAS: El mediano, el gordiflón,
el que tiene el pantalón
abrochado para atrás.

PILATOS: ¿Cuál dices? ¿Aquél gordito
que está junto a la mampara?
¿Aquél que tiene la cara
como de loro chiquito?

CAIFAS: Tiene a monte a sus vecinos
robándoles el ganado:
solamente el mes pasado
cargó con treinta cochinos.

Y el otro es como un chiflado,
es una especie de cura
de quien la gente asegura
que multiplica el pescado.

PILATOS: ¿Y por qué lo han arrestado?

CAIFAS: Porque anoche ¡voto al cuerno!,
fue por la calle encontrado
falsificando el pescado
y hablando mal del gobierno.

PILATOS: Los dos debieran panquear,
pero no se va a poder...
Tendremos que resolver
por votación popular.

CAIFAS: Excelente solución;
haremos un plesbiscito

para que gane el gordito
y el otro vaya al cajón.

(al pueblo): Como hay una sola cruz
y un candidato de más,
diga el pueblo ante Caifás
si se embroma a Barrabás
o si se raspa a Jesús!

—¡qué se salve el Nazareno
—grita el coro de vecinos—
él podrá no ser muy bueno,
pero no roba cochinos!

BARRABAS: Salvadme, nobles vecinos,
(llorando) que si salváis mi cabeza
yo en cambio os doy la promesa
de devolver los cochinos;

Todos levantan las manos
cual parando un autobús:

—¡si él devuelve los marranos
completos, sanos y salvos
entonces, muera Jesús!

CRISTO: —¡Qué ejemplo tan oportuno
de lo que yo siempre noto:
para lo que sirve el voto,
pa que lo enbromen a uno!

Mas Cristo, que por lo visto
no es el de años anteriores,
al mirar que sus captores
tienen el mecate listo,
pegando un salto imprevisto
los increpa ya molesto:

—¡Vayan buscando otro Cristo,
porque yo no sigo en esto!

Y a los que me quieren tanto
por mi carácter sumiso,
que se busquen otro santo.
¡Yo no soy manso un carrizo!

Oyendo palabras tales
Judas de pena se ahoga
y entonces coge los reales
para comprarse una soga.

Mas tiene tan mala suerte
que al colgarse de una rama,
en vez de encontrar la muerte
encuentra un golpe tan fuerte
que pasa un año en la cama.

AUTOR: Y aquí termina la broma
en donde como hemos visto,
se demuestra que hasta Cristo
vino este año por la goma.

DOMINGO DE RAMOS

Cuenta la vieja historia que el Domingo de Ramos
entraba triunfalmente Cristo en Jerusalén;
ls masas populares (tal como hoy las llamamos)
lo esperaban con palmas y con flores también.

Nunca hasta aquel domingo fue objeto, que sepamos,
de recepción tan grande ningún hombre de bien:
¡miles de corazones saltando como gamos!,
¡miles de finas palmas moviéndose en vaivén!

Apenas a tres días de este acontecimiento,
el aclamado Cristo fue arrastrado al tormento
ante la indiferencia de la misma ciudad.

Ante su indiferencia fue llevado al Calvario,
y ante su indiferencia se murió solitario...
¡Así es de veleidosa la popularidad!

DESPUES DE SEMANA SANTA

Los tórtolos sentados en la sala,
La vieja en un sillón, teje que teje,
y un perro, largo y curvo como un fleje,
que entre los pies del novio se acorrala.

La mano, ansiosa y tímida, resbala
hacia la zona que el cojín protege...
Pero una tos de alerta, un: ¡Ehje, ehje!,
la obliga a detenerse en la alcabala.

Suena el timbre y a abrir sale la vieja,
y el tercio, aprovechando que los deja,
se lanza con pasión sobre su amada.

Mas ella, sin dejarlo que proceda,
lo rechaza, diciéndole muy queda:
—¡No me abraces, mi amor, que estoy quemada!

Con Mariano Picón Salas y el Dr. Salcedo Bastardo.

TEODULFO EL MISERABLE
—Modelo para una conmovedora novela radial—

NARRADOR: Desesperado por la trágica situación en que lo dejamos en el episodio anterior, Teodulfo resolvió ir a pegarle una llorona a la acaudalada Marquesa de Chochopio, que a la sazón celebraba una fiesta. Al entrar en la regia mansión, Teodulfo quedó deslumbrado de ver el lujo con que vivía aquella familia. Símbolo de la reinante prosperidad la perrita afeitada de la casa aparecía echada en una paltó-levita del mejor corte inglés y comiéndose un jamón planchado ella sola. La Marquesa se encontraba en aquel momento atendiendo a sus invitados.

MARQUESA: Mi querido Archiduque...! ¡Usted no ha comido nada esta noche! ¿No quiere más hallaca de pavorreal?

ARCHIDUQUE: No, gracias. Prefiero lairén sancochado.

MARQUESA: Y a vos, señora Jobita, ¿no le gustaría otro poquito de tamarindo con ruibarbo?

SEÑORA JOBITA: No, Marquesa, gracias. Prefiero frutos del país.

MARQUESA: Ah, bueno. En ese caso sírvase con toda confianza. Aquí tiene higuerote, caujaro, ciruela fraile y guásimo. *(Tranquisición, para preguntarle severamente al criado que llega):* Y tú qué quieres. Damián que no estás en tu puesto? ¿No te dejé cuidando en la sala para que no se roben los sombreros?

DAMIAN: Perdón, señora. Ahí la está buscando un hombre de la plebe, horrorosamente llamado Teodulfo. Es un hombre cuya edad oscila entre los treinta y los cuarenta años, de los cuales debe haberse pasado por los menos nueve sin afeitarse.

MARQUESA: Ya sé. Seguro que viene a pedir otra vez. ¡Ese hombre pide más que un queche!... ¡Sácalo de Palacio! ¡dile que yo después le mando unas conchas a su casa!

MUSICA: ¡Tán tán tán...! ¡PUM!... Ñññññííí...

NARRADOR *(fuertemente poético):* Y Teodulfo regresó aquella noche a su casa con la cabeza tan baja, que al entrar le pegó un cabezazo al escaloncito del zaguán.

TEODULFO: ¡Otro día perdido!… En ninguna parte me quieren dar trabajo. Ni en la gran fábrica de despertadores de primus, ni en la gran fábrica de chinelas con plantillas de papel de periódico: ¡Todos me tienen desconfianza!

DOÑA TEODOSIA: Y tienen razón. Eres un hombre marcado por la justicia. La sociedad te echó de su seno desde que apareciste en el famoso robo de la agencia funeraria. Oh, tú nunca debiste participar en ese cuantioso desfalco de urnas!

TEODULFO: ¡Soy inocente, pero si fuera culpable, de todos modos ya yo purgué mi culpa!

DOÑA TEODOSIA: Por eso debe ser que tenemos tanta hambre. Los purgantes dan mucho apetito. *(Llora).*

TEODULFO: Bastante castigo tengo con estar pasando hambre esta noche, mientras los ricos gozan bebiendo caviar. *(Tierno y evocador):* ¿Recuerdas que el año pasado todavía teníamos pianola?

DOÑA TEODOSIA: Sí… Poco a poco hemos ido saliendo de todo: el juego de sillas negras con pañito de pabilo en el espaldar, la lámpara de pitillos, el paño que decía buenos días, el frasco de ají de leche tapado con una tusa, el retrato del rey de Italia con marco de verada…

TEODULFO *(llorando):* ¡Oh veleidosa fortuna!… De nuestro antiguo esplendor no quedaba sino la arepa que teníamos clavada detrás de la puerta, y esa me la comí esta mañana.

DOÑA TEODOSIA *(con sentimiento):* ¿Y por qué no me diste la mitad, hijo jartón? Oh, Teodulfo, tú no amas a tu madre.

NARRADOR: Y dejando a su madre sumida en la más honda tristeza. Teodulfo ha salido en dirección al puente del

Guanábano, resuelto a ponerle fin a su espantosa situación. ¿Se tirará Teodulfo por el puente, o le quitará las barandas para empeñarlas?... No deje de oír el próximo episodio de «Teodulfo el Miserable», una llantonovela venezolana original de...

MUSICA: ¡Tán, tán tán...! ¡PUM!

NARRADOR: Mascapollo Escupil, el escritor que le llega a uno al páncreas!

LA PILDORA Y EL PERRO

La píldora milagrosa,
la píldora ya famosa
bajo la acción de la cual
puede, en materia amorosa,
hacer uno cualquier cosa
sin temor a la engorrosa
consecuencia natural.

Con éxito al cien por ciento
se está aplicando actualmente,
no en personas solamente
sino en los perros también.

Después de esta introducción,
escuchemos lo que pasa
cuando al zaguán de la casa
de Fifí, llega Nerón.

Sale a abrirle la señora:
—¡Nerón! ¿Usted por aquí?
Y el perro sin más demora
le pregunta por Fifí.

Fifí que es toda un bombón,
sale, huele a la visita,
a echarle el brazo lo invita,
ya en el entreportón,
a la señora le grita:

—Hasta luego, mamaíta,
voy al cine con Nerón;
vamos a ver La Pasión
Y al salir por el zaguán
de brazo Fifí y Nerón,
la señora, que es un pan,
les echa su bendición.

Y agrega la muy ladina
mientras Nerón la fulmina
con su mirar taciturno:
—Pasen por la de la esquina,
que és es la que está de turno.

MANUAL DEL NUEVO RICO

Continuando nuestra labor de suministrarle al nuevo rico un método fácil y práctico para hacer el ridículo en todas las ocasiones, insertamos un sencillo vocabulario relativo a cuestiones de arte, de geografía y de historia, con la correspondiente traducción al lenguaje que debe ser empleado en cada circunstancia por un nuevo rico que se sepa dar su puesto de verdadero imbécil. Oído al tambor:

COMO DICE EL RICO CORRIENTE	COMO DEBE DECIR EL NUEVO COLEGA
El Canal de Suez	La Canal del Juez.
Tristán e Isolda	Tintán y la Sorda.
Los Dioses del Olimpo	Los Dioses del Olimpia.
Las vestales, Vírgenes Prudentes	Las bestiales vírgenes pudientes.
El Violín de Ingres	El violín del Inglés.
El Coloso de Rodas	El Goloso de Rojas.
La famosa cinemateca de París	La Famosa Cinemanteca de París.
Otelo, el Moro de Venecia	Otero, el Morro de Valencia.
El Divino Sordo de Bonn	El divino sordo de papel Bond.
Jorge Sand, la Musa de Chopín	Jorge Silvio Sanz, la Tumusa de Chaplín.
La torre Inclinada de Pisa	La Torre Inclinada de Prisa.
Juana de Arco	La Doncella de Nueva Orleans.
Las Ruinas de Pompeya	Las ruinas de Popeye.
El Museo del Prado	El Museo de Pérez Prado.
Las Meninas de Velázquez	Las Toninas de Velázquez.

Asimismo, como fórmula de respuesta para desmentir rumores, etcétera, se aconseja contestar lo siguiente, cualquiera que sea el caso:

—No le haga caso, baronesa. Esos son rumores que carecen de toda voracidad.

POESIA EN VERSOS COJOS
QUE LE ESCRIBI A JOSEFINA
MUY SENTIDA Y MUY BONITA
PORQUE ME TORCIO LOS OJOS

Cuando te veo en tu balcón
tan linda y bien arreglada,
me pongo cual perro velón
que le enseñan una tostada.

Nos conocimos en un baile
pues nos presentó un amigo,
pero tú no quisiste bailar conmigo
como si yo fuera un fraile.

Tú estabas muy entusiasta
bailando con un tal Dorta
pues le permitiste hasta:
que te brindara una tajada de torta.

¿Usted baila? te pregunté muy manso
más tú me paraste en seco
diciéndome yo no danzo
con hombre que no tenga chaleco.

Tan semejante desprecio
me pegó cual una bofetada,
pero yo no te dije nada
y empecé a sentirte aprecio.

Pero mi alma no te maldijo,
pues te tuve más cariño,
y te quise como un niño
que se encuentra un crucifijo.

Y una noche muy lunar
me dije con voz oportuna:

aprovechando que hay *Luna*
me le voy a declarar.

Y me fui muy ilusorio
hasta el hogar donde vivías
pero me dijeron tus tías
que estabas en un velorio
porque se murió Matías.

Después mi alma quedó absorta
cuando supe y resultó cierto
que el velorio era de Dorta
que se estaba haciendo el muerto
para que tú fueras a su puerto.

Desde entonces me desprecias
y ante mi amor insinuante
te pones cual protestante
cuando pasa por las iglesias.

Pues cuando me ves me huyes
cual quien en un monte se adentra
y de repente se encuentra
con que por ahí hay: piqui juyes.

En vano con gran porfía
le digo a mi alma: No importa,
no te disgustes. Alma mía
que esa mujer es de Dorta.

Tanto me destrozaste el pecho
por no querer adorarme
que cuando por fin fui a matarte
ya el mandado estaba hecho.

Pues mi alma porfiada sufre
por lo tanto que te quiero
y hasta las cosas que ingiero
me saben a puro azufre.

Hoy por ti sufro y me atrofio,
pero mañana o pasado
yo estaré bien acomodado
y vendrás a pedirme gofio.

Hoy tu amor es mi verdugo,
pero habrá de llegar un día
en que tú estarás en la policía
y yo no te mandaré ni un jugo.

Hoy me odias y no me aguantas,
pero cuando yo esté en el congreso,
arrastrándote a mis plantas
vendrás a pedirme: queso.

LOS NUEVOS JULIETA Y ROMEO
O EL DRAMA MAS CORTO DEL MUNDO

ACTO UNICO

Noche de luna en Verona,
Entra Romeo el poeta
y a charlar con su Julieta
se sienta en una poltrona.

ROMEO: Con ese fulgor rojizo
que la cubre como un velo,
la luna luce en el cielo
como si fuera un chorizo.

JULIETA: ¡qué chorizo del carrizo!
Mira tú que eres bellaco!
En vez de hablar de chorizo
¿Por qué no te quitas el saco?

ROMEO: ¿Por qué no me quito el saco?
por qué va a ser vieja idiota,
¡Porque aquí junto al sobaco
tengo la camisa rota!

EL DIA DE LOS INOCENTES
CONTADO POR UNO DE ELLOS

Aunque el 2 de los corrientes
era el que lo parecía,
hoy, señores es el Día
de los Santos Inoentes.

Y esta es la criollización
de lo que en prosa elevada,
cuenta la Historia Sagrada
sobre la fecha en cuestión.

Comenzó el merequetén
justamente al cuarto día
de haber tenido María
su muchachito en Belén.

Difícil que el parto fue,
y propenso él al infarto,
con el trajín de aquel parto
quedó grogui San José.

Por supuesto, el pobrecito,
pasado ya el grave trance,
apenas le dieron chance
se durmió como un bendito.

Pero no bien pegó un ojo
vio en sueños la fantasía
de un ángel que le decía:
—Viejito, no sean tan flojo.

Huye a Egipto con tu esposa
y el fruto de su barriga,
porque aquí color de hormiga
se está poniendo la cosa.

Pues con creciente cariño,
y en cualquier lugar que sea,

ya no se habla en Galilea
de otra cosa que del Niño.

En el revuelo causado
por un niñito tan tierno,
algo hay que a nuestro gobierno
le huele a perro mojado.

Y así Herodes ha prescrito
que a todo niño de cuna
si diferencia ninguna
le corten el pescuecito.

O enconchas, pues, al nené
o lo raspa el rey Herodes;
así que no te incomodes
y alza arriba, San José.

José, que un burro tenía,
lo ensilló de cualquier modo
y en él con muchacho y todo
montó a la Virgen María.

Ya sobre el burro en cuestión,
la Virgen, siempre tan ida,
—¿Para dónde es la movida?
preguntó con devoción.

Y cuando él saber le hizo
que hacia tierras egipcianas,
de lo que ella tuvo ganas
fue de mandarlo al carrizo.

Y exclamando: —¡Qué tupé!,
le dijo ya sin rubor:
—¿A Egipto en burro, mi amor?
¿Tú estás loco, San José?

José ante aquella chacota,
no protestó, sino dijo

mientras de modo prolijo
se sobaba la chivota:

—Aunque en mis propios mostachos
de viejo loco me apodes,
lo importante es que está Herodes
descabezando muchachos.

El espera, con cariño,
despescuezando arrapiezos,
que alguno de esos pescuezos
resulte ser el del Niño.

El les ofrece alfondoque
y arepita y empanada
y después con un estoque
los mata de la estocada.

Así habló el santo bendito,
y así contestó su esposa:
—Caramba, si así es la cosa.
tienes razón, Joseíto.

Si la cosa está tan fea
como tú la estás pintando,
de aquí hay que salir raspando
en burro o en lo que sea.

Por huir de ese carrizo
y de su esposa filosa,
yo me voy en cualquier cosa,
no digo a Egipto: ¡Al chorizo!

Vamos a buscar posada
a alguna tierra apartada
donde nos tengan cariño
y no le corten al Niño
ni la cabeza ni nada.

Así emprendieron la Huida
mientras Herodes, ya en vano,
con su machete en la mano
continuaba la movida.

Blandiendo dicho aderezo
ninguno se la ganaba:
Muchachito que encontraba,
muchachito sin pescuezo.

Era un tipo muy maluco:
mediante el famoso truco
del pajarito sin cola,
degollaba a los chiquitos
diciéndoles, pobrecitos,
"Baja la trompa, mapola".

Convirtió así su poblado
en una carnicería
donde no se conseguía,
sino carne de muchacho.

Y en cuanto a José y María
yo por mi cuenta discurro
que el cuerpo les quedaría
tras tan larga travesía
más estropeado que un churro.

Quedarían como aquellos
a quienes tumba un susurro,
y si así quedaron ellos,
¡cómo quedaría el burro!

UN SAINETE O ASTRAKAN
DONDE EN SUBIDOS COLORES
SE LES MUESTRA A LOS LECTORES
LA TORTA QUE PUSO ADAN

ACTO I

El drama pasa en el cielo
y en los tiempos patriarcales
en que Adán era un polluelo
y el mundo estaba en pañales.

Al levantarse el telón
es San Miguel quien lo sube;
llega Dios en una nube
y así empieza la cuestión.

DIOS: Hecha la Tierra y el Mar
y el crespúsculo y la aurora,
me parece que ya es hora
de acostarme a descansar.

SAN MIGUEL: ¿Terminasteis el Edén?

DIOS: Hombre, claro, por supuesto,
y aunque peque de inmodesto.
me parece que está bien.

Es sin duda lo mejor
de cuanto hasta hoy he creado:
tiene aire acondicionado
y un río en technicolor.

Y como el clima
lo favorece
todo allí crece
que es un primor:
se dan auyamas,
y unas papotas
de este color.

SAN MIGUEL: A propósito, Señor,
empeñado en sostener
hoy con vos una entrevista,
por aquí estuvo el nudista
que fabricasteis ayer.

DIOS: ¿Nudista?... Debe haber
alguna equivocación;
yo ayer hice el cigarrón,
el picure y el cochino,
pero ninguno anda chino;
todos tienen pantalón.

SAN MIGUEL: Señor, olvidáis a Adán,
el animal de dos patas;
el que vive entre las matas
como si fuera Tarzán.

DIOS: ¡Ya recuerdo!... El ejemplar
que fabriqué con pantano
y a quien el nombre de humano
le di por disimular.

(Risueño):

La intención que tuve yo
fue fabricar un cacharro,
pero estaba malo el barro
y eso fue lo que salió.

SAN MIGUEL: Y bien, ¿hablaréis con él?

DIOS: Llamádmelo, por favor.

SAN MIGUEL: ¡Atención, operador!
(at the telephone) Conecte con el Vergel.
y avíselo al Tercio Aquel
que lo llama el Director.

OPERADOR: Estés en tierra o en mar,
deja, Adán, cuanto te ate
y acomódate en el bate
que el Viejo te quiere hablar!

ACTO II

ahora pasa la acción
al jardín del Paraíso,
donde Adán, ya sobre aviso
recibe al Viejo en cuestión.

EL VIEJO: Adán, ¿qué quieres de mí?

ADAN: Oh Señor, qué he de querer,
¡que me consigas mujer
o me saques de aquí!

DIOS: ¿No te gusta este lugar?

ADAN: Tiene magníficas cosas:
las frutas son deliciosas
y el clima muy regular:

tiene animales
de los más finos:
sólo cochinos
hay más de cien.

Y en cuanto a plagas
esto es muy sano:
sólo hay gusano
chipo y jején.

Pero aunque no tenga igual
ni en belleza ni en salero,
mientras yo viva soltero
le falta lo principal.

DIOS: Entonces no hay más que hablar.
Si quieres una señora,

Ponte de rodillas, ora
y acomoda el costillar.

Tras esta declaración
y sin conversarlo mucho
pela Dios por un serrucho
y empieza la operación.

DIOS: Hágase en un santiamén
la criatura encantadora
que va a coger desde ahora
por el mango la sartén!

Y del costado de Adán
sale su joven esposa:
la joven pecaminosa
de quien los siglos dirán
que por estar de golosa
perdió el perro y perdió el pan.

ACTO III

Adán se casó con Eva,
y con sus pocos ahorros
se compraron dos chinchorros
y alquilaron una cueva.

Y a la siguiente semana
ya arreglados sus asuntos,
salieron a darle juntos
una vuelta a la manzana.

Y fue en quella ocasión,
fue en aquel triste minuto,
cuando encontraron el fruto
que causó su perdición.

EVA: ¿Qué fruta es esa
color granate?

200

¿Será tomate?
¿Será mamón?

ADAN: Ni son naranjas
ni son limones.

EVA: ¿Y pimentones?

ADAN: ¡tampoco son!

EVA: La mata en su ramazón,
a la de almendrón imita.

ADAN: ¿Almendrón? ¡Qué va, mijita!
¡Yo conozco el almendrón!

Eva se acerca al manzano,
pero al estar junto a él,
con un machete en la mano
lo detiene San Miguel.

SAN MIGUEL: Si no queréis que lejos
os boten del jardín
oíd estos consejos
que os doy en buen latín.
Podéis comer caimito,
batata y quimbombó,
cambur y cariaquito,
¡pero manzana no!
Y el que haga caso omiso
de tal prohibición,
saldrá del Paraíso
lo mismo que un tapón.

Se evapora San Miguel
y entonces sale una fiera
semejante a la manguera
de una bomba Super-Shell.

MANGUERA: No le hagas caso, mujer,
si quieres comer manzanas
no te quedes con las ganas,
que nadie lo va a saber.

Y al probar Eva el sabor
del fruto que tanto ansiaba,
se vuelve pájara brava,
por no decir lo peor.

EVA: ¡Quiero joyas
y oropeles!
¡quiero pieles
y champán!
Quiero viajes
por Europa!
¡Quiero sopa
de faisán!
¡Quiero un novio
que se vista!
¡No un nudista
como Adán;

Aplaude alegre el reptil,
Eva baila con un oso
y Adán está más furioso
que un loco en ferrocarril.

ACTO IV

Sale Adán junto a la fuente
jugando con un rana,
diversión intrascendente
muy propia de un inocente
que no ha comido manzana.

Y es aquí cuando Eva llega
con un traje tan conciso,

que se le ve El Paraíso
por la parte de La Vega.

EVA: Adán, ¿por qué tan callado?
Dime, amor, ¿qué te resiente?

ADAN: Que entre tú y esa serpiente
me tienen muy disgustado.

EVA: ¡Pero si todo es en chanza!
¡Y esa culebra es tan mansa
como el caballo y la cebra...!

ADAN: Pero para ser culebra
le has dado mucha confianza.

(llorando):

Yo soy tu burla, tu guasa,
y en cambio con la serpiente,
te muestras tan complaciente
que ella es quien manda en la casa.

(filosófico):

¡Eso es lo triste y lo cruel
de la amistad con culebra,
que si uno les da una hebra
cogen todo el carrete!

EVA: Bueno, Adán, aquí hay manzana.

ADAN: ¡No quiero!

EVA: ¿Por qué, negrito?

ADAN: Porque no tengo apetito
ni me da mi perra gana!

EVA: Un pedacito... Sé bueno...
Pruébala... ¡Sabe a bizcocho!

ADAN: No puedo. Comí topocho
y a lo mejor me enveneno.

Furiosa, escupiendo plomo,
Eva coge un arma nueva
y antes de que Adán se mueva
se la sacude en lomo.

EVA: ¡Vamos, Adán, no más plazos!
Aquí tienes dos docenas:
¡Te las comes por las buenas
o te las meto a escobazos!

ADAN: Bueno, sí, voy a comer:
pero no arriesgues tu escoba,
mira que el palo es caoba
y es muy fácil de romper.

Y arrodillándose allí,
como un moderno cristiano,
coge la fruta en la mano
se la come y dice así:

ADAN: :Por testigo pongo a Dios
de que si comí manzana,
la culpa es de esta caimana
pues me puso en tres y dos!

(come llorando)

LA VOZ DEL VIEJO: Pues transgredistes así
mis órdenes oficiales.
¡Amarrad los macundales,
y eso es saliendo de aquí!

AUTOR: Y así acaba el astrakán
donde en subidos colores
se les mostró a los lectores
la torta que puso Adán.

En una de sus tantas conferencias en la década de los 70.

LAS DESVENTURAS DE FAUSTO, EL CASTIGO DEL DOCTOR O HISTORIA DE UN VIEJO EXHAUSTO QUE SE ATRAGANTA DE AMOR

Una historia en que se expresa
lo que sucede a la hora
en que un viejo se enamora
y el Diablo se le atraviesa.

Al levantarse el telón
los principales actores
salen en paños menores
y hacen su presentación.

FAUSTO: Yo soy el viejito Fausto,
doctor que en esta opereta
del amor en holoausto
pone la torta completa.

MARGARITA: Y yo el bombón exquisito
pero con alma de roca
que con su orgullo provoca
la perdición del viejito.

LA PERRITA: Yo sólo soy la perrita,
y hago el papel de perrita.

EL DIABLO: Y yo, en fin, soy el patrono
de la siniestra botica
donde el viejo se intoxica
con las glándulas del mono.

ACTO I

Suena al fondo una campana
y Fausto, que está en escena,
deja su atol de maicena
por correr a la ventana.

FAUSTO: Ya dan las seis en la ermita.
Es la hora en que mi amada,
sale, de blanco trajeada,
a pasear con su perrita.

(con harta fe en sí mismo)

¡Ya se acercan, vive Dios!,
y aunque el fracaso me aguarde,
lo que es esta misma tarde
me les declaro a las dos.

Se encasqueta el peluquín,
se fricciona los tendones
y entonces entre algodones
lo trasladan al jardín.

FAUSTO: ¿A donde corren
oh, Margarita,
tú y tu perrita
con prisa tal?

MARGARITA: Voy al despacho
de policía
en compañía
de este animal,
porque sucede
que su marido
fue sorprendido
sin el bozal,
y detenido
como un cualquiera
por la Perrera
Municipal.

FAUSTO: Margarita, flor de luna,
(inspirado) pétalo fino de rosa,
voy a decirte una cosa
que no le he dicho a ninguna.

(sacando el gallo)

¡Si te casas conmigo, oh Margarita!
yo le daré un hogar a tu perrita.
Tal vez mi posición no es muy eximia,
pero yo me defiendo con la alquimia:
pues convirtiendo en oro el antimonio
bien puede sostenerse un matrimonio.
Y respecto a mi edad, algo caduca,
eso lo disimula la peluca.

(La perrita se ríe
a carcajadas)

MARGARITA: Déjate de eso, viejito,
y anda a verte en un espejo!
¿No ves que tú eres más viejo
que la cerveza perrito?

Y a modo de corolario
de tan ofensivas coplas,
le canta «Tú ya no soplas»
y le regala un rosario.

FAUSTO: Si tu amor me es imposible,
dímelo en forma expedita,
pero, por Dios, Margarita,
no me toques la sensible!

(al público)

Porque soy viejo me habla en ese tono.
¡quién tuviera las glándulas del mono!

Aquí llega Mefistófeles,
y a Fausto, que está deshecho,
se le para sobre el pecho
como si fuera un anófeles.

MEFISTOFELES: ¿Necesita tu físico otoñal
una reforma constitucional?
¡Yo te daré la eterna juventud
con productos Max Factor Hollywood;

¡Yo desarrollaré tus pectorales
a base de Pilules Orientales!
¡Yo te pondré robusto y sonrosado
"Como aquel tipo que vendió al
contado";

FAUSTO: ¿Eres el Diablo de veras?

MEFISTOFELES: Probarlo puede mi brazo,
borrándote de un guamazo
todos los años que quieras.

FAUSTO: Y para hacerlo, ¿qué esperas?
¡Plancha mi cara arrugada!
¡Devuélvele a mi fachada
su robustez de mamey!
¡Ponme como Dorian Grey
después de la puñalada!

MEFISTOFELES: Ante todo hay que arreglar
el precio de la cuestión:
para que haiga[1] operación
me debes tu alma entregar.

FAUSTO: Eso es caro, Satanás...

MEFISTOFELES: ¿Caro, un trabajo tan noble?
Un médico cobra el doble
por la consulta nomás...
Yo que soy un diablo franco
con franqueza te lo digo:
si tú te operas conmigo
saldrás en caballo blanco.

Fausto lo piensa con calma
y al fin dice con voz bronca:

¡De qué vale tener alma
cuando el bigote no ronca!

(al Diablo):

Anda, desálmame, pues,
y deja este carapacho
convertido en un muchacho
de la cabeza a los pies;

El Diablo cuenta hasta siete,
hace una extraña figura
y en lo que espabila un cura
convierte a Fausto en cadete.

FAUSTO: ¡Qué bien quedé, qué novato!…
(ante el espejo) ¡Con esta piel tan lisita,
ya a va saber Margarita
dónde le aprieta el zapato!

ACTO II

La escena ocurre ahora en el castillo
del duque y de la duca del Tomillo
que con una gran fiesta de etiqueta
conmemoran sus bodas de coleta.

(La Marquesa, que es ahijada
de los cultos anfitriones,
está a la puerta parada
para interceptar la entrada
de borrachos y gorrones).

MAESTRO DE
CEREMONIAS: ¡El marqués de Raboalzado!

MARQUESA: Pero, ¿qué milagro es éste?

¿Cómo estás, perro con peste?
¿Cómo te fue en El Dorado?

MARQUES: A vuestros pies, marquesita.

MARQUESA: Bueno, pues, pasa adelante
(muy adulante) y quítate la levita.

Margarita hace su entrada,
y con uno que otro reproche
todos notan que esta noche
no carga perra ni nada.

MARQUESA: ¡Ay, pero si es Margarita!
¡Pareces una amapola…!
Qué raro que vengas sola…
¿Te comiste la perrita?

MARGARITA: Un nuevo amor tengo ahora,
(lírica) un mancebo, casi un niño,
que al robarle mi cariño
mató la perra, señora.

Mientras habla la muchacha
Mefistófeles actúa
y a la orquesta le insinúa
que toque Cabeza de Hacha.

MARGARITA: ¡Qué música!… ¡Qué gorjeo!
(embelesada) ¡Qué ritmo tan apropiado
para en brazo de mi amado
dedicarme al rucaneo!

FAUSTO: ¡Mi Margarita adorada!
(entrando al escenario)

ELLA: :Vos mi propietario!…
Llegasteis como pedrada
en ojo de boticario!

211

FAUSTO: Aunque bailar esta lata
es para mí un logaritmo,
si quieres pegarle al ritmo
cuélgate de esta alcayata.

MARGARITA: Tu Margarita, de baile
(sonrojada) no tiene grandes nociones...

FAUSTO: Yo aguantaré tus pisones
con la paciencia de un fraile.

Pero cesan de bailar
pues al jardín florecido
se van los dos a buscar
una cosa singular
que no se les ha perdido.

MARGARITA: Qué bello es esto en la noche...
(poética)
FAUSTO: Muy bonito, muy bonito;

(despectivo) pero aquí hay un olorcito
como a caballo de coche.

MARGARITA: Nada os gusta, todo os topa;
(very hurted) cualquier cosa os da lo mismo!...

FAUSTO: Es que a mí el romanticismo
se me quedó en la otra
ropa.

(disimulando):

Pero aquí, bajo esta luna
que nos alumbra rabiosa,
voy a decirte una cosa
que no le he dicho a ninguna.

(y se la dice): Qué caro está el pescado,
¿verdad?

Salta el Diablo de un guayabo
y a Fausto que lo divisa,
le hace señas con el rabo
de corre que tengo prisa.

FAUSTO: ¿A qué vienes, bicho innoble,
donde nadie te ha llamado?
¿No ves que a punto has estado
de estropearme el pasodoble?

MEFISTOFELES: Un momentico, mi socio,
no se agite y tenga calma:
vengo a devolverle el alma
y a deshacer el negocio.

FAUSTO: No entiendo. ¿Por qué razón?

MEFISTOFELES: El modelo no es moderno:
lo he probado en el infierno
y gasta mucho carbón.

MARGARITA: ¿Con quién habláis tan bajito?

FAUSTO: A... a... aquí con el mesonero

(disimulando) que pregunta si lo quiero
de jamón o de diablito...

(al diablo) ¡Por Dios, no lo hagas ahorita!
¡Retarda mi bancarrota!
¡Yo no quiero dar la nota
delante de Margarita!...

MEFISTOFELES: Jé, jé, jé, jé, jé, jé,
jé, jé, jé, jé, jé
jé, jé, jé, jé,
jé, jé, jé,
jé, jé
jí.

FAUSTO: Por favor, sé más prudente,
y espera al menos el día.

¿Tú no ves que todavía
tengo un asunto pendiente?

MARGARITA: ¿Quién os habla?...
(inocente)

FAUSTO: Aquí, el Ministro
(como puede) de guerra y de... suministro...
diciéndome que allá afuera
se ha perdido una nevera
y están pidiendo registro.

(al diablo) Dame dos horas, dame una,
date un paseo... Reposa
mientras le digo esa cosa
que no le he dicho a ninguna...

Fausto, con gran rapidez
corre a abrazar a su amante
y en ese preciso instante
se pone viejo otra vez.

MARGARITA: ¡Vive Dios!, ¿qué ha sucedido?
¿Por qué habláis con voz tan rara?
¿Por qué se os pone la cara
cual de cartón comprimido?

(tuteándolo ¡Ah!... ¡No te arrugues, querido!
desesperadamente) Te lo pido por mi bien,
pues al paso que un lairén
se vuelve tu faz de niño,
yo siento que mi cariño
se va arrugando también!

FAUSTO: Es el cariño
(llorando y mascándose tan traicionero
las lágrimas) como el sombrero
de Panamá;
la gente dice
que aunque se moje

nunca se encoge,
¡pero qué va!

EL DIABLO: ¡Perdóname, Margarita!
(cayendo de rodillas)

MARGARITA: ¡Vete al diablo, condenado;
por tu culpa me he quedado
sin doctor y sin perrita!

Va a soltarle otro vocablo,
mas cambia de parecer
y se fuga con el Diablo:
¡Qué inconstante es la mujer!

¿ES ABSOLUTAMENTE INDISPENSABLE QUE TODOS LOS TOREROS HABLEN COMO TOREROS?

Los triunfos de Girón y del Diamante,
triunfos cuyo volumen es tan gordo
que ante ellos no pudiera hacerse el sordo
ni el taurófobo más recalcitrante,
han traído, no obstante,
un grave inconveniente,
y es que de los dos diestros triunfadores
ya apareció el tropel de imitadores.
Pero el mal no está en eso propiamente...

Lo malo no es que imiten de los ases
las suertes y los pases,
esos pases lujosos, postineros,
que hacen estremecerse hasta una tabla:
lo malo es que les copian sólo el habla
que es lo más detestable en los toreros.

Yo no sé si será que en el toreo
se impone, como parte del oficio,
del habla natural el sacrificio
o si será más bien —que es lo que creo—
simple cuestión de vicio;
el caso es que no hay nada tan siniestro
como el hablar de un diestro.

Todos hablan igual que en "Malvaloca",
un maldito andaluz de "olé tu gracia"
que si en un español suena a falacia,
¡cómo será de un criollo entre la boca!

Todo torero criollo que en España
pasa seis meses, o a lo sumo siete,
en seguida de hablar coge la maña
como los andaluces de sainete.
Una maña que —pese a mi llantén—
mientras tengan cartel les luce bien,

pero cuando el cartel se les agota
¡qué triste se les nota!

Porque en ellos, hablar como Tarugo
más que maña es un yugo,
una maña maldita
que al cartel sobrevive y a la suerte,
pues una vez pegada no se quita:
la siguen practicando hasta la muerte.

No sé cómo algún músico muy noble
no ha escrito sobre el tema un pasodoble;
un cantar en que el drama se nos cuente
del diestro decadente
que en Sevilla triunfó y en Veracruz
y al que olvidado ya, viejo y beodo,
sólo le queda el modo
de hablar como andaluz.

CURIOSIDADES DEL FOLKLORE
A Miguel Acosta Saignes

Los que del folklore se ocupan
y "el alma criolla" interpretan,
de explicar se han olvidado
el por qué de esa tendencia
que priva en nuestros corríos
o mejor dicho, en sus letras,
a exhibir al que los canta,
por buen carácter que tenga,
como un tipo que no vive
sino buscando pelea.

Por culpa de esa costumbre
tan propia de nuestra tierra,
no hay parranda campesina
que no acabe en sampablera.
Pues lo que el cantante canta
por sólo "Darle a la lengua",
es siempre en serio tomado
por alguien que le contesta
y a cantar los dos se enclinchan
en una puja de ofensas,
hasta que el arpa se calla
para que ronque la vera.

Cómo estará esa costumbre
de arraigada en nuestra tierra,
que hay partes donde al corrío
como lo llaman es "pega",
y hasta hay un refrán que dice
con la mayor desvergüenza
que corrío no es corrío
si no termina en pelea.

¿Qué cómo son los corríos?
¿Qué por qué paran en gresca?
Pues para que ustedes mismos
se maten, ahí va una muestra.

CORRIO DEL COMECANDELA

"Yo soy el Comecandela
que con pólvora fui criado;
a mí no me asustan bultos
ni gatos enmochilaos.
Que el que me busca me encuentra
y siempre me encuentra armao.
Quien me buscó con machete
con machete me ha encontrao;
pa garrote de bejuco
lo tengo yo encabuyao
y pal que traiga rigorve
tengo tocón afeitao;
yo me refalo en lo seco
y me paro en lo mojao;
como un ojo duermo abierto
y con el otro pelao,
y si hay alguno en la fiesta
al que no le haiga gustao,
que vaya buscando al cura
pa que muera confesao.

Y luego venga a Orituco
donde estoy domiciliao;
pregunte allá por el sute
del caballito melao.
Si no me encuentra en mi casa
me consigue en la de al lao,
y si allá tampoco toy,
es que ando arriando ganao,
o consiguiendo pareja
pa bailá el escobillao,
o abriendo fosas pa guapos
que el respeto me han faltao.
Yo me refalo en lo seco
y me paro en lo mojao
y no me asustan ronquidos
de trigre descolmillao!

zamuro no come coco
ni gago dice cacao.
¡Yo soy el Comecandela
que con pólvora fui criao!''

Y así sigue hasta que alguno
le improvisa una respuesta
cantándole que si es macho
vaya a buscar su carreta
y que él también es un hombre
que se agarra con cualquiera;
por lo que furioso el otro
lo agarra por la pechera,
le quita el cuatro al cuatrista,
se lo acuña en la cabeza,
y el auténtico corrido
es entonces cuando empieza,
pues se forma un corre-corre
donde el que no raspa, ¡vuela!

EL OCASO DE LOS CHICHEROS

He aquí una noticia que presumo
habrá de entristecer en grado sumo
hasta a los caraqueños más austeros:
¡muy pronto de Caracas como el humo
tendrán que evaporarse los chicheros!

Pues de un tiempo a esta parte se las tiene
dedicada la higiene,
y aunque nadie jamás bajó al sepulcro
por culpa de un chichero poco pulcro,
sin tomar esto en cuenta ordena el SAS
que coja cada cual su cachachás.

Se les manda que, en vez de los carritos
con los dos perolones,
para vender su chicha usen salones
defendido del polvo y los mosquitos,
y en los que, desde luego, el visitante
por un pulcro señor será atendido
que le parecerá, por el vestido,
en lugar de un chichero, un practicante

Sujeta a requisitos tan severos,
la chicha será así tal vez más sana,
pero será una chicha sin chicheros
y chicha sin chicheros ya no es venezolana!

Puede no ser mentira que en el carro
se pesque, con la chicha, algún catarro,
pero a cambio del riesgo está la dicha
(que es lo que al carro tanto nos apega)
de observar a la gente mientras brega
con su vaso de chicha:
El que protesta porque le han hechado
o muy poquito hielo, o demasiado;
el que brinda a una dama y se convierte
después en andarín cambiando un fuerte;
la anciana que en la acera obstruye el paso
mientras escurre el vaso,

o el niño que a su lado hace lo propio
con el vaso trocado en telescopio:
¡Todo un mundo de gracia que fenece
si la chicha en salones se guarece!

Se queda, pues, Caracas sin chicheros,
y en sentirlo soy yo de los primeros.

Pero que se resignen sus dolientes,
que aunque el SAS nunca hubiese intervenido,
con los caros que están los ingredientes,
¡también se hubiera ido!

QUEJAS A MAYO EN JUNIO

Mayo, mes de las flores, qué ingrato eres conmigo...
¡Eso que tú me han hecho no se le hace a un amigo!
Y menos a un amigo que te distingue tanto
y que te escribe al año por lo menos un canto.

Yo he cantado tus lluvias en mis versos mejores
y mil veces mi pluma perenne con tus flores,
y pasé muchas noches sin apagar la luz
por exultar con coplas tus velorios de cruz.

Y tú, so vagamundo, ¿cómo me lo agradeces?
¡Haciendo que yo tiemble cada vez que apareces!
Forzándome a hacer cosas indignas de un poeta
que además de humorista tiene fama de esteta!

Todo el año me siento como un toro cebú,
saludable, optimista... ¡Pero apareces tú
y al punto me conviertes, del golpe que me asestas,
en un mártir que lleva la cruz de mayo a cuestas!

¿No te produce lástima?, ¿no te importa un jerónimo
verme así, entre las garras de tu implacable homónimo?

Tus injustos ataques me duelen más por cuanto
precisamente en mayo se celebra mi santo,
un gran día que, luego de mil planes que formo,
termino celebrándolo con enterovioformo...!

¿Qué rencores ocultos tienes en contra mía?
¿Es que no te complace tal vez mi poesía?
Muy bien, pero caramba, ¡por malo que yo escriba
esa crítica tuya me parece excesiva!

Si con todos los bardos te comportas así,
se explica que ninguno se ocupe ya de ti,
pues ni tontos que fueran para cantarle a un mes
que a salto de mogote va a tenerlos después!

Mayo, mes de las flores, qué malo eres conmigo...
Eso que tú me has hecho no se le hace a un amigo!
(Divulgador funesto de amibas e infusorios...!
Ya sé por qué te llaman el mes de los velorios!)

SUBE EL CAFE

Ha subido a ocho bolos el kilo de café
y que llegue a dos fuertes muy pronto, se prevé.

Hubo un tiempo en Caracas —y de esto hace ya rato—
en que el café molido costaba tan barato
que usted compraba el lunes tres centavos, y a fe
que todavía el miércoles le quedaba café.

No se vendía en bolsas, ya envuelto de antemano
(sistema de envoltorio que no es venezolano)
sino en papel "de traza", del tipo más sencillo,
y era tanto el que daban por un simple cuartillo,
que el que compraba medio ya se hacía notorio
y se le preguntaba si tenía velorio.

Y era un café magnífico, un café de primera
que levantaba un muerto, siempre que éste lo oliera.

En virtud de esa ganga fue entonces mucho el que
levantó a sus muchachos a base de café,
claro que no "metiéndoles" café directamente
í—pues con café "pelado" no se levanta gente—
sino que aprovechando lo barato del grano,
tostaban unos kilos, lo molían a mano,
y luego se instalaban en cualquier calle o plaza
en donde lo servían a centavo la taza.

Y así de los "negritos" sacaban las negritas
y algo más, si alternaban con unas arepitas.

Con el café a ocho bolos eso se ha acabado;
hoy llega un ciudadano que esté mal informado
a una bodega y pide tres puyas de café,
y es capaz el pulpero de darle un puntapié.

Y el que busque un negrito de a puya está en el limbo:
¡Los negritos de ahora vienen con su cachimbo!
Por un menjurje turbio, con sabor a remedio
nos quitan una locha y a veces hasta medio.

¿Un café que levanta un muerto cuando lo huela?
Eso, hace mucho tiempo, se acabó en Venezuela.
Hoy día es muy probable que el muerto se levante
pero será, a lo sumo, porque el olor no aguante.

Ocho bolos el kilo, y de ñapa ese vaho:
¡Y después no les gusta que uno pida cacao!

LA PICURIZACION DEL VENEZOLANO

Es una costumbre
muy venezolana
el que a las personas
que no son simpáticas
le pongamos nombres
que, en vez de encumbrarlas,
al contrario tienden
a animalizarlas.

Viejo, mozo o niño,
caballero o dama,
basta que un sujeto
en gracia nos caiga
para que en seguida
pongámosle un alias:
un curioso nombre
que, según su facha,
será el de una fiera
o el de una alimaña
o el de alguna bestia
de leche o de carga.

Y lo más curioso,
la cosa más rara,
es que los llevan
sobre si esas *chapas*
—tal vez porque entienden
que cariño entrañan—
en vez de ofenderse
las encuentran gratas.
Incluso hay algunos
que cuando los llaman,
a nadie le atienden
si no es por el alias.

¿Ejemplos? Hay muchos:
hay toda una fauna,
y el mejor de todos

dentro de Caracas
es Julio Martínez
alias "Carevaca",
el que si de Julio
la gente lo trata
se pone furioso
e incluso se agarra.

(Y esto no es tan sólo
con los de su barra:
que hasta su señora
cuando al bar lo llaman,
decirle no puede
sino "Carevaca",
porque de no hacerlo
Julio la regaña).

Yo de esta costumbre
tan venezolana
de usar entre gentes
zoológicos alias,
mil cosas he dicho
en prosa o rimadas,
todas en su elogio;
en su contra, nada.

¡Ay! Pero sucede
—qué broma, caramba—
que la tal costumbre
—tan venezolana—
de ver a las gentes
animalizadas,
en serio está siendo
por muchos tomada
y de la teoría
pasando a práctica.

Es raro el domingo
en que por su causa
no ocurre en los montes
alguna desgracia.

y es siempre los mismo:
dos tipos que cazan
de los cuales uno
al otro despacha
porque lo confunde
con picure o lapa.

¿Qué muerte tan triste!
¡Qué muerte tan mala!
Que a un hombre correcto,
de bien, de su casa,
lo maten de un tiro
creyéndolo lapa!
Y estos tiene suerte
si se les compara
con los que, ante el otro,
por chigüires pasan.

Yo no sé qué haría
si alguien me matara
creyéndome zorro
o acure, o iguana.
Porque muerto es muerto,
pero así... ¡Caramba!
Morir de ese modo
es doble desgracia:
primero, ¡qué muerte!
y luego, ¡qué chapa!
Si tanto se ríe
la gente a distancia
cuando aquí se entera
de alguno a quien "cazan",
¡cómo será eso
del muerto en la casa,
entre las personas
que al velorio vayan!...
(Los grupos furtivos,
las risas taimadas,
los "cállate, chico,

que ahí viene fulana",
los tipos que evitan
mirarse las caras,
los tercios que tosen
y no escupen nada...)

No, no, ¡la pistola!
Lo que es esa maña
de aplicar en gentes
nombres de alimañas,
puede ser muy criolla,
muy venezolana,
pero por su culpa,
por su sola causa,
es mucho el "picure"
que el páramo pasa,
y no en escarpines,
¡sino en alpargatas!

¡TORREALBEROS!
TORREALBEROS!

Torrealberos, Torrealberos,
si es verdad que sois tan criollos,
demostrádmelo escuchando
con la sonrisa en el rostro,
sin calentaros conmigo,
ni resentiros tampoco,
la reláfica que hoy traigo
con referencia a vosotros.

Perdonadme, Torrealberos,
si con esto desentono
en el coro de alabanzas
y de encendidos elogios
que por doquier que os escuchan
se levanta como el polvo;
pero yo, con vuestra venia,
yo sostengo que vosotros,
ni de criollos tenéis nada
ni vuestro canto es joropo.

Yo conozco a San Fernando,
yo he vivido en Calabozo,
yo de La Unión para abajo
conozco el Guárico todo,
y os juro solemnemente
—y a Dios por testigo pongo—
que en ninguna parte he visto
llaneros como vosotros.

¿Dónde se han visto llaneros
con esa especie de poncho
que, vosotros, Torrealberos,
lleváis colgado en el hombro;
esa cobija rayada
con la cual, a golpe de ojo,
parecéis, más que cantantes,
que andáis vendiendo chinchorros?

Llanero sí usa cobija,
mas no la carga en el lomo:
la mete en su capotera
y el que la lleva es el potro!

Además, ¿quién os ha dicho
que se usan entre nosotros
zapatos de lavar piso
para cantar el joropo?
Tal vez con esos zapatos
os sintáis muy buenos mozos,
pero esa prenda en el llano
no la lleva ningún criollo
a menos de que se trate
de algún llanero topógrafo…

Y de ñapa, oh Torrealberos,
como si esto fuera poco,
¿quién dijo que son pasajes
eso que cantáis vosotros,
esos boleros valseados
que nunca cambian de tono,
y esas letras que parecen
conversaciones de loco,
con sus preciosas orquídeas,
sus esteros olorosos
y hasta un colibrí que canta,
lo que ya resulta el colmo?

¡Eso es trampa, Torrealberos!
¡Torrealberos, eso es forro!
Vosotros tenéis del llano
lo que un llanero de tonto!
Botad, pues, esos disfraces,
botad las botas y el poncho,
y ese colibrí que canta
botadlo con jaula y todo!

Porque con esas tonadas,
porque con esos corotos,
no sólo estáis, Torrealberos,
falsificando lo criollo,
¡sino buscando que os llamen ·
"Los llaneros del Petróleo"!

Con Claudio y Mario en el río Macapo.

EL FUROR DE LO TIPICO

De algún tiempo a esta parte —no sé si se han fijado—
de Caracas un nuevo deporte se ha adueñado,
un deporte que acaso divierte más que el hípico
y que yo llamaría el furor de lo típico.

No pasa una semana sin que, con gran bambolla,
celebre alguien su santo con una "fiesta criolla"
en la que todos lucen el típico atavío
y que yo llamaría el furor de lo típico.

Hasta hay centros sociales donde es obligatorio
vestirse a la llanera cada vez que hay jolgorio:
ellos de liquiliqui y alpargatas o botas
y ellas con una "pava" y unas faldas anchotas.

Y esa noche no hay mambo, ni guaracha ni jazz,
sino puro joropo con las manos atrás,
sin que falte un virtuoso que a modo de entremés
salga a bailar con unas maracas en los pies.

Además de esto, hay bares con techos de moriche
a lo que va la gente chic a comer: tequiche,
caraotas, cachapas de budare y de hoja
y otras tipicidades que el fogón criollo aloja.

Y para todo tienen una frase encomiástica:
"El tequiche está rico" o "Esta arepa es fantástica"!
Y piden algún disco del Indio Figueredo
que escucharán llevándole el compás con el dedo.

Nunca, en fin, en Caracas hubo tanta algazara
por lo típico criollo. Mas, qué cosa tan rara:
Los que de tipicismo tienen ese furor
son en su mayoría gentes del interior.

Gentes que allá vendieron sus tierras y sus vacas
y sus toros padrotes por venirse a Caracas
y quienes en su vida les llamó la atención
nada de lo típico que había en su región.

Yo por eso, convengo que se baile joropo
y que a un mondongo bueno se le diga un piropo
y que para una fiesta se contraten arpistas...
Pero, vamos, señores, ¡no se hagan los turistas!

LOS MARTIRIOS DE COLON, FRAGMENTOS DE UN DIARIO ESCRITO POR EL FAMOSO ERUDITO MAMERTO ÑAÑEZ PINZON

ACTO I

Al levantarse el telón
sale Castilla la Vieja,
con su bocina en la oreja,
su rosario y su bastón.

Abrese luego un portón
y aparece una capilla
donde Isabel de Castilla
se la pasa en oración.

ISABEL: Soy la redondez del mundo,

(rezando) sin mí no puede haber Dios:
papas, cardenales, sí,
pero pontífices, no.

(llorando): San Pepe y San Timoteo,
oíd de mi alma los gritos,
y haced, oh santos benditos,
que el Rey consiga un empleo!

(aparece un criado
bastante malcriado).

CRIADO: Perdonad la interrupción.
Ahí afuera está de nuevo
el italiano del huevo
con otra demostración.

No lo he dejado pasar,
porque, aunque muy caballero,
tiene ese tercio un pelero
que da mucho que pensar.

237

ISABEL: ¿Te refieres a Cristóforo?
¡Qué pase; Pobre criatura:
lo que él tiene no se cura
pero se alivia con fósforo.

*(Entra Colón cantando
"La Vaca Lechera")*.

COLON: Tengo una gran carabela
no es una barca de vela:
está bien calafateada
y la lleva timoneada
Colón, Colón.
¡Colón, Colón!

ISABEL: ¡Queridísimo Colón!...
¿A qué vienes a Castilla?
¿qué buscar en esta villa
famosa por su jabón?

¿Qué se te ofrece, Colón?
¿En que socorrerte puedo?
¿Por qué andas con ese dedo
parado como un cañón?

COLON: Pues mi visita de ahora
se debe a que os traigo el mapa
donde, aunque os parezca chapa,
mi tesis se corrobora
de que es la Tierra, señora,
redonda como una papa.

ISABEL: ¿Papa el mundo que Dios hizo.
Pues vaya tesis extraña...
(¡Entienda que en esta España
hay más locos que el carrizo!)

Mas papa, salchicha o queso,
para usar vuestros vocablos,
¿queréis decirme qué diablos
tengo yo que hacer con eso?

COLON: Que si una buena mascada
me entrega vuestra persona,
muy pronto la real corona
tendrá esa papa pelada.

ISABEL: ¿Y trajiste el presupuesto?

COLON: ¡Por supuesto!...
Aquí tenéis todo el plan,
incluyendo camarera
y un entierro de primera
por si muere el capitán.

ISABEL: ¡Pero eso es más de un millón!
O, al menos, eso aparenta.
¿Por qué no sacas la cuenta?
¡Saca la cuenta, Colón!

COLON: Un cuartillo es un cuartillo:
(Contando con dos cuartillos medio real,
los dedos): tres cuartilos, tres cuartillos
y cuatro cuartillos, un real...

ISABEL: Mi pena es infinita,
pues la contestación
es que yo ahorita ahorita
no tengo ni un doblón.

(Llorando): ¡Ay, Cristóbal,
nada iguala
nuestra mala
situación!
Le adeudamos
a Marchena
su quincena
de oración;

Torquemada
brinca y salta
por la falta
de carbón;

no le damos
un mendrugo
ni al verdugo
ni al bufón,
y Anastasio
mi alquimista
se contrista
con razón:
de mil mezclas
que ha intentando
no ha sacado
ni latón!

COLON: Pero, ¿y aquesos banquetes
que os pegáis con estofado,
con embriagantes claretes,
con perniles de venado
y unas lonjas de pescado
que brillan como machetes
y un champán color dorado
cuyos corchos, cual cohetes,
estallan en los golletes
y van a dar al tejado...
¿Acaso todo eso es fiado?

ISABEL: Esos, querido Colón,
son sobrados que a Fernando
le mandan de cuando en cuando
sus parientes de Aragón.

COLON: El viento está ligero,
tranquila está la mar...
Si no tenéis dinero,
dadme algo que empeñar.

ISABEL: Pues bien, tomas estas prendas,
las limpias con alcohol
y por lo que las vendas
te compras el perol.

Le entrega al descubridor
con un gran desprendimiento,
seis frascos de linimento
y un reloj despertador.

COLON: De todo se ha desprendido...
¡Qué soberana tan noble!
Si llego a pedirle el doble
también hubiera caído!

De pronto llegan
catorce sabios
con astrolabios
de este color,
y se apoderan
rápidamente
del eminente
descubridor.

CORO Ya la Reina te dio real,
DE SABIOS: mas no irás al Continente
si no sales con un veinte
del examen trimestral.

SABIO I: Cristóbal, venga al tablero
y a ver si nos adivina:
entre el huevo y la gallina
¿cuál de los dos fue el primero?

SABIO II: Antes de emprender camino,
conteste, señor Colón,
¿por qué el rabo del cochino
parece un tirabuzón?

SABIO III: Contéstanos sin tropiezo,
¿por qué razón al zamuro
le ha salido ese pescuezo
como un plátano maduro?

Otro sabio, de Silesia,
con un revólver lo apunta

y en rumano le pregunta
por qué entra el perro a la iglesia.

Pero tienes el genovés,
tal crisis de nerviosismo
que hablar con él es lo mismo
que llamar al 0,3.

TODOS   Contestarnos no ha podido,
LOS SABIOS: y es nuestro fallo aplastante
que el mencionado almirante
tiene el cerebro podrido.

Y a punto de fracasar,
Colón el ingenio extrema,
y entonces pide una ñema
para poder contestar.

El pedido estrafalario
causa a Marchena extrañeza,
pero asoma la cabeza
por detrás del escenario.

MARCHENA: Pí, pí, pí, pí, pí, pí
pí, pí, pí, pí, pí,
pí, pí, pí, pí
pí, pí, pí
pí, pí,
pí.

Entonces hace
por una esquina
la Real Gallina
su aparición;
se sube el traje,
se mete al nido
y hace un pedido
para Colón.

Y a todo el mundo
deja asombrado
del resultado

de su gestión,
pues es gallina
de estilo nuevo
y en vez de un huevo
pone un mamón.

COLON: ¡Así como ha hecho
la gallina esa,
yo también podría
dar la gran sorpresa!

ACTO II

Ya lista la embarcación
y embarcado el bastimento,
fregado, pero contento,
sale de Palos Colón.

COLON Y SUS ¿Izasteis las velas?
MARINOS: ¡Izadas están!
¿Levasteis el ancla?
¡También, capitán!
¿Abordo están todos?
¡Ya todos están!
Tocad la campana.
Muy bien, capitán,
¡titaqui titán!
¡titaqui titán!

COLON: ¡Adiós, viejos y chavalos!

(al pueblo): A dejaros ya me apronto,
pero os prometo que pronto
regresaremos a Palos!

ACTO III

Alta mar. Pasa el navío.
La escena que se ve a bordo
no es escena sino un lío
verdaderamente gordo.

COLON: ¡Santo Dios, no sé qué hacer!
Se me está alzando la gente
y el fulano Continente
ni sueña en aparecer.

Y a regresar no me atrevo;
los barcos están muy malos
y si de vuelta los llevo
tal vez no lleguen ni a Palos.

Y tan sumido Colón
está en su preocupación,
que pasa la noche entera
manejando una ponchera
creyendo que es el timón.

EXTRACTOS SIGNIFICATIVOS
DEL DIARIO DE COLON

Lunes

"Hoy es treinta de febrero
y no hay de tierra ni asomo.
Yo por mi parte estoy como
tablita de gallinero".

Lunes siguiente

"Con tirarme por la borda
me amenazaron ayer.
Algo me hace suponer
que aquí se va a armar la gorda".

Dos lunes después

"Después de quitarme el mando
Vicente Yáñez Pinzón
me amarró de un botalón
en el que voy meditando:
¿será que está conspirando
Vicente Yáñez Pinzón?"

MARINERO I: Si no da en puerto el navío
(a Colón) en tal fecha de tal año,
os vais a llevar un baño
de padre y muy señor mío!

COLON: ¡No, no, yo no se nadar!
Hacedlo por patriotismo:
¡No me tiréis al abismo
donde reina el calamar!

MARINERO II: Pues sí lo haremos, Colón;
o desandas el camino
o de tu triste destino
dará cuenta el camarón.

COLON: ¡No lo hagáis, pues es grotesco
que yo, tan noble y honrado,
tenga por tumba un pescado
que a lo mejor no es ni fresco!

(Llorando): ¡Oh! ¡Qué desgracia la mía!
¡Morir como una langosta
junto a un peñón de la costa
que bate el mar noche y día!

Pero Rodrigo de Triana
grita: ¡Tierra! en ese instante
y así es como el Almirante
se salvó por la campana.

AUTOR: Y con esta conclusión
en que se salva Colón,
finaliza el drama escrito
por el famoso erudito
Mamerto Ñáñez Pinzón.

EL NEGOCITO

Diariamente, a las tres de la mañana,
fórmase por mi casa un gran bullicio;
se trata de una dama que a esa hora
se dedica a dar gritos
y a alborotar a todo el vecindario
para que se levante su marido.

Yo que llevo escuchándola año y medio
ya me sé de memoria su estribillo:
—Levántate, Fulano,
levántate, mi amor, que son las cinco.
Anda, negro, despégate del catre
que vas a llegar tarde al negocito.

Y a las mil y quinientas
se levanta por fin el individuo
(cosa que yo no veo,
pero que claramente me imagino
pues lo escucho enjuagándose la boca
con el más estruendoso de los ruidos).

Arrebujado luego en denso "sweter"
y agarrotado, el pobre, por el frío,
todavía con vaga luz de aurora
se va a abrir el negocio mi vecino.

Con la curiosidad de quien ya tiene
año y medio escuchando el mismo disco,
ayer me decidí a seguir los pasos
del dueño del famoso negocito.

"Para que un ciudadano se levante
tan temprano, caray, con este frío
—pensaba yo— lo que es el tal negocito
muy digno debe ser del sacrificio..."

Y el "negocio" consiste en una especie
de tarantín en forma de kiosquito

por cuyo frente anuncia un gran letrero
"Aquí está la Esperanza del Cortijo"...

Y lo demás es puro mobiliario
y un modesto surtido
de más o menos 16 tabacos,
una mano de oscuros camburitos,
una bomba de "flit", algunas tazas
para el "con leche y tinto"
y un barril de guarapo
con acompañamiento de mosquitos.

Estoy entre las sábanas, enciendo
una luz: son las cuatro y veinticinco,
y en la casa de la lado
ya están con el levántate mijito...
El tercio, al parecer, se ha levantado,
pues sus gargaras llegan a mi oído.

Y mientras sale envuelto en su gran "sweter"
y todo friolento, yo sonrío
pensando en lo dramático que es eso
de tener Esperanza en El Cortijo!...

LOS APAGONES

Hoy quiero, en un galerón
relatarles lo que pasa
cada vez que en una casa
se produce un apagón.
La primera precaución
es ver si hay luz en la calle,
y observado ese detalle
lo segundo es dar un grito
diciéndole al muchachito
que se acueste y que se calle.

Y aquí comienza un trajín
de policíaca novela
por encontrar una vela
que nadie encuentra por fin.
—¡Voy por ella al botiquín!,
dice usted desafiador,
y sale con tal furor
que en su ceguedad de fiera
no ve que al pasar lo espera
la pata de un mecedor.

—¿Qué te sucede, Gaspar?...
(Un pugido es la respuesta).
—¿Qué te sucede? ¡Contesta!,
le vuelven a preguntar.
Y entonces, vuelto un jaguar,
un caimán, un jabalí,
responde usted: —¡Me caí!,
y añade luego despacio
lo que por falta de espacio
no consignamos aquí.

En tan triste situación
oye usted que alguien revela:
—¿Qué están buscando? ¿La vela?
Pues yo la vi en el fogón...

Como en una procesión
el viejo, el grande, el chiquito,
corren al sitio descrito
y en jubilosa algarada
sacan la vela pegada
del fondo de un perolito.

Ya puesta en el comedor
o en algún cuarto la vela,
lo que sigue es una pela
de las de marca mayor.
Pues el niño un tenedor
pone en ella a calentar,
simulando no escuchar
la voz que impaciente:
—Deje la vela, Vicente,
porque lo voy a pelar...

Cesa al fin el apagón
y al prenderse los bombillos,
un ¡viva! dan los chiquillos
(y algún que otro grandulón...)
Y usted, que aunque cuarentón
es ingenuo todavía,
mientras acuesta a la cría
le adelanta a su mujer:
—¡Mañana al amanecer
demando a la compañía!

LO QUE LE GUSTA AL PUBLICO

Cuando a algún escritor de esos que escriben
culebrones de radio
la atención se le llama en el sentido
de que sus culebrones son muy malos,
la respuesta que da —si es que da alguna—
es que el público pide mamarrachos
y el autor, que del público depende,
para poder vivir tiene que dárselos.

¡Infelices autores!
—piensa entonces usted— ¡Pobres muchachos!
¡Suponer que son ellos los maletas
cuando en verdad el público es el malo!
¿Que escriben esperpentos que espeluznan
con su cursi retórica de tango
y con sus personajes que no pueden
hablar si no es llorando?
Del autor del libreto no es la culpa:
el culpable es el público de radio
que, según dicen ellos, se disgusta
cuando no se le sirven mamarrachos.

Pero... ¿será verdad tanta belleza?
¿Será atendiendo al público reclamo
por lo que ellos le ganan en lo cursis
al matador aquel de "El Relicario"?
¿Será, efectivamente, su mal gusto,
circunstancial, impuesto, y no espontáneo,
y sin duda otro gallo cantaría
si el público no fuera tan marrajo?

Por mi parte lo dudo:
de que dichos autores fueran cursis
eso fuera verdad sólo en el caso
solamente en las horas de trabajo.

Pero lo suelen ser a toda hora;
y a menudo sucede que, en privado,

como a ninguna norma están sujetos
resultan más temibles que por radio.

Les encantan las fuentes luminosas,
los muñecos de yeso con su encanto,
bautizan a los hijos
con nombres de cocteles o de helados,
y son de los que hablando de pintura
prefieren decir "lienzo" en vez de cuadro.

¿Podrá creerse, pues, que lo que escriben
es, por culpa del público, tan malo?
¡El que no los conozca que los compre!
¡Pero yo que conozco a esos muchachos
continuaré diciendo que son cursis
mientras no me demuestren lo contrario!

ROMANCE ACATARRADO

¡Catarro, déjame quieto,
déjame quieto, catarro!
Hace ya catorce días
me invadiste el carapacho
y al parecer te has propuesto
quedarte allí todo el año.
Otros catarros se curan
con unciones y guarapos
o se les mete un batido
y ahí mismo pican los cabos.
Pero tú, gran sinvergüenza,
tú no eres de esos catarros,
tú no eres de los que ceden
con aceite alcanforado,
ni con agüitas calientes
ni con roncitos quemados:
¡Lejos de ceder con eso,
parece que es lo contrario.

Febricitante, peludo,
la nariz vuelta un guiñapo,
como un acordeón el pecho,
casi frito en mentholatum
y el estómago revuelto
de tanto beber guarapos,
ya llevo catorce días
¡catorce dentro de un cuarto!,
sin escribir ni una línea,
sin darme siquiera un baño,
sin beberme una cerveza,
sin fumarme ni un cigarro.

Tal vez si viviera solo
ya te me hubieras curado,
pero tengo una costilla
que es ducha en curar catarros

y a la que, según parece,
le encanta un hombre encuartado.
Por supuesto, no me deja
dar hacia afuera ni un paso,
bien porque está haciendo viento,
bien porque está lloviznando,
o bien porque "el ejercicio",
según ella, me hace daño.
Mas si salir me permite
por diez minutos al patio,
me coloca por encima
como cuatrocientos trapos,
y es tal entonces la pita
que me pegan los muchachos,
que aunque encuartarme no quiera
¡tengo que volverme al cuarto!

Luego vienen los calditos:
—Mi amor, bébete este caldo,
pero te lo bebes todo,
mira que tiene cilantro...
Y eso es desde que amanece:
¡un caldito a cada rato!
(Primera vez en mi vida
que tratar veo un catarro
administrando calditos
como si fuera algún parto!)

¡Mira, pues, cuánto he sufrido
por culpa cuya, catarro!
¿No te conmueve tenerme
por tanto tiempo enclaustrado?
¿No crees, di, que conmigo
tuviste y para rato?
¡Catarro, déjame quieto,
vete a la porra, catarro,
o al menos dile a mi esposa
que tú no eres para tanto!

CULTURA OCCIDENTAL

Mientras chilla la música
infinita, monótona, plebeya,
más que fantasmas, sombras de fantasmas,
se mueven las parejas.

Las noctámbulas moscas
del cuello y de la cara se les pegan.
Ya los ojos no miran,
ya el cerebro no piensa,
ya la vida no es más que unos zapatos
que dan vueltas y vueltas y más vueltas.

Hay uno que de pronto
se pone a lloriquear como una vieja,
otro que en una especie de delirio
se contorsiona haciendo morisquetas
y otro que se desmaya
y sigue en cuatro patas dando vueltas,
y otros que se le cuelga como un trapo
del hombro a su cansada compañera.

Y huele a valeriana
y a sudor y a fritanga y a tristeza.

Pero entre tanto sigue
la música moviendo a las parejas
y la pobre comparsa de fantasmas
dando vueltas y vueltas y más vueltas:
aquéllos con el pelo alborotado,
éstos con una bolsa en la cabeza,
algunos espantándose una mosca
que le busca, implacable, las orejas,
y todos hartos, todos
hartos de dar más vueltas y más vueltas,
mientras la luz del se confunde
con las luces eléctricas.

Y entre tanto la barra,
come maní, rechifla, vocifera,

lista para estallar de rato en rato,
en un furioso: —Baila, sinvergüenza!

No vio Dante en los antros infernales
una cosa como esa,
Cierto que vio suplicios espantosos,
¡pero no eran suplicios con orquesta!
Y de haber visto alguna
tortura tan horrible, tan dantesca,
no hay ninguna noticia de que el diablo
le cobrara por verla.

¡Oh Dante, noble Dante, si me escuchas
dondequiera que estés te pongo en cuenta
que para superar cuanto escribiste,
para darle a tu infierno la cangreja,
voy a escribir un libro que se llame
"Bailes de Resistencia"!

CULEBRAS DE AYER Y DE HOY

Allá, a principios de siglo,
cuando se andaba en landós
por calles que se alumbraban
con un trémulo farol;
cuando jugaban las niñas
con un galgo en el salón,
y los niños eran buenos
y se llamaban Gastón
y en bis-a-bis los amantes
citaban a Campoamor
o contemplaban postales
de la Gran Exposición;
aquel tiempo en que los viejos
de bigote y chaquetón
usaban una pantufla
para guardar el reloj
y hablaban de sobremesa
del audaz Santos Dumont;
el tiempo en que los maridos
llegaban como un cañón
rugiendo: —¡Traición! ¡Traición!
Y la esposa, en una especie
de mortal retortijón,
agarraba a los dos niños
—pues casi siempre eran dos—
y de rodillas caía
gimiendo: —Edgardo, perdón!
y, después que él la soltaba
tres frases de relumbrón,
a hartarse de serpentaria
se encerraba en un salón...

Fue en ese tiempo, repito,
cuando nació el culebrón,
ese tipo de monsergas
que llamaban folletón

cuyo argumento era siempre
un enredijo feroz
donde, a causa de una carta
que a su tiempo no llegó,
es víctima una muchacha
de cierta calumnia atroz
cuando ya para casarse
tiene comprado el trusó;
una espantosa calumnia
que se refiere a su honor
y a un niño que de un convento
fue dejado en el portón
por otra, gemela de ella,
que es la mala de las dos
y la cual, aprovechando
lo parecidas que son,
quiere culpar a su hermana
de un muerto que otro mató.

Aquellos tiempos pasaron:
ya no circulan landós;
las calles de nuestros días
se alumbran con gas neón;
ya los amantes ya no usan
bis-a-bis, sino chaise-longue,
y en la comida los viejos
no hablan de Santos Dumont,
ni tienen una pantufla
para guardar el reloj;
ni llegan ya los maridos
gritando: Traición, traición,
y entre los niños son pocos
los que se llaman Gastón...

Pero de aquel mundo cursi
que pasó a vida mejor,
hay una cosa que queda
y esa cosa es la peor:
¡La novela por entregas,

el temible culebrón,
los llorosos enredijos
que se arman sin son ni ton!

Culebrones que si entonces
eran tan malos como hoy,
al menos una ventaja
tenían en su favor,
y es que con ellos fue mucho
mientras que los de hoy no cumplen
el que a leer aprendió,
ni esa modesta misión;
que hoy cualquier analfabeta
seguir puede un culebrón
con sólo estirar tres dedos
y darle vuelta a un botón.

Con Ratto Ciarlo con la primera edición del aviso luminoso (teatro).

AMOR, CUANDO YO MUERA...

Amor, cuando yo muera no te vistas de viuda,
ni llores sacudiéndote como quien estornuda,
ni sufras "pataletas" que al vecindario alarmen
ni para prevenirlas compres gotas del Carmen.

No te sientes al lado de mi cajón mortuorio
usando a tus cuñadas como reclinatorio;
y cuando alquien, amada, se acerque a darte el pésame,
no te le abras de brazos en actitud de ¡Bésame!

Hazte, amada, la sorda cuando algún güelefrito
dictamine, observándote, que he quedado igualito.
Y hazte la que no oye ni comprende ni mira
y cuando alguno comente que parece mentira.

Amor, cuando yo muerta no te vistas de viuda:
Yo quiero ser un muerto como los de Neruda;
y, por tanto, amada, no te enlutes ni llores:
¡Eso es para los muertos estilo Julio Flórez!

No se te ocurra, amada, formar las gran "llorona"
cada vez que te anuncien que llegó una corona;
pero tampoco vayas a salir de indiscreta
a curiosear el nombre que tiene la tarjeta.

No me grites, amada, que te lleve conmigo
y que sin mí te quedas como en "Tomo y Obligo",
ni vayas a ponerte, con la voz desgarrada,
a divulgar detalles de mi vida privada.

Amor, cuando yo muera no hagas los que hacen todas;
no copies sus estilos, no repitas sus modas:
Que aunque en nieblas de olvido quede mi nombre extinto,
¡sepa menos el mundo que fui un muerto distinto!

HOMBRES CASEROS

¿Tendrá razón, lector, esa escritora
según la cual el tipo de marido
por todas las mujeres preferido
es el que está en su casa a toda hora?

La escritora en cuestión, que es una inglesa
sabrá por qué lo expresa:
tal vez será mujer de un zapatero
que —condición bien rara en los de banca—
le ha salido más manso que un cordero,
y la opinión que tiene de allí arranca.

Pero, con el perdón de la escritora,
mi opinión es que es todo lo contrario:
no hay para una mujer más calvario
que un marido en la casa a toda hora.

Yo lo saco por mí, que como escribo
y no tengo otro sitio en dónde hacerlo,
me la paso en mi hogar por tal motivo
y en mi propia señora puedo verlo.

Ella, naturalmente, se lo calla,
pero, ¿podrá una esposa ser feliz
al lado de un señor que se amuralla
todo el día a exprimirse la cerviz
y que el derecho a hablar no le concede
porque cuando él se inspira nadie puede
ni siquiera sonarse la nariz?

Y ese soy yo que, haciendo sólo eso,
ya doy lata en exceso
¡conque cómo serán de fastidiosos
los que "toeros" llaman o "curiosos"
porque ejercen a más del propio oficio,
muchos otros por vicio!...

Hay que ver lo que sufre la costilla
de un "curioso" cuando éste, por desgracia

de transformar se antoja, verbigracia,
una andadera vieja en una silla
o en jaula una parrilla!

Cuando no la anodada
pidiéndole corotos
que no van a servirle para nada
y que están en los sitios más remotos,
por eso no saldrá mejor librada,
pues entonces la pone, en una orilla,
a que "le tenga" mientras él martilla...
Total: le ensucia el piso, le hace bulla,
de su quehacer doméstico la arranca
y de ñapa, si un dedo se magulla,
le forma la gran "tranca".

¿Se sentirá feliz una señora
con semejante guama a toda hora?

Lo que la autora inglesa, pues, revela
no va con Venezuela:
Aquí para que el hombre preferido
sea el que está en su hogar siempre metido
sólo falta un detalle:
que las mujeres vivan en la calle.

TURISTAS INSPIRADOS

Desde que por los yanquis fue inventado el turismo
o el arte de viajar por kilos, que es lo mismo,
los viajes han perdido toda aquella pintura
con que antaño pasaban a la literatura.

Y es que eran muy contados los que viajaban antes:
sabios naturalistas, audaces comerciantes,
gentes que a su regreso traían narraciones
de espantosos naufragios, de tremendos ciclones.

Tener en esos tiempos un pariente en Europa
ya era un motivo para no caber en la ropa,
y había muchachitas que por darse importancia
decían en la escuela: —Mi madrina está en Francia...

Y en cuanto a los "viajados", ¡qué manera de hablar!
Llamaban a su viaje "Mi bautismo de mar"
y cuando concluían: —Yo he visto mucho mundo...
los demás observaban un silencio profundo.

Pero vino el turismo, y hoy en día viajar
se ha vuelto una costumbre cada vez más vulgar.
Hoy cualquiera va a Europa como quien va a "El
Encanto",
sin que por eso nadie ponga cara de espanto.

Los transportes son rápidos, baratos los pasajes
y el hotel lo dan gratis las agencias de viajes.
Todo, en fin, es tan fácil, que cualquier "güelefrito"
puede hoy cómodamente "tirarse" un viajecito.

Esto fuera muy bueno si los que a Europa van
fuesen por ver las bellas cosas que allí se dan:
las grandes catedrales, las históricas ruinas,
los cuadros de Picasso, las joyas florentinas...

Pero no; casi todos (los de nuestro país)
sólo van por el gusto de rascarse en París
o a hacer de papanatas en las cuevas de España
(unas cuevas "gitanas" donde hasta el vino es caña).

Y los que no son de esos, son peores todavía:
son los embajadores de la cursilería;
tipos que al ver a Europa se sienten literatos
y conviértense en unos Marco Polos baratos;

es decir, se dedican a escribir "impresiones"
recargadas de citas y de datos ramplones,
y que luego publican en un diario local
con una foto de ellos frente al Palacio Tal.

Yo conozco uno de estos que hace poco fue a Roma
y, caramba, ese mozo regresó por la goma.
Se pasó cuatro días de turismo romano
y ya conoce aquello como a un pueblo del Llano.

En dos breves artículos se ha metido en el buche
dos mil años de historia, desde Bruto hasta el Duce,
incluyendo a Tiberio, Justiniano, Nerón,
Santa Cecilia, Androcles y, de ñapa, el León.

Y por si de estulticia no bastase el alud,
comienza cada párrafo con un "¡Roma, salud!"
E incluye una bonita foto del Vaticano
donde sale él con una maletica en la mano.

Antes estuvo en Francia, y de dicho país
nos habló de la misa que bien vale París,
biografió a Juana de Arco, descubrió a Napoleón
y no entró en Víctor Hugo porque se iba el avión.

¿Qué hacer con estos tipos? ¿Cómo hacer que se aquieten
cuando en viaje las ganas de escribir les aprieten?

Turistas inspirados que viajáis por Europa,
sed, si os place, más cursis que decir "buena copa",
haced de papanatas, bebed caña en los viajes,
pero, por Dios, hermanos, ¡no escribáis reportajes!

LA PAVA EN LA LENGUA

El poema que va a continuación
(poema digo yo porque es rimado)
es parte de un ensayo titulado
"La Pava en la Expresión",
al que pronto daré publicación.

Todo el que de mabita a hablar se mete,
siempre un error comete,
y es creer que no habita
sino en seres y en cosas la mabita.

De allí la utilidad de estos renglones
en los que probaré, palmariamente,
que también en el habla hay expresiones
a las que no es la pava indiferente.

Pavoso, por ejemplo (y repulsivo),
es no usar en "casarse" el reflexivo,
como cuando nos dicen: —Fulanito
"casó" y tiene un niñito.

Pava es también el que un venezolano
le diga "pampa" al llano,
lo mismo que decir que en el "salcocho"
se cayó un "congolocho".

Pero en la prensa hay algo más temible:
¿Qué me dicen ustedes
del que para narrar algo increíble
comienza por decir "Cosas veredes"?

¿Y habrá en el mundo un acto más guiñoso
—y eso aquí es por desgracia lo corriente—
que el de llevarse el índice a la frente
para expresar que un tipo es talentoso?

Y si a la acción va el verbo acompañado,
más grave todavía,
pues nos dirán entonces: —¿Quién, García?

"Ese mozo es bastante preparado":
"Tiene psicología".

¿Y qué decir de algunos eufemismos
que usados en lugar de ciertas voces
muchas veces resultan, por atroces,
más que paños calientes, sinapismos?

Yo he escuchado a muchísimas mujeres
diciendo "cisaracha" o "tataracha"
en vez de cucaracha,
y en vez de El Congo Belga el "Congo Beres".

Todo esto de la estética va en mengua
y viene a demostrarnos que en la lengua
aunque no lo creáis, también hay pava,
y no de la benigna: ¡de la brava!

Y con esta sencilla conclusión
doy por finalizado
mi meduloso ensayo titulado
"La Pava en la Expresión".

EL MILAGRO DEL CIEGUITO

*A la manera del poeta
hagiográfico Julio Ramos.*

El cieguito Juan Azuaje
que es un cieguito creyende,
en pos de la Coromoto
con rumbo a Guanare viene;
en una mano el garrote
y en la otra los billetes,
el cieguito va gritando:
—¡Agarre que er ciego tiene!

De hacer una necesaria
le dan ganas de repente,*
y en un tupido mogote
que encuentra al acto, se mete.

De un lado pone el garrote,
de otro pone los billetes,
mas cuando ya se acomoda
para poner lo siguiente,
le sale un enorme tigre
que allí su nidito tiene.

Es un tigre mariposo
de colmillos relucientes
al que con mucha razón
hasta las tigras le temen,
pues le zumban los motores
y le ronca el clarinete.

El ciego, que no lo mira
pero que el tufo le siente,
se amarra los pantalones
y sale como un cohete.

—¡Señora del Coromoto,
—grita el pobre como puede—
defiéndeme de este tigre
que almorzar conmigo quiere!

Y en ese supremo instante
la Coromoto interviene
con tan buenos resultados
que se cambian los papeles:
le vuelve al ciego la vista
y el tigre miope se vuelve.

Desde entonces anda el tigre
con ru rollo de billetes
rugiendo por los caminos:
—Agarre que er tigre tiene,
en tanto que Juan Azuaje
por los montes permanece
asustando a los tigritos
que en los mogotes se meten.

EL OCASO DE HIROHITO

A punto de morir como un batracio
al desprenderse un techo en su palacio,
(de lo cual se salvó por un pelito),
estuvo en estos días Hirohito.
Y aunque el caso es bastante extraordinario,
nadie le ha dedicado un comentario.

Un tiempo la figura de Hirohito
fue una especie de mito:
envuelto en sus kimonos con dragones
(porque entonces no usaba pantalones)
era, para los hijos de su imperio,
como suele decirse, algo muy serio.
Teníanlo por dios más que por gente
y llegó a ser creencia muy corriente
que quien sin ser su cónyuge Nagato,
lo mirara de frente,
quedaba de inmediato
si no ciego, cegato.

Y como la mundial cursilería
otro asunto a la mano no tenía,
con los temas de Oriente
la cogió fuertemente:
se pusieron de moda los kimonos
y las sombrillas de subidos tonos
y los versos en forma de hai-kai
y el dúo de "madame Butterfly"

Publicar el retrato de Hirohito
era en la prensa entonces casi un rito;
y en cuanto a su señora, la Nagato,
la sacaban en danza a cada rato.

Pero vinieron otros intereses
que no eran japoneses,
y el Japón fue quedando relegado
para las cajas de jabón "Mikado".

Luego la guerra se le vino encima;
cayó la cosa aquella en Hiroshima,
y el pueblo japonés descubrió un día
que aquel a quien por ídolo tenía
no era sino un pistola
¡un simple bebedor de coca-cola!...

Y ahora, ya lo veis: al pobrecito
se le desprende el techo,
se salva de morir por un pelito,
y esto a la gente se le importa un pito.
¡ni siquiera le dicen que bien hecho!

LAS PERSONAS SUPERIORES
O
AL QUE NO LE HAYA SUCEDIDO ALGUNA VEZ, QUE LEVANTE LA MANO
Una tragedia intelectual en tres actos

ACTO PRIMERO
EN LA CASA

Salón estudio de un escritor. Entre los estantes abrumados de libros, las paredes atestadas de cuadros absurdos, las inevitables flechas goajiras, las toneladas de periódicos viejos y demás utilería de que gustan rodearse los seres superiores, aparece él, trabajando en una máquina de escribir. Su aspecto es el de un hombre fatigado, absorto, y que, además, lleva largas horas fumando y sin lavarse. Teclea indecisamente una letra hoy y otra mañana, y entre teclazo y teclazo abre largas pausas, durante las cuales se queda como hipnotizado, fijos los desorbitados ojos en algún tornillito insignificante de la máquina. En una de estas pausas entra ella, una criatura también superior, y de la que él asegura a sus amigos que es la mujer más inteligente que ha conocido en su vida. Empieza

ESCENA I

ELLA: ¡Hasta cuándo escribes, caramba! Llevas más de dieciocho horas ahí sentado, sin comer, sin hablar, dándoles vueltas a los ojos como un loco… ¡Fo, mi madre! ¡Qué hedentina a tabaco!… Déjame botar este cenicero, que ya está hasta el tope. *(Va a hacerlo sin parar la conversación).* Y luego vas a acostarse a mi lado, y me paso toda la noche respirando ese terrible olor a cobre de cornetín que te deja el tabaco. Mirá cómo está ese cuarto de humo. Parece que estamos en pleno Londres. ¡Fo, Dios mío!

EL: *(con sorpresivo estallido de cohete):* ¡Pero bueno, chica cállate! ¡Qué fastidio! ¡Déjame trabajar!… Pareces una pistola de repetición.

ELLA: *(lloriqueando):* Yo te lo digo porque es domingo y tú me ofreciste salir conmigo.

EL: *(conmovido):* Sí es verdad, mi amor. *(Se levanta).* Arréglate, pues, y vamor a salir.

ELLA: *(reaccionando):* ¿Salir a esta hora?... Ay chico, mejor es que termines tu trabajo. Yo no quiero salir... Está haciendo mucho frío.

EL: Ah, bueno, entonces voy a salir yo solo. De todos modos tenía pensado dar una vueltecita antes de acostarme.

ELLA: Sí, naturalmente. Eso era lo que tú querías. Aprovechas la oportunidad por lo que te dije para irte solo y dejarme aquí como una perra. Yo no te lo dije sino para probarte. Uuh, uuh, buuuhh.

EL: Pero, mi amor, no llores. Fuiste tú misma quien dijo que no tenías ganas de salir; pero si quieres salir, vístete y salgamos.

ELLA: No, no. Ahora no. Basta que tú expreses el deseo de irte solo para que yo no vaya. No quiero estorbarte tus planes.

EL: Pero si yo no dije lo de irme solo porque no tenga gusto en salir contigo, sino como tú no querías...

ELLA: No, no. Vete solo que yo me voy a acostar.

EL: Bueno, pues tampoco saldré yo y se acabó.

ELLA: Eso es. Te quedas para después sacarme en el primer pleito que tú eres un esclavo mío, que te tengo amarrado a la pata de la cama y que no te dejo ni respirar.

EL: Eso es mentira, vieja. Si he resuelto quedarme es precisamente porque no quiero salir sino contigo. Y porque, viéndolo bien, creo que tienes razón. Hace mucho frío. Nos quedaremos aquí leyendo.

ELLA: Uhm, yo no tengo ganas de leer; yo lo que quiero es salir.

EL: Bueno, entonces saldremos.

ELLA: *(meditando):* ¿Salir a esta hora...? ¿Y no te parece que es muy tarde? Son más de las nueve.

EL: ¡Pero si a nosotros no nos están esperando en ninguna parte! Te vistes, vamos por ahí, tomamos algo y volvemos a dormir.

ELLA: *(inesperadamente);* Sí hombre, me voy a vestir.

(El escenario queda solo. Un cigarrillo humea en el cenicero. Momentos después se sienten los pasos de la pareja que baja las escaleras hacia la calle. Empieza el)

ACTO SEGUNDO
O
"YO SE QUE TE ESTORBO"

ELLA: ¿En qué piensa que vas tan callado?

EL: En nada.

ELLA: Y entonces, ¿por qué no hablas conmigo?

EL: Porque no tengo ganas de hablar.

ELLA: Claro, ¡qué va a tener un genio que hablar con una burra como yo! Yo no penetraría la profundidad de tus sentencias...

EL: Mi amor, déjate de ridiculeces. No hablo porque verdaderamente no se me ocurre nada.

ELLA: Antes de casarnos siempre se te ocurrían cosas; pero ahora las ocurrencias son para otros... Y quién sabe si para otras...

EL: *(con furia):* Pero bueno, chica, ¿vas a seguir con esa lata por la calle?... Caramba, ten un poquito de consideración.

ELLA: Perdóname, mi vida; pero es que tengo la sensación de que yo soy un estorbo para ti y tú no te atreves a decírmelo. Dímelo francamente: ¿yo soy un estorbo para ti?

EL: ¡Qué estorbo vas a ser! Yo te quiero demasiado para considerarte un estorbo.

ELLA: Eso me lo dices por lástima, pero yo sé que te estorbo.

EL: Que no mi vida... ¡Te juro que no me estorbas!

ELLA: Sí te estorbo. Eso puede verlo cualquiera. Yo misma lo comprendo, y si tú fueras sincero conmigo, me lo dirías. Lo que pasa es que ya tú no me dices la verdad.

EL: *(condescendiente):* Bueno, hija; sea como tú quieras; sí me estorbas.

ELLA: Ah, ¿de modo que yo soy un estorbo para ti? Has debido decírmelo en casa, y yo me hubiera quedado. Yo me voy para que te quites ese peso de encima. Yo no quiero ser un estorbo para nadie.

EL: Pero mijita, yo... yo...

(El telón baja con rapidez, a fin de que el primer actor pueda desahogarse como es debido.).

ACTO TERCERO
O
"¡AHI HAY UN HOMBRE, MI AMOR!"

Al levantarse el telón el escenario está completamente a oscuras y en silencio. Antes del primer parlamento transcurre un lapso discrecional, durante el cual se oyen los ronquidos acompasados y profundos de alguien que duerme en habitación contigua. Pausa.

ELLA: *(medrosa, llamándolo, bajito):* ¡Mi amor!... ¡Mi amor!... ¡Mi amor!

EL: *(entre sueños):* ¿Uhm?... ¿Uhm?... *(Sigue roncando).*

ELLA: *(insistente):* ¡Mi amor!... ¡Mi amor!

EL: *(despertando, atolondrado):* ¿Uhm?... ¿Qué es?

ELLA: ¿Tú estás dormido, mi amor?

EL: *(molesto):* ¡Pero bendito sea Dios!... ¡No! ¡No estoy durmiendo! Yo lo que estoy es jugando de que estamos durmiendo!

ELLA: No te pongas bravo, mi amor. Es que tengo miedo. Yo siento como un hombre curucuteando por allá fuera. Levántate a ver, mi amor...

EL: *(resignado):* Bueno, paciencia.

ELLA: *(súbita):* ¡No!... ¡No prendas la luz!

EL: Y entonces, ¿cómo lo voy a ver? ¿Tú crees que yo soy familia de murciélago?

ELLA: *(aprensiva):* Pero, ¿y si él te ve a ti? ¿Y si carga una llave inglesa te arregla?... Mejor es que no vayas, mi amor.

EL: *(enérgico):* Bueno, ¿voy o no voy?

ELLA: Bueno, ve; pero no prendas la luz.

(Efecto sonoro: Parte de la "Danza Macabra", de Saint Saens, imitativa del andar de los fantasmas. Inesperadamente se produce, en pleno escenario, una formidable catástrofe de vidrios rotos.)

EL: *(con el estrépito):* ¡Aaayyy!

ELLA: *(ídem):* ¡Ay, lo arregló el hombre!... ¿Qué fue, mi amor? ¿Lo agarraste?

EL: *(no responde, sigue quejándose sordamente):*

ELLA: ¡Pero contesta, Romualdo Antonio! ¿Qué fue?

EL: *(quejándose):* ¡Ay, uuhmm..., uuhmm! Prende la luz... ¡Uuhmmm!... Me caí con el rabo... Me caí con el rabo...

ELLA: Pero, ¿qué rabo? ¿Qué rabo es ese, mi amor? ¿Tú tienes algún rabo?

EL: ¡El rabo del mecedor! ¡Mira la patada que le di! ¡Ay, ay! *(Exasperado).* ¡Pero acaba de prender la luz!

(Se enciende la luz del escenario. Y allí aparece él, en piyama, con una facha lamentable y como anidando en medio de un reguero de muebles en desorden y de los restos de una romanilla que acaba de venirse abajo. Casi simultáneamente con la llegada de la luz, entra ella. Lleva un salto de cama con su inevitable dragón en la espalda.)

ELLA: *(pasmada, con alarma):* ¡Ay, Dios mío!... ¡Mira como esguañangaste la romanilla!... ¡Ay mi ma-!... *(Transición de burla disimulada. Con marcada ironía).* Pero, mi amor, ¿tú eres loco?... ¿Cómo se te ocurre ponerte a darles patadas a los mecedores a esta hora? Vamos a ver: ¿qué vas a sacar tú con eso?

EL: *(gimiendo y furioso):* Ah, ¿pero de ñapa me vas a venir con ese chicle ahora? ¡Vete a dormir, chica, vete! ¡Déjame solo con mi dolor! Como un perro. Porque eso es lo que yo soy en esa casa: un perro, ¡un perro a la izquierda!

ELLA: Perro a la izquierda no, mi amor: ¡cero a la izquierda!

EL: *(violento):* ¡Déjame terminar! *(Terminando en el tono anterior)* al que no se le atiende ni cuando está herido!

ELLA: *(molesta):* ¡Pero si yo no estoy haciendo nada!... No seas injusto, Romualdo Antonio. *(Rompe a llorar).* ¡Es que cada vez que tú te levantas a ver si hay un ladrón, tenemos que amanecer comprando corotos nuevos!... ¿No ve que te levantas de mala gana?

EL: *(tratando de calmarla):* ¡Pero mi amor!

ELLA: *(llorando más):* ¡Qué desgraciada he sido en mi matrimonio!... Todas las mujeres tienen un marido que se levante a buscar ladrones, menos yo. *(Crece su llanto).*

(Se oyen unos golpes fortísimos y urgentes en la puerta de la calle).
VOZARRON *(con los golpes, afuera):* ¡Los pasajeros pa' Barquisimeto!

EL: *(Explosivo).* Aquí no hay ningunos pasajeros, está equivocado!

(Se despierta el bebé en la habitación contigua, dejando oír unos berridos de pronóstico.)

ELLA: *(brava):* ¿No ve?... Eso era lo que tú querías. ¡Ya despertaste al muchacho!... ¿No ve que tú no eres el que te va a echar esa capuchina ahora? ¿No ve? *(Sigue llorando).*

(Vuelve a sonar el portón, todavía más fuerte, y el bebé continúa berreando).

VOZARRON: ¿Qué hubo, pues ? ¡Esos pasajeros!

ELLA: *(por el niño):* Ya va, mi amor; ya yo le voy a llevar su teterito.

VOZARRON: *(con extrañeza):* ¡Cómo! ¿Cómo es el golpe?

EL: *(por uno y por otro, sin saber a quien hablarle primero):* ¡Que no es aquí!... *(A ella, en el mismo tono).* ¿Cómo le vas a dar tetero a esta hora a ese muchacho?

VOZARRON: Pero, ¿y esta no es la esquina de Miguelacho?

EL: ¡Sí es! ¡Sí es, pero aquí no es!...
(Suena el teléfono).

VOZARRON: *(coincidiendo con el timbrazo):* ¿Cómo dice?

EL: *(por el timbrazo):* Ahora está sonando el teléfono... ¡Yo no voy a contestar a esta hora!

VOZARRON: *(exasperadamente):* ¿Entonces a qué hora vengo a preguntar?

(El bebé llega al climax de los berridos coincidienddo éstos con la pregunta que ha hecho el Vozarrón.

ELLA: (desde dentro): Mi amor, cárgalo un ratico para que se calle, mientras le hago el tetero!

EL: *(el colmo):* ¡Yo no voy a cargar nada!

VOZARRON: *(con furias):* ¿Y entonces, pa' qué pidieron el carro?!

EL: *(Lanzando un berrido):* ¡Yo no aguanto más esta mecha! ¡Yo me voy pa' Barquisimeto! ¡Espéreme, señor, que aquí hay un pasajero! ¡Espéreme! ¡Espéreme!

TELON ULTRARRAPIDO

NIÑITA TOCANDO PIANO

o

QUIEN FUERA SORDO

Comedia musical en un acto. Al levantarse el telón, una muchachita que parece un merengue está tocando una pieza clásica, que también parece un merengue. Su mamá, situada en primer plano entre la aterrada concurrencia, es la única que parece manifestar alguna alegría por lo que está sucediendo. El diálogo comienza momentos antes de terminar la música. (¡La música!).

UNA DAMA: *(a la mamá de la niñita):* ¡Ay, pero qué bien toca! ?Cómo se llama.eso que estaba tocando?

LA SEÑORA: Ay, ¿no lo conocía? Eso se llama piano.

UN CABALLERO: ¡Por Dios, señora!... Mi esposa se refiere a la melodía...

LA SEÑORA: Pues es un nocturno clásico... Una melodía que tiene más de cien años.

LA DAMA: ¡Ah, con razón suena tan mal! Figúrese, una cosa tan vieja tiene que haberse echado a perder en tanto tiempo.

EL CABALLERO: Y dígame, señora, ¿cuánto pagaron ustedes por ese piano?

LA SEÑORA: Doce mil bolívares.

LA DAMA: ¡Doce mil bolívares!... ¡Pero eso está botado, señora!

EL CABALLERO: ¡Humm! A mí lo que me parece que está botado son los doce mil bolívares...

LA SEÑORA: ¿Cómo dijo?

EL CABALLERO: Aquí... que sí, que está barato... Que solamente la niñita vale los doce mil bolívares... Porque esos pianos los venden con niñita y todo, ¿verdad?

LA SEÑORA: ¡Cómo…!

LA DAMA: Que… quiere decir que la niñita vale un tesoro, que toca divinamente.

LA SEÑORA: ¡Ay, qué amable!… Y eso que ustedes no la han oído tocando cuatro.

EL CABALLERO: ¿Cómo? ¿Tocando cuatro pianos? ¡Si con uno toca tan mal, cómo será ese zaperoco con tres más!
(en ese momento termina el concierto. Todos aplauden con robusto entusiasmo).

LA SEÑORA: *(yendo muy relamida hacia la niñita):* ¡Ay, qué éxito te has anotado, Triquinia! ¡Escucha esos aplausos! ¡Vas a tener que tocarles otra cosa.

TODOS: ¡No, no, la pistola! ¡Socorro, socorro!

LA SEÑORA: ¿Cómo que no? Pero y entonces, ¿por qué aplauden, pues?

EL CABALLERO: Es que usted está tomando el rábano por las hojas, señora. Nosotros no estamos aplaudiendo para que toque otra vez, sino porque ya terminó de tocar.

TELON RAPIDO

SECCION EXCLUSIVA DE NOTAS SOCIALES
PARA LA SEMANA DE LOS ANIMALES

El loro que compraron los García
dijo ayer su primera grosería.

Mejora de un reciente zapatazo
la gata de Parménides Otazo.

La gallina Cló-Cló de esta ciudad
presentó anoche un huevo en sociedad.

El mono de Pompilio Maldonado
salió de gira ayer por el tejado.

Reina júbilo unánime en Los Teques
por el baile mensual de Los Tuqueques.

Está constituyéndose en Caracas
el Comité Benéfico de Vacas.

Para el próximo mes es muy seguro
que se funde la Casa del Zamuro.

El quince inauguró su primer poste
el perrito de Antonia Picatoste.

El caballo de Chucha Regalado
fue visto en cierta fiesta muy dopado...

La culebra viejita que tienen los Bolaños
cumplirá esta semana sus primeros cien años.

El morrocoy de Arístides Palencia
inauguró una nueva residencia,
pues cambió su anterior vivienda rústica
por una concha acústica.

Y es bueno que terminen los sociales
en que sólo se trata de animales.

SEVENTH HEAVEN

A mi querido amigo
Amy Courvoisier.

Cine de ayer... Pluvial y temblorosa
pantalla con el margen enlutado
que a las sencillas gentes del pasado
ponías a llorar con cualquier cosa.

Cuántas veces, pantalla silenciosa,
mojaste en llanto mi maní tostado
mientras un disco "Brunswick", muy rayado
tocaba "El Caballero de la Rosa"!...

Y, sin embargo... Sin embargo, ahora
—incluso entre la gente que te añora—
dan ganas de reír volverte a ver!...

En su apartamento de Vista Alegre, Caracas. Atrás un cuadro de
Mario Abreu.

PEPE, GUILLERMO Y YO

¡Vaya, pues, William Shakespeare, el genial, el "chivato",
se encontró en Venezuela la horma de su zapato!
Desde hace muchos años —casi medio milenio—
viene el nombrado William pasando por un genio,
por un insigne bardo, cuya noble expresión
le valió el dulce título de "Cisne del Avón".

En ese punto estaba todo el mundo de acuerdo,
pero aquí, en Venezuela, no lo está Pepe Izquierdo;
el gran anatomista "no corre en ese grupo",
y en prueba de que William no vale ni un churupo,
lo agarró en la *Revista Nacional de Cultura,*
y de dos chancletazos "se lo metió en cintura".

¿Qué es lo que en William Shakespeare ve la masa lectora,
que no sólo lo admira, sino que hasta lo adora?
Pepe no encuentra en eso sino parejería,
pues lo que escribe William, es pura tontería:
cuatro o cinco cositas, y lo demás es nepe,
con excepción de *Hamlet...,* corregido por Pepe.

¿La tragedia de Macbeth, Julio César, Otelo?
¡Todas esas son cosas que no valen un pelo!
Y en cuanto a los Sonetos, son todos tan cretinos,
que bien se los pudiera echar a los cochinos.

Esto ya para el bardo constituye un gran lepe.
¡Pero ahí no se paran los pepazos de Pepe!
Pues, de ñapa, le dice fastidioso, maleta,
autor cuya sintaxis resulta una "galleta"...

Y agrega que en lo incómodo le gana a un autobús,
pues a cada dos líneas nos remite al Larousse...

¡Fue tal la enjabonada, que el Cisne del Avón
debe estar todavía quitándose el jabón!

Quiera el cielo que Pepe no insista en sus salmodias,
pues con sus artículos y con mis parodias,
en cuestión de semanas, por muy alto que trepe,
¡de las glorias de William no va a quedar ni el nepe!

LA ESCOBA DEL MUSEO

En una exposición que en el Museo
se inauguró el domingo, según creo,
de un celebrado artista nacional,
figura, entre otras cosas, una escoba
ante la cual el público se emboba
porque la considera algo genial.

Mas la escoba de marras no es pintada,
sino que, más o menos afeitada,
se trata de una escoba de verdad;
una escoba legítima de Cagua
que es donde se fabrican, en Aragua,
las escobas de buena calidad.

Yo a decir la verdad, no visualizo
qué es lo que en esa escoba del carrizo
a la gente le llama la atención,
pues en su material no hay nada extraño
y en cuanto a su volumen y tamaño
no llega ni siquiera a escobillón.

Yo creo que inclusive el que la puso
no sabría explicar qué se propuso
al llevar una escoba a ese lugar,
a menos que se trate de un artista
con alma de guasón o de bromista
que con ella ha querido ironizar.

Y no se ha resistido ante el deseo
de colgar una escoba en un museo
como una venerable antigüedad,
porque con mi opinión está de acuerdo
de que hay que conservar algún recuerdo
de cuando se barría la ciudad.

ELEGIA DE JUANITA

En la vieja playa

A pesar de los años transcurridos
nunca podrá olvidar la mazamorra
que a Juanita —piel negra y blanca gorra—
le atrajo tantos clientes y maridos.

Ni aquellos copiosísimos hervidos
—cuyo sabor tampoco se me borra—
que en una especie de letal modorra
se traducían, una vez comidos.

¡Oh Juanita, y ahora al ver la playa
sin ti ni tu azafate, se me encalla
en un mar de nostalgia el corazón!

Mas yo te ofrezco —y no es promesa fatua—
glorificar tu efigie en una estatua
que en vez de pedestal tenga un fogón.

LO QUE TODAS DEBEMOS SABER
ACERCA DE LOS HUEVOS

A las gallinas que practican la censurable costumbre de comerse sus propios huevos se les quitará fácilmente esa costumbre si se las enseña desde chiquitas a comerse los de las otras.

En algunas regiones de los Estados Unidos se ha establecido el sistema de casar a las gallinas por correspondencia, enviándole al gallo los papeles de matrimonio por correo. Las gallinas casadas en esta forma ofrecen la ventaja de que en lugar de pollitos, lo que dan a luz son sobresitos de sopa continental.

Una grave cuestión que viene preocupando hace tiempo a los expertos avícolas norteamericanos es averiguar por qué si las gallinas negras pueden poner huevos blancos, no se ha dado todavía el caso de una gallina blanca que ponga un huevo negro.

La razón por la que los huevos americanos huelen a éter es que en los Estados Unidos el modernísimo procedimiento del parto sin dolor no sólo se le está aplicando a las señoras, sino también a las gallinas. El sistema fue puesto en práctica desde que la Sociedad Protectora de Animales pidió que las gallinas sean anestesiadas cada vez que vayan a poner, apoyando su solicitud en un reciente descubrimiento del Departamento de Agricultura, según el cual por lo que la gallina cacarea después que pone no es porque está contenta, sino porque le duele.

Con la reinante escasez de huevos resulta antieconómico botar los huevos podridos. El mal olor de los huevos cuando están en ese estado de salud puede quitarse fácilmente si se le dice a la cocinera que en vez de freírlos con manteca los fría con creolina.

Alimentando las gallinas con aserrín pueden obtenerse huevos de madera, de esos que algunas viejitas utilizan para remendar medias. Si a ese aserrín se le añade diariamente una parte de algodón, a la larga es posible lograr que la gallina ponga el huevo con media y todo.

Con motivo de la próxima reapertura de la Metropolitan Opera House de Nueva York, un reconocido avicultor de esa ciudad está haciendo experimentos a ver si logra que las gallinas pongan huevos irrompibles. Estos huevos tendrán la ventaja de que pueden usarse sin cambiarlos durante toda la temporada de ópera, pues usted le pega uno a un cantante por la cabeza, y no se quiebra como sucede con las ñemas corrientes.

Este mismo sabio ha estado últimamente haciendo ensayos a ver si alimentando las gallinas con vidrio se logra que pongan un tipo de huevo de cáscara transparente, con lo que eliminaría el desagradable procedimiento de tener que olerlos para saber si están podridos.

EPITALAMIO DESTEMPLADO

Se casa usted de velo y de corona
con arreglo a los hábitos burgueses,
y eso la enorgullece y la ilusiona:
pero deje que pasen unos meses,

y empezará a notar, ya gordiflona,
y habituada a pelear con los "ingleses"
que el arco de Cupido no funciona
y que por funcionar cobra intereses...

Y dentro de unos años, la que ahora
va a presentar su tesis de señora
ante la dulce imagen de Jesús,

ya ni se acordará de estos renglones,
cuando pase, entre siete barrigones,
a pagar el recibo de la luz...

FATALISMO

Ruperta, la muchacha que en el Llano
fue durante algún tiempo novia mía,
y que a la capital se vino un día
presa de un paludismo soberano,

ya es una *girl* de tipo americano
que sabe inglés y mecanografía
y que marcharse a Nueva York ansía
porque detesta lo venezolano.

Como esos que en el cine gritan: —Juupi!,
tiene un novio Ruperta, y éste en "Rupy"
le transformó su nombre de llanera...

Y es que en mi patria —raro fatalismo—
lo que destruir no pudo el paludismo
lo corrompió la plaga petrolera.

PANCHITA

Me dicen, queridísima Panchita
—me lo dijo en La Villa Anselmo el mocho—
que el domingo cumpliste los dieciocho
y pusiste una fiesta muy bonita.

Ya sé que a los que estaban de visita
les serviste un magnífico sancocho
con ocumo, con ñame y con topocho,
regado con sabrosa guarapita.

De postre ofreciste un ramillete
de tajadas de fino majarete
a razón de tajada por persona.

Carato, conservitas, bienmesabe...
Hubo en tu fiesta, en fin, hasta casabe,
¡y a mí no me invitaste, so jartona!

LA VIDA COTIDIANA

Levantarse temprano, cepillarse los dientes
y tomar, si lo han hecho, dos sorbos de café;
discutir de dinero con todos los parientes;
irse para el trabajo, probablemente a pie.

Volver a mediodía, comerse unos calientes
macarrones en sopa y un grasiento bistec,
mientras la esposa informa que el tres de los corrientes
cumple un año —y no tiene zapatos— el nené.

Saber que de repente se ha muerto algún amigo,
ir al cine a ver cosas que no valen un higo;
ponerse los domingos un flux de casimir.

Y seguir dando vueltas, como el burro a la noria,
en torno de la misma, ¡siempre la misma historia!
Qué ciencia tan sencilla la ciencia de vivir.

BAR "LA ESTRELLA"

El viejo bar con sus tres mesas, varios
bebedores que juegan al cachito,
y en el rincón el saco
de aserrín colorado para el piso.

Nada sucede. Nada, En la electrola
por virtud de un anónimo cuartillo
vuelve a rodar el tango. El pobre tango
se muere de fastidio.

Aburrimiento de la hora en los
dulces momificados bajo el vidrio
de la turbia vidriera
con su V de adhesivo.

Golpe de cubilete. Escudriñándose
las muelas con los restos de un palillo,
sorprende al soñoliento dependiente
la voz: ¡Danos lo mismo!

Mientras del mingitorio
procaz y oscuro, llega un indistinto
y agrio olor de cerveza, de tabaco
y aserrín colorado para el piso.

EL OCASO DE LAS PUYAS

Cuando yo estaba muchacho,
allá por el año treinta,
y andaba con mi cachucha
metida hasta las orejas
y mis pantolones cortos
y mis alpargatas negras;
cuando yo era un muchachito
de diez abriles apenas,
recuerdo que algunas tardes
al irme para la escuela
mamá me daba un centavo
para que cuando saliera
me lo gastara en alguna
de las muchas suculencias
que un muchachito goloso
y en una esquina cualquiera,
comprarse podía entonces
con tan humilde moneda.

Era entonces raro el dulce
por muy sabroso que fuera,
que en aquel tiempo en Caracas
más de un centavo valiera:
sólo un centavo pedían
por una torta burrera
y las conservas de coco
también a centavo eran,
los mismo que las "pelotas",
los coquitos, las torrejas,
las tajadas de tequiche,
los caratos en botella,
los gofios y los golfiados,
los bizcochos de manteca
y aquellos crujientes dulces
que se llamaban las huecas
y a lo que debió mi infancia
tantos dolores de muelas!

Tener un centavo entonces
y en la Caracas aquella,
era ser un potentado,
un Montecristo en potencia,
y al tesoro de Aladino
tener las puertas abiertas;
era tener en la mano
como la llave secreta
de un mundo maravilloso
de azafates y vidrieras
que en aventura de encanto
trocaba el viaje a la escuela.

De aquellos lejanos días
hace el tiempo como arena
y de los dulces de entonces
ya no hay ni tortas burreras;
se esfumaron los tequiches,
coquitos, casi no quedan,
para siempre del carato
se vaciaron las botellas,
y las huecas ahuecaron
y los besitos no besan.

Y en cuanto a los centavitos,
nuestras puyas de la escuela,
nuestros cándidos centavos,
nuestras chivitas modestas,
las que quedan son muy pocas
y las muy pocas que quedan,
en vista de que ya nada
puede comprarse con ellas,
ya nadie les hace caso,
todo el mundo las desprecia;
quien encima carga algunas
las cargas como una pena,
llegando hasta sonrojarse
si en el bolsillo le suenan,
y si alguna se le cae,
ni se agacha a recogerla.

Si en el autobús se paga
con cinco puyitas sueltas,
el chofer que las recibe
las toma como una afrenta
y aparte en la perolita
las coloca en cuarentena
para dárselas de cambio
a algún otro que atrás venga.
Ya ni para dar limosnas
sirven las tales monedas,
pues si usted a una viejita
con un centavo le llega,
con todo y ser tan viejita
la viejita se calienta.

Lo mismo son los muchachos:
Hoy a un muchacho su abuela
o sus padres o sus tíos
o su padrino o quien sea
le sale con una puya
cuando va para la escuela,
podéis estar seguros
que lo que viene es enea,
pues el mentado muchacho,
por buen carácter que tenga,
¡se sentirá ante la puya
como puyado por ella!

ELEGIA A LA DULCERA DE SOCIEDAD

¿Qué se habrá hecho la dulcera
de la esquina de Sociedad
con su gorra de cocinera
y su esponjado delantal
y su azafate que por fuera
tenía tanto de vitral
y que por dentro el gozo era
de nuestra hambrienta capital,
con sus tortas tipo burrera
y sus tajadas de manjar
y sus esféricos coquitos
que parecían de cristal?

¿Qué se habrá hecho la dulcera
de la esquina de Sociedad
que se pasó la vida entera
junto al lugar donde estuviera
en otro tiempo el City Bank?
Brava, locuaz, dicharachera,
rica de pintoricidad,
fue, sin que nunca lo supiera,
un tipo de esos que le dan
a la ciudad su verdadera
categoría de ciudad:
¡rolliza estampa callejera
de Dulcinea popular,
como mejor nunca se viera
ni en la pintura de Lovera
ni en los sainetes de Guinán!

¿Qué se habrá hecho la dulcera
de la esquina de Sociedad,
la que dejó tan hondas huellas
en nuestro criollo paladar
con las grandes tortas aquellas
de majestad episcopal
tan parecidas a su dueña,

y que de haber podido hablar.
hablado hubieran como ella,
un rudo inglés de Trinidad?

Aunque de más de una manera
—excepción hecha de su hablar—
más caraqueña y criolla era
que las criollísimas chiveras
de la parroquia de San Juan,
de vez en cuando a las seseras
se le subía Trinidad,
y de sus fibras patrioteras
daba las muestras más severas
no vendiéndoles sino a
los estirados y corteses
americanos medio ingleses
del Royal Bank of Canadá.
(Y una tarde, tarde cualquiera,
y procedente de la acera
de la antigua universidad.
se presentó una periquera
de San Francisco a Sociedad.
Y amenazada la dulcera
de ser tumbada en la carrera
que la arrollaba sin piedad,
no se movió de allí siquiera,
sino se irguió grave y severa
con la más alta dignidad,
y en la británica bandera
embojotó su humanidad.)

¿Qué se habrá hecho la dulcera
de la esquina de Sociedad?
Yo no lo sé, mas dondequiera
que se haya ido a refugiar,
sepa que aún queda un poeta
—tal vez el último juglar—

que dejaría su actual dieta
que es casi toda de galleta
de la más dura de mascar,
para en alguna tarde quieta
volver sus dulces a probar.

DESPEDIDA DE LAS ÑAPAS
En colaboración con Roberto Mujica

Allá, cuando yo era niño
ya un poco zagaletón,
de medias acordonadas
y gallitos en la voz,
cuando yo jugaba metras
—pepa uno y palmo dos—
y traicionaba a la escuela
para irme de manganzón
a atiborrarme de mangos
por esos mundos de Dios.

Cuando yo estaba chiquito
—chiquito, pero atacón—,
por ser entre mis hermanos
el hermanito mayor,
era a mí a quien le tocaba
cumplir con la obligación
de hacer los diarios mandados
o compras al por menor.

Era el cliente cotidiano
de un pulpero rezongón,
de aquellos que todavía
usaban gorras y batón
y empleaban una cabuya
para picar el jabón;
y tenían siempre un gato
echado en el mostrador,
y una armadura repleta
de perolas de salmón,
de manillas de tabaco
y algún que otro escobillón,
y un gancho lleno de "Vales"
junto a un anciano jamón,
y un ramillete de escobas
ahorcadas junto al portón.

Mas lo que a mí me gustaba
de aquel pulpero, lector,
es que era el representante
de una noble institución
que, como muchas otras cosas,
hace tiempo se acabó:
¡La institución de las ñapas,
las ñapas de papelón,
o bien las ñapas de queso
o bien las de ambos a dos
que integraban el binomio
de Judas con San Simón.

A veces no daban ñapa,
mas daban algo mejor;
apartaban un frasquito
propiedad del comprador,
y por compra que está hacía
le metían un frijol,
y al estar tan lleno el frasco
que no le entraba el tapón,
ah señores, que golilla,
señores, que golillón,
¡le daban a usted tres lochas
o un regalo a su elección!
(Lo que en verdad no era nada,
porque tres lochas ¿qué son?,
pero que a un niño de entonces
le llenaba el corazón
igual que el aire, que es menos
llena un globo de color.)

Hoy ya no existen pulperos
de cachucha y chaquetón
(los últimos que quedaban
Rockefeller los barrió);
en las antiguas bodegas
se puso por siempre el sol
y hace muchísimos años
que la ñapa se acabó.

¡Adiós, ñapas infantiles
de grata recordación;
adiós, mis líricas ñapas;
adiós, mis ñapas, adiós!
Al pensar en vuestro eclipse
se me vuelve el corazón
como un niño de diez años
que, de portón en portón,
va pidiendo inútilmente
¡su ñapa de papelón!

VERSITOS SENTIMENTALES
PARA ESCRIBIR EN POSTALES

Para el Día de Reyes
(Para nombres que terminen en ero.)

Esta gran noche de enero
es para todos el gozo;
sólo yo gimo y sollozo
suspirando por mi Antero.

De Año Nuevo
(Para un amigo que va a ser operado)

Te envío en esta ocasión
un abrazo por correo,
y asimismo te deseo
muy feliz operación.

Para un Feliz Advenimiento

Estar presente quisiera
para darte mi cariño;
muchos saludos al niño
y un besito a la partera.

De Pésame
(Y, desgraciadamente, en tiempo de Pascua.)

La muerte de Filemón
en verdad me tiene en ascuas;
tengan muy felices Pascuas
y mucha resignación.

De Bodas de Plata
(Para uno que no rima sino con aluminio.

Patrocinio, Patrocinio,
¿quieres un verso sonoro?
¡Pues en vez de bodas de oro
cumple bodas de aluminio!

A una Miguelina
(Con una postal en forma de corazón.)

Hoy día de San Miguel
me pregunto, amada mía,
si tú serás todavía
la dueña de este carriel.

A un Genovevo
Que se retiró bravo con la novia

Esta noche de Año Nuevo
la gris tristeza me asalta,
porque me hace mucha falta
mi adorado Genovevo.

Para una Antonia

El pajarito en su nido
y el viento en su parsimonia,
todo me dice al oído:
"No te olvides de tu Antonia".

Para Postal con palomita

El jardinero me dio
una flor para mi amada,
pero ella no la cogió
porque cuando se asomó
le dieron una pedrada.

SEÑORAS CHIVUDAS

Las damas de Los Teques
una airada protesta han publicado
contra Serna, señor que el otro día
declaró para un diario
que es muy corriente ver en aquel burgo
una dama chivuda cada rato.

Por allá, afirma Serna,
las señoras con chiva abundan tanto
que usted va a cualquier casa de visita,
y salen dos o tres a saludarlo:
—¿Cómo está, Fulanito?
—Muy bien, responde usted todo escamado
de que pueda existir tanta fineza
detrás de aquellos rostros blacamánicos...

(Desde luego, hay personas
que la cuestión se explican en el acto;
pero asimismo hay otras que no entienden
y se ponen a hacer capciosos cálculos
y a derivar absurdas
mamaderas de gallo
a la desproporción entre el pelero
y aquel timbre de voz tan aflautado...)

Porque lo más curioso es que la chiva,
aunque atributo propio de los machos,
no altera el femenil temperamento,
sino por lo contrario:
cuantas más barba tiene una señora
más gentileza exhibe y más recato,
y cuanto más le crecen los bigotes
más le gustan los niños y el bordado.

Así hay una en Los Teques, cuenta Serna,
cuyo bigote y chiva son tan largos
que más que una señora de respeto,
parece un monumento a Guzmán Blanco.

Que detrás de ese rostro haya ternura
muy difícil parece, y sin embargo
la señora en cuestión tiene tres niños,
su hogar es un auténtico santuario
y como esposa dicen que llega
donde muchas lampiñas no han llegado.

Con todo, las señoras de Los Teques,
cogieron una furia de mil diablos
y, para demostrar que Serna miente,
—que ellas no tienen rostro de chivato—
con numerosas fotos
su pública protesta han publicado.

Polemizar con Serna no quisiera,
pero yo he visto ayer esos retratos
y una de dos: o él miente, o las señoras
antes de retratarse se afeitaron.

Con el pintor Mateo Manaure y el director de su programa, César Rengifo.

FLASH

Un doctor en un congreso
ha salido con la historia
de que comer mucho queso
reblandece la memoria.

Así pues, sin más misterios,
queda por fin explicado
por qué en nuestros ministerios
hay tanto desmemoriado.

DEGAULLE EN CARACAS
o ¡CONCHA, METELE!
Momentos memorables
en la historia de la ciudad

De elegante chaleco de piqué
y abombada corbata de plastrón,
estoy en la elegante recepción
que le da a Degaulle, que est arrivé.

Se reparte caviar en canapé,
vulgo pan con ñemitas de esturión
y también se reparte a discreción
el muy traidicional champán frapé.

Allí agrupada está la gente chic,
flor y nata del mond diplomatic
formando el más selecto randevú.

Se derrocha elegancia a todo tren,
y en medio del montón del gente bien
¡ese adecaje haciéndose el musiú!

EL HOMBRE COHETE

La sensación actual de Venezuela
es el hombre que vuela.

Un norteamericano
que tiene algo de buzo o de marciano,
en una ropa plástica se mete,
se acomoda en el hombro una mochila
y ¡zás! en lo que un clérigo espabila
sale como un cohete.

Uno lo mira, raudo y serenito,
volar sobre el mundano bululú,
y deseos le dan de darle un grito:
¡Espérame musiú!

Luego, con gracia suma
y una vez que en el aire ha estado un rato,
le mete el retroceso a su aparato
y vuelve a su lugar como una pluma.

Y ustedes me dirán —y me lo explico—
que soy un grandísimo zoquete,
mas les juro que ayer, por un ratico,
volví a vivir el tiempo en que era chico
viendo al hombre cohete.

¡quién pudiera, lector, como ese tipo,
disponer de un equipo
que al alcance de uno ponga el arte
de levantar el vuelo en cualquier parte
mediante la maniobra, asaz sencilla,
de sólo darle vuelta a una manilla!

Sería, quién lo duda, una gran cosa
y un recurso excelente muchas veces
para huir de la gente fastidiosa
y sacarles el cuerpo a los ingleses.

CUIDADO CON CANTARLE A LA LUNA

Como ustedes sabrán, esta quincena
tenemos luna llena.

Muchas plumas de antaño —y la mía era una—
solían inspirarse en esta luna
para cantar versos, siempre sentimentales,
la infantil inocencia de los tiempos pascuales.

Algunos la llamaban la Luna del Pastor,
otros Rosa del Cielo, y hubo más de un cantor
que utilizando un tropo más feo que el carrizo,
la comparó por pálida con un queso enfermizo.

Pero el mundo ha cambiado y hoy día —por fortuna
no hay quien se atreva a hacerle poemas a la luna.
Nadie se atreve a hacerle ni siquiera un artículo,
por temor a que luego lo pongan en ridículo.

Imagínense ustedes que un poeta esta noche
haciéndole a la luna un canto se trasnoche;
un canto en que la llame barcaza de azucenas,
balcón de los ensueños, consuelo de sus penas...

¿Cómo queda ese bardo cuando sepa mañana
que esa luna, esa luna que él trato hasta de hermana;
aquel barco de ensueños de que él salió al encuentro
no era sino un cohete con un perro por dentro?

¡ESPERAME, VALENTINA!

Valentina Teréshkova, la rusa
que viajó hace algún tiempo a las estrellas
de las cuales se trajo las más bellas
como claro ornamento de su blusa;

La que el cielo cruzó como una musa
y el mundo sideral surcó de huellas
para que en su lugar hablaran ellas
de una hazaña que no es cualquier pelusa;

Valentina actualmente se prepara
para ver si a la luna se dispara
en fecha que tal vez ya se avecina.

Y yo pienso al saberlo: ¡quién pudiera
hasta Rusia pegar una carrera
y pedirle una cola a Valentina!

RUSOS A LAS ESTRELLAS

Los rusos otra vez dando las pautas
de cómo realizar hazañas bellas,
han enviado a pasear por las estrellas
a una nueva pareja de astronautas.

¡Qué ejemplo son para las almas cautas
estos dos tripulantes de centellas
que estremecen al mundo, mientras ellas
piensan sólo en su pan y en sus carautas!

En eso está, lector, la diferencia
entre una y otra forma de existencia:
en que mientras los nautas moscovitas

van conquistando estrellas por el cielo,
nuestras alas de pollo a ras del suelo
no pasan de la sopa de estrellitas!

YO TAMBIEN ME AGARRE
CON UN ENANITO

Aunque a chiste me lo tomen,
aunque lo dude el lector,
aunque digan que es un cuento
como el del gallo pelón;
aunque habrá muchos que opinen
que fue un sueño mi visión,
—un sueño de esos que sufre
quien duerme en duro colchón
después de haberse atracado
de mondongo en Puente Brión—
yo también vi al enanito,
el enanito pelón,
que en una calle en Petare
vio González de León.

Iba yo en mi camioneta
—mejor dicho, en mi camión—
cuando al coger una curva
—que a lo mejor eran dos—
miro en el aire un platico
que viene en mi dirección.
¿De dónde sale ese plàto?
—pregunto asustado yo—
Será el platico de Ofelia
por el que Pancho pagó?
¿Será el plato de lentejas
que a aquel bíblico varón
le causó, por sinvergüenza,
su célebre indigestión?
—Pero el plato no era plato:
Más que plato, era platón,
y más que platón, platillo:
¡Un platillo volador!

Ante aquel extraño bicho
¿qué suponeis que hago yo?

Lo mismo que hubiera hecho
cualquiera en mi situación:
Detengo mi camioneta
—mejor dicho, mi camión—
y avanzo hacia el aparato
resuelto a echarle pichón.
¡Alto! ¿Quién vive? —le grito—.
¡Marcianos! —dice una voz—.
Y se detiene el platico,
se detiene y ¡cataplón!
salta de él un enanito
que sin más contemplación
se me sube a la solapa
con su segunda intención.

Yo he visto muchos enanos,
pero así, qué va, ponchón!
Ese enano era más feo
que un pleito en un apagón!
Paticas de teque-teque,
cabeza de culebrón,
y pues no cargaba encima
ni camisa ni calzón,
cualquiera lo confundía
con el sapito lipón.

Además, era un enano
chiquito pero atacón,
pues a falta de escopeta
de pistola o de tocón
se gastaba unas uñazas
de tan fiera condición
que comparadas con ellas
las del tigre o del león
son inoentes gacelas,
¡son niñas de biberón!

¿Y qué decir de los ojos?
¡Qué enanito tan ojón!

No eran los ojazos negros
de la famosa canción,
ni menos los ojos verdes
que Agustín Lara miró.
¡Pues eran unos ojotes
de toro viendo a Girón
o de Girón viendo al toro
cuando el toro es mansurrón!

Me agarré con el enano:
me agarré como un varón:
Nuestra lucha fue una lucha
de perro contra león:
¡El era el perro unas veces
y otras el perro era yo!

Logré meterle una llave
que aprendí en televisión
y con ella estuve a punto
de abrirlo como un portón.

Pero en ese mismo instante
—¡miren qué consternación—
sale del plato otro enano
de su misma condición
y del primer manotazo
me dejó sin pantalón.

Yo soy un hombre decente.
¿Qué hacer en tal situación?
Pues más o menos lo mismo
que González de León:
dejar que los enanitos
ganaran por decisión,
mientras yo en mi camioneta
—mejor dicho, en mi camión—
iba a entregarle a la prensa
su parte del culebrón.

EL EMBARQUE LUNAR

Las piedras que los yanquis trajeron de la luna
no han mostrado hasta ahora contener cosa alguna
que compense el esfuerzo de un viaje tan riesgoso:
ningún nuevo elemento, ningún metal precioso:
¡Piedras que sin ayuda de cohetes ni nada
hubieran encontrado aquí en cualquier quebrada!

Qué decepción tan grande se llevaron los yanquis:
Pasarse cuatro días como unos saltimbanquis
flotando en el vacío de las constelaciones
dentro de aquellos trajes que parecen colchones,
y comprobar al cabo de la heroica jornada
que no valió la pena tirar esa parada.

Imaginando en cada cráter lunar alguna mina
—los blancos, de magnesia; los grises de asbestina—
les sucedió en la luna como en Coro a los Welser:
En las muestras traídas no hallaron ni Alka Seltzer;
piedras que no contienen lo que se llama nada,
y de servir no sirven ni para una pedrada.

Los yanquis, pues, los yanquis por fin perdieron una:
Los embromó Selene. ¡Los embarcó la luna!
Pero ellos no se quedan así. De cierto os digo
que ahora se la venden a algún país amigo,
pues ellos, cuando hay algo que echarles a los cochinos,
se lo endosan a alguno de sus buenos vecinos.
No extrañéis pues, lectores, que el día de mañana,
amanezca la luna siendo venezolana.

DOCTOR Y COMIENDO HERVIDO

Comedia dramática de sano contenido venezolanista, inspirada en las que escriben los señores Leopoldo Ayala Michelena, Pepe Pito y otros conspicuos representantes del nacionalismo sano.

ACTO UNICO

Lujoso salón en casa de una familia acomodada de Caracas. Al foro hay una ventana con molduras de yeso dorado, a través de la cual se ve la ropa tendida en el corral, una mata de lechoza y una escalera vieja, que las gallinas han cogido para dormir. Encima de la ventana, presidiendo toda la estancia, se ve un gran cuadro del Corazón de Jesús con el marco recargado de bombillitos de colores que en conjunto forman la bandera venezolana. A derecha e izquierda, respectivamente, hay una pianola recubierta con un mantón de Manila y una máquina de tejer capelladas pintada al óleo. En el centro, un juego de recibo formado por seis sillas negras con pañitos de pabilo en los espaldares. Tanto las dos escupideras de porcelana que se ven junto a la pianola, como la de cobre que aparece entre las patas de la silla, son elegantes, pero sin ostentación. Al levantarse el telón aparece Rufo tusando un gallo junto a la pianola. Entra Teobalda, su esposa, con el cabello suelto y chorreando agua. Colgado del hombro carga un paño de mano emparamado que parece un pedazo de panza. Tiene la boca llena de horquillas y viene peinándose con una peineta a la que el faltan todas la piedritas y como cinco dientes.

RUFO: ¡Cónfiro, negra, que rebuenamoza estás! ¡Tas como sancocho e gallina robá!

TEOBALDA: Guá naturarmente, ¿no ve que me bañe? Pero no como se baña la gente ahora, con tanto periquito que ha traído el modelnismo y las ideas disorvente, sino un baño a la criolla: con totuma cosechá en la casa, su buena batea de agua quebrantá, su buen estropajo y en vez de jabón de olol concha e parapara fresca. Lo mismo que esas tales flicciones de agua 'e Colombia qiusan ahora, yo no masco de eso. Una mujel honrada y de su casa con lo único que debe fliccionarse es con aguardiente de arraclán.

RUFO *(olfateándola):* Aaaaahhs, qué bueno güeles, mujé... Mejor será que no te sigas dando esos baños antes que yo haiga salío. ¿No ves que no voy a podé dil a mi gufete de bogao pol quedalme güeliéndote? Aaaaaaahs... Con ese olor que tienes me parece que el maraquito va perdé su puesto pronto.

TEOBALDA: Tú lo dirás jugando... Pero... *(Agachando la cabeza).* Ya como que lo perdió...

RUFO: ¡Cómo! ¡No me digas! Ahora caigo: Esas eran las ganas de comer arenque con arepa piche que tenías anoche. ¡Dame acá un beso manque sea para que ese sel que llevas en las entrañas vaya sabiendo desde chiquito lo que es el veldadero amol.

TEOBALDA: Ay, chico. Déjame, que se me va abrí la batebaño...

RUFO: ¿A que no sabes de qué me toy acordando ahora?

TEOBALDA: ¿De qué, chingo hediondo?

RUFO: Del día que nos conocimos. Ese día también te habías bañado! Pero esto hay que celebrarlo. *(Llamando)* ¡Casimira!

CASIMIRA *(entrando):* Señol.

RUFO: Vaya a la esquina y traiga un garrafón de guarapita.

CASIMIRA: ¡No jile, dotol! ¿Va a empezá a echase palos tan temprano?

RUFO: Eso no es cuenta suya. ¡Haga lo que le ordeno y le dice a Domingo que me mande el recibo a mi gufete!

CASIMIRA *(saliendo):* Ta bien, dotol. Si me va a pegá no me regañe... ¡Cónfiro, estos ricos de Caracas si que rajan caña, y eso qui qui que son de arcurnia!

RUFO: ¡Qué mujer tan entrépita! Eso también lo ha traído el modelnismo. Con esa fulana ley del trabajo, los empliaos se cren que ellos son los jefes y no respetan a nadie. ¡Cuándo en mis tiempos! En mis tiempos los sirvientes se criaban en la casa desde chiquitos como los cochinos, y le pedían la bendición a uno.

(Entra Nicasia).

NICASIA: Dotol, que manda a decí la cocinera que con qué se quiere desayuná.

RUFO: Dígale que con hervido y carato de acupe porque para eso soy venezolano.

NICASIA *(para irse):* ¡Así es que es, mi pico e plata! Asina es que a mí me gusta trabajá. No con gentes que porque tienen modo no comen sino cosas musiúas.

RUFO: Tiene razón, Nicasia. El peor defecto de los venezolanos es que nos gustan muchos las cosas esóticas. *(A Teobalda).* Bueno, ¿y por dónde anda doña Eufrosina?

TEOBALDA: En el corral la dejé curando la papuja, que como que tiene pepita.

RUFO: ¿Ya y se dio su fricción de unto?

TEOBALDA: ¿Quién la gallina?

RUFO: No niña. Tu mamá.

TEOBALDA: ¿Y no te digo que está como una zoqueta con los animales? Figúrate que como la gallineta puso hoy por primera vez, se le salieron las lágrimas.

RUFO: ¿A quién, a la gallineta?

TEOBALDA: No, niño; a mamá.

(Entra doña Eufrosina)

RUFO: ¡Por fin llegó la viejita, cará! Y se ve rebuenamoza hoy.

DOÑA EUFROSINA: Es que acabo de tomar un baño de asiento.

RUFO: ¿Y por fin pudo agujerearle las orejas al gato para ponerle los lacitos?

DOÑA EUFROSINA: Que va mijito. Ese bicho es más mañoso que un yesquero.

TEOBALDA: Bueno, mamá, siéntate un ratico aunque sea.

DOÑA EUFROSINA: ¿Yo sentarme aquí? No, niña. Para el corral a curar mi gallinas es que voy otra vez. A mí estas salas modernas me asfixian. En su construcción vanguardista y audaz son frías y tristes. Se diría que carecen de alma: por ninguna parte encuentra usted un arraclán, ni una escupida de chimó, ni una arepa clavada detrás de la puerta, ni nada que hable a los sentimientos del uno el venezolano. ¡Cuándo en las casas de antes!

Recuerdo que la primera vez que encontré una rata dentro del vernegal se me salieron las lágrimas.

RUFO: ¡Esta viejita si es venezolana! ¡Por eso es que a mí me gusta esta viejita, cará. *(Saca una bandera venezolana toda desteñida, y los tres personajes se envuelven en ella).* ¡Vamos a tirarnos un mondongo pa' celebrá esto!

TODOS: ¡Viva Venezuela! ¡Abajo lo esóptico y er modelnismo!

Telón de Coleta

MISTERIO!...

Llegando a Maracay desde Caracas
hay un lugar, poblado de barracas,
donde hace el autobús una parada:
se llama ese lugar la Encrucijada.

El pasajero allí se ve a vapores,
pues lo usual es que a todos los que llegan
lo asaltan multitud de vendedores
que como garrapatas se le pegan
y en más de una ocasión hasta lo cargan,
y hasta que no les compre no lo largan.

Y entre aquel agresivo contingente
que ofrece desde flores hasta papas,
los que uno encuentra más son justamente
muchachos vendedores de cachapas.

Psajero que llega en autobús
lo acometen al grito de: ¡Cachapa!,
y ya le puede dar un patatuz,
pero de que le vendan no se escapa.
¡Y ay de aquel que de encima se los quita
porque comer cachapas no desea!,
pues entonces le pegan una pita
en la que siempre alguno le berrea:
—¿Y sino va a compral, pa qué se apea?

Pues bien, cuando hace poco en el país
surgió el actual problema del maíz,
en lo que yo pensé, más que en más nada,
fue en las cachapas de La Encrucijada.
—Ahora —me decía— que el maíz
no asoma ni siquiera la nariz,
¿qué será de esos pobres cachaperos
que les venden cachapa a los viajeros?

Y resultaron vanos mis temores,
pues cada vez mejores

SE DESPIDE DON LIBORIO
O EL CRONISTA VA A UN VELORIO

La muerte de don Liborio
Mascaburro y Colalzada
fue antenoche celebrada
con un rumboso velorio.

La elegante recepción
comenzó a las nueve en punto,
hora en que el culto difunto
pasó a ocupar el cajón.

Este fue muy elogiado
con frases harto halagüeñas
para el gusto del finado,
su señora y sus pequeñas.

Me impresionó la belleza
con que en una sola pieza
se mezclaron en sus chapas
—como el queso y las cachapas—
la elegancia y la tristeza.

Algo que estuvo exquisito
constituyendo un acierto,
fue el juego de ver si el muerto
había quedado igualito.

Hubo los clásicos tacos
de chocolate y bizcochos,
además de unos tabacos
achatados y retacos
como si fueran morochos.

A propósito del caso,
en los velorios de ahora
hay juegos que yo no paso
ni tampoco mi señora.

e cuanto a armar rochelas y grizapas,
allí siguen los mismos vendedores
vendiendo como siempre sus cachapas.

Ya ves, lector amigo,
y después hay quien dude que hablo en serio
y hasta se echa a reír cuando le digo
que el mundo es un misterio.

Por ejemplo, el del intruso
que en un momento confuso
se da al fogón su escapada
con el fin de hacer mal uso
de la comida guardada,
¡eso no es deporte nada,
eso lo que es es abuso!

O los juegos agresivos
como los de algunos vivos
que por hacer de ocurrentes
obsequian a los doliente
con tabacos explosivos.

Pero el velorio de anoche
—lo expreso muy complacido—
fue un auténtico derroche
del chiste bien entendido.

En fin, que sin menoscabo
de lo fino y lo decente,
cortaron oreja y rabo
como dicen vulgarmente.

LOS AMANTES DE VERONA
O EL FINAL DE UNA ENCERRONA

Personajes de este drama:
Julieta, Romeo, el Ama,
su madrina, su padrino
y un monje benedictino
que no estaba en el programa.

Principia nuestra opereta
con la fiesta o comilona
que en su mansión de Verona
dan los padres de Julieta.

Toda mimos y cuidados,
y ama de casa perfecta,
la madre de la interfecta
les sirve a sus invitados.

LA VIEJA: Marqués, ¿os gustó el hervido?

EL MARQUES: Señora, me ha deleitado;
lo que dejé fue el pescado.
No me gusta tan podrido...

Más atrás, un viejo chocho
comenta en un tono extraño:
—A mí me encanta el topocho,
pero siempre me hace daño.

A otra anciana, muy coqueta,
se le oye inquirir en broma
si el gallo usado en la olleta
era de tabla o de goma.

—¡Ese pan no hay quien lo coma!
—ruge el padre de Julieta.
¡Para ser una vigueta
lo que le falta es carcoma!

LA VIEJA: Y tú, querida Julieta,
¿no te sirves más batata?

JULIETA: No, madre; yo estoy en dieta
y la batata me mata,
pero en vez de la batata
dame una paila de olleta.

Un anciano alza su copa,
y en honor de los presentes,
con frases muy elocuentes,
propone un brindis de sopa.

EL ANCIANO: ¡Levantemos los litros de ron
por aquesta pareja insufrible,
cuyas Bodas de Vidrio Irrompible
se celebran en esta ocaisón!

Julieta deja su plato,
y explicando que es el sexto,
se para con el pretexto
de tomar bicarbonato.

Y llamando aparte al Ama,
le enseña el portón, y exclama:

JULIETA: ¡Ay ama, Dios nos socorra!,
figúrate que en la barra
hay un tercio en plan de farra
que trata de entrar de gorra.
Y no sé por qué he pensado
que se trata por lo fresco,
de aquel muchacho montesco
que me tiene el ojo echado.

EL AMA: ¿Cuál dices? ¿Aquél trovero
que anoche a cantarte vino
y a quien le salió el vecino
con un machete liniero?
¿Aquél que como un ratero
tras codiciado botín

se metió en nuestro jardín
y el precio de tal abuso
fue que tu padre le puso
de cachucha el bandolín?

Pues si es el mismo, Julieta,
hazle saber que si pasa
va a salir ya de esta casa
como un tiro de escopeta.

Pero el tercio logra entrar
y hacia Julieta echa a andar
como presa de un hechizo,
sim importarle un carrizo
lo que le pueda pasar.

JULIETA: (¡Qué distinguido, qué fino,
(Para sí.) qué formas tan sugerentes!
Sobre todo, por los dientes
parece un mismo cochino!)

(A Romeo) ¡Oh! ¿Cómo osáis, caballero,
violar el recinto austero
que mi existencia cobija,
sabiendo que soy la hija
de un padre tan capachero?

¿Es que ignoráis, voto a tal,
que en el pueblo de Verona
lo que no acaba en chirona
termina en el hospital?

¿Qué cada cual en su bando,
montescos y capuletos
nos la pasamos peleando
como unos mismos mampletos?

ROMEO: No soy montesco
(Llorando) ni capuleto,
soy un mampleto
sin filiación

que tras tus ojos
ando cegato
como va el gato
tras el ratón.
¿Ves este bulto
tan levantado
que tengo al lado
del corazón
y que parece
que en la casaca
cargo una hallaca
por precaución?

Eso es indicio,
Julieta amada,
de lo inflamada
que es mi pasión.
De amarte entonces
dame el derecho
antes que el pecho
me haga explosión.

Tal vez encuentres
intempestiva
tan emotiva
declaración;
mas, ¿quién se aquieta
ni tiene calma
teniendo el alma
como un jamón.

Julieta muere callada;
mas se nota en su expresión
que tiene ese corazón
como gallina asustada.

JULIETA: Perdonad, joven montesco,
si al principio metí el casco
cuando os recibí con asco
por causa del parentesco...

Os mostré un odio dantesco
y me habéis gastado un chasco,
pues escuchando el chubasco
de vuestro amor gigantesco,
mi alma fue como un peñasco
contra el cual chocara un frasco
que contuviera un refresco.

(*Llorando*): Brinca esta noche
por allá afuera
la talanquera
y el botalón;
para la oreja
junto al rellano
donde el anciano
tiene el colchón.
Y en lo que sepas
por el ronquido
que está dormido
como un lirón.
trepa la mata
de berenjena,
coge una buena
con precaución,
y la disparas
por este lado
sobre el tejado
de la mansión.
Tírala en forma
de que ella ruede
cual quien adrede
tira un balón,
que yo ante el ruido
diré en mi pieza:
"Ya el gato empieza
con su cuestión",
y so pretexto
de echar al gato

dejaré un rato
mi camastrón,
y a que me digas
cuánto me amas
saldré en piyamas
por el balcón.

ROMEO: Entonces vuelvo
después del cine,
cuando termine
la recepción.
Vete a tu pieza
dentro de un rato,
amarra el gato
por si acasón,
y en lo que el viejo
coja el petate,
tira un mecate
por el balcón.

JULIETA: Así he de hacerlo,
negro estimado;
mas ten cuidado
con la ascensión,
pues la botica
ya está cerrada
y aquí no hay nada
contra chichón,
salvo manteca,
limón asado
y un mentolado
que huele a ron.

ACTO II

Al levantarse el telón,
podemos ver a Julieta
asomada a la gaveta
que hace el papel de balcón.

Temblando como un conejo
se encuentra el joven parejo
de su amada en el jardín;
mas, siguiendo su consejo,
por no despertar al viejo
no le toca el bandolín.

Hecho todo lo indicado
se asoma al balcón Julieta
y lo obliga a que se meta
moneando un palo ensebado.

JULIETA: Amor mío, aquí estoy yo;
tiende, pues, tu leve escala
y pasa para la sala,
que el viejo ya se acostó.

Móntate por esa mata,
pero agárrate, querido,
mira que yo me suicido
si te quiebras una pata.

ROMEO: ¡Pues allá voy, vive Dios;
pero antes sabedlo, amada,
si me doy una matada
la culpa será de vos!

En cuestión de un santiamén
llega el tercio al terraplén.

ACTO III

Habitación de Julieta;
en escena el que la adora
y ellá, que a última ahora
se está haciendo la zoqueta.

JULIETA: Oye la alondra cantar
con sus dulcísimas notas.

ROMEO: No es la alondra, son las botas
(Fastidiado) que me chillan al andar.

(Atacón): Bueno; deja la varilla,
y a ver si me das un beso.

JULIETA: ¡Ay!, no, no; déjese de eso,
que me hace mucha cosquilla.

De pronto se abre un pipote
que está a los pies de la cama
y aparece un sacerdote
que no estaba en el programa.

ROMEO: Perdona la entrepitura
y que en tus cosas me meta;
pero contesta, Julieta:
¿qué hace en tu cuarto ese cura?

JULIETA: Es el padre Baltasar,
del templo de los Chireles;
•ya yo fijé los carteles
y él es quien nos va a casar.

ROMEO: ¿Conque esa fue tu intención?
(Furioso) ¿Conque arriesgando un chichón
a hacer vine por el techo
lo mismo que hubiera hecho
cualquiera por el portón?

EL AUTOR: Y así fue como al doncel
le llegó, por fin, su día,
pues salió de cacería
y al que cazaron fue a él.

ACTO IV

JULIETA: Con su trino siempre triste
ya canta la alondra afuera.
Márchate con tu escalera
por donde mismo viniste.

ROMEO: ¿Por qué, si ya soy tu esposo,
no he de salir por la puerta?

JULIETA: ¡Porque el viejo se despierta
y ese viejo es peligroso!

ROMEO: Le dirás que estás casada...

JULIETA: ¡Eso es jugarme el pellejo!
¡Tú sabes que ese es un viejo
que se calienta de nada!

Se van a un rincón aparte,
sollozan, hay besuqueo
y, al fin, se marcha Romeo
con su música a otra parte.

ACTO V

Ignorando que Julieta
tiene su trompo enrollado,
viene el viejo entusiasmado
con la siguiente receta:

EL VIEJO: Julieta, vete a comprar
tu cama y tu escaparate,
y acomódate en el bate
porque te vas a casar.

JULIETA: ¡Ay, papi! ¿Cómo va a ser?

EL VIEJO: Pues, así como lo escuchas:
El barón de Tres Cachuchas
quiere hacerte su mujer.

JULIETA: ¿Y si no quiero?

EL VIEJO: No importa.
¡Yo lo mando y sobra el resto!

JULIETA: ¡Oh cielos, cielos, he puesto
lo que se llama una torta!

Julieta cogió un capote
y en un camión de volteo
fue a hablar con el sacerdote
que la casó con Romeo.

Ya que todo os he contado,
haréis algo en favor mío ?

EL CURA: Pero vieja, eso es un lío
que no lo brinca un venado.

JULIETA: ¡Ay, padre, por compasión!

EL CURA: Vamos, no, no llores tanto;
acuérdate que del llanto
sólo queda la hinchazón.

Siéntate y para la oreja...
Tengo un plan de salvación
que no sé si es de tu agrado,
pues da muy buen resultado,
pero muy mala impresión.

JULIETA: No importa, estoy decidida.

EL CURA: ¿Lo estás? Entonces, querida,
pon estos polvos en agua
y empújate una pichagua
después de cada comida.

Esto te va a provocar
tanto sueño, hijita mía,
que mañana en todo el día
no te vas a despertar.

Al verte en tal situación,
que estás muerta pensarán,
y entonces te acostarán
largo a largo en tu cajón.

JULIETA: ¿Y entonces seré enterrada?

EL CURA: Pues claro, en un mausoleo...
Y al pasársete el mareo
te das una buena bañada,
te marchas con tu Romeo
y aquí no ha pasado nada.

EL AUTOR: Fue así como al otro día,
gracias a aquella receta,
ni con tobos de agua fría
se despertaba Julieta.

LA NODRIZA FRANCESA:	¡Madame, venir, madame!
LA VIEJA:	¿Qué os te sucede, Ruperta?
LA NODRIZA FRANCESA:	¡Qué el Julieta no despiegta ni echándole agua en el came!
EL VIEJO:	¿Qué le ocurre a nuestra hija?
LA VIEJA:	No entiendo qué le ha pasado: sin haberse desvelado se le pegó la cobija.
LA NODRIZA FRANCESA:	No le siente el cagasón...
EL VIEJO:	¡Muerta mi pobre doncella!... ¡Quédense ustedes con ella, que yo voy por el cajón!
EL AUTOR:	Aquí daremos un salto necesario, aunque notorio, a fin de pasar por alto los detalles del velorio.
TODOS:	¡Y así fue como esa chica, con sus mañas y sus modos, haciéndose la muertica, les metió el estray a todos!

Aquiles Nazoa. Año 1967. Fotografía de la primera edición de
"Caracas Física y Espiritual".

EL ARROCITO DE LAS LOPEZ

Cuando llegamos a la casa donde tiene lugar el arrocito, se oyen los últimos compases de la antiquísima guaracha *Taboga*. A los aplausos de las parejas danzantes que se separan, sigue un creciente siseo de los presentes, imponiéndose silencio unos a otros. La señorita de la casa avanza del corredor, remolcando materialmente a un señor que hace inútiles ademanes de protesta, y lo planta en el medio de la sala.

LA SEÑORITA: Bueno, ahora sí nos va a complacer el señor Rogelio, que va a echá una poesía aquí.

GRITO EN LA BARRA: ¡Púyalo! *(El grito es repetido por los invitados con un enérgico):* ¡Ssshhhhhiít!

EL SEÑOR ROGELIO:
¿Qué es madre? Madre es el nombre
que con letras de granito
por el mismo Dios fue escrito
en el corazón del hombre.

UNA SEÑORA: Eso es verdad.

TODOS: Shhhhhhh...

EL SEÑOR ROGELIO:
Cuando el dolor te taladre
y manen llanto tus ojos,
ponte un momento de hinojos
y acuérdate de tu madre.

(Aplausos de los invitados y grandes risas en la barra. Se restablece el ambiente festivo, y la acción pasa al corredor.)

SEÑORITA: Mira, mamaíta, hazme el favor de sacar a Bernardo de la sala. No está ahí sino metiéndoles zancadillas a todos los que están bailando.

SEÑORA: ¡Ay, Dios mío, ese muchacho del carrizo va a acabar con mi vida! *(Llamando):* Bernardo, mijito, salga de la sala. Venga a recogé más pepas de durazno pa que les saque lo de adentro, venga.

CARLOTICA: Ay, señor Narciso, usted va a perdonar que estamos escasos de plato, pero puede echar las pepas en la mata de palma con toda confianza, ¿sabe?

EL HOMBRE DE LA CASA: Mamaíta, ¿dónde está el tirabuzón pa destapá la ponche crema?

SEÑORA: No hombre, ¡qué tirabuzón, niño!… Eso se pone una almohada contra la pared y se le va dando así con el fondo de la botella, pum, pum, pum, hasta que el corcho coge viento y sale.

EL HOMBRE DE LA CASA: Pero es que no hay almohada, sino el cojín de la sala que tú dices que es de Perucho…

SEÑORA: De Perucho no, niño, de peluche. Mira, entre los corotos que se pasaron pal baño hay una almohada. Cógela. ¡Pero cuidado si la ensucias de ponche crema! Mira que esa es la mía y después me comen las hormigas.

(Empieza a sonar el tocadisco con "Taboga", que se pega fatigosamente en —boga mía —boga mía -boga mía.)

SEÑORITA: Ponga otro, Rodolfo, que ese como que está rayado.

SEÑORA: No hombre, déjelo, que eso no es el disco, sino el picó que se pega. Usté le pone una caja de fósforo encima y él sigue.

SEÑORITA: ¡Pues no es el picó! Ya yo voy a poné *Compae Gallo* pa que tú veas.

SEÑORA: Es lo mismo niña, no sean porfiada. Acuérdate que cuando mi santo no lo pudimos tocar porque cada momento se pegaba en -pae gallo -pae gallo -pae gallo… (Ay, yo no puedo contar eso porque me pego yo también.)

(Estalla un gran zaperoco de animal suelto en el tejado, con berridos de chivato.)

SEÑORA: ¡Virgen del Carmen!… Ya se soltó el chivato de al lado.

UN TIPO: Pero bueno, ¿y qué maní es ese que pasa por allá arriba, misia?

SEÑORA: Guá, niño, unos portugueses que viven ahí al lado, que compraron un chivato y yo no sé qué le pasa a ese bicho con Taboga. Cada vez que ponemos Taboga se suelta y empieza a correr por los techos.

(Al ruido del chivato vienen a agregarse unos golpes como de pilón, que retumban profundamente en el baño.)

EL TIPO: Pero, caramba, ese chivato debe estar sacando algún entierro. ¡Oígame eso!

SEÑORA: No, ahora no es el chivato. Ahora es Danilo destapando la ponche crema con la almohada. *(Tocan a la puerta)* ¿Quién es?...

MUCHACHITA: ¡Gente de paz!

SEÑORA: Adelante.

MUCHACHITA: Que manda a decí mi mamá que cómo están por aquí y que le haga el favor de no destapé botellas en ese lado porque se oye clarito y allá hay enfermo.

SEÑORA: ¡A caracha!... ¿Usted cree que yo me acordaba?... Danilo, Danilo!... *(Viéndolo salir enchumbado.)* Pero, Danilo, muchacho! ¿Qué te pasó, Danilo?

DANILO: Guá, que me resbalé en el baño, y pa no caeme me agarré de la cadena de la regadera y la regadera se abrió.

SEÑORA: ¡Ay mi madre!... ¡De seguro que ya mojaste las colchonetas; Cada vez que hay fiesta en esta casa se mojan esas colchonetas... Y después, en la noche, es la gran tranca pa acostase: nadie quiere dormí en las colchonetas mojadas.

SEÑORITA: Mal jueguito le diste a Bernardo, mamá. Ahora anda con el martillo machacando pepas de durazno por todo el suelo, y ahorita le dio un martillazo por el pie a la señora Josefa.

(La señora Josefa viene atrás haciendo sorbidos labidentales y quejándose sordamente del martillazo.)

SEÑORA JOSEFA: Schf... uhm... uhm... ay...

SEÑORA: Pero bendito sea Dios que ese condenado muchacho va acabar con mi vida!... ¡Bernardo, vaya a dejar ese martillo, que usté no puede hacer fuerza!... ¡Dígame eso!... Menos mal que el martillazo se lo dio a la señora Josefa que es de confianza. Porque si llega a dar a un mosaico de esos, hubiera yo pasado esa pena con el dueño de la casa. ¿Le duele mucho, señora Josefa?

SEÑORA JOSEFA *(feroz):* No. El me anestesió antes de darme el martillazo.

BERNARDO *(llegando, chismoso):* Mamaíta, aquí Lucrecia me
está diciendo que cuando se vaya la visita le voy a dejá
una oreja en la mano!...

SEÑORITA: Embuste, mamaíta, fue que él se puso a bailá con
el perro y no deja bailá a la gente tranquila.

SEÑORA: Bueno, ya está, Bernardo, vaya a decirle a los portugueses de al lado que amarren el chivato, que vamos a
poner Taboga.

*(Vuelve a rodar el disco, y de nuevo se pega en -ga mía -ga
mía.)* Denle un empujoncito, que él se compone en lo
que pase "yo no te puedo olvidar".

SEÑORITA: Ay mamá, por Dios. ¿y por qué no te pusiste los
zapatos?... ¿No te da pena que te vean esos talones que
parecen unos cochinos?

SEÑORA *(herida):* Guá, si no te gusta que tus invitados me vean con esos talones, cómprame otros talones y ya está.
Demasiado sabes tú que yo no puedo calzar porque me
da hormiguillo.

CARLOTICA: Mira, Dolorita, llama con disimulo a José Gre-
gorio, que está bailando muy feo, chica.

SEÑORA: ¡Yo lo dije!... ¡Yo lo dije!... Ese hombre no puede
oler una copita, porque ahí mismo se pone a bailá ruca-
neado.

*(Estampido de una botella que alguien ha batido contra el
suelo. De la sala emerge un rollo de gente que viene llevándose por delante todo lo que encuentra, en una ruidosa pelea.)*

VOCES: ¡Ahí lo tiene, pues, cará! ¡Ahí lo tiene!... ¡No, no,
con navaja no!

UN GUASON: ¡Un momento, que hay piojito!

UNA MUJER: ¡Ay, le desprendió el bolsillo!

SEÑORA: ¡Ay, pero si es Danilo!... ¡Danilo, por caridad, mijito, acuérdate que tú no puedes hacer fuerza!...
¡Danilo, déjate de eso, que tú estás recién herniado!

SEÑORITA: ¡Ay, Dios mío, se van a matar!... ¡Sepárelos usté, señor Narciso!

SEÑOR NARCISO: ¿Yo? ¡Qué váquiro, cochino! ¿Y si me sal-
pican con un cabezazo de esos?

(Aspaviento de algo que ha caído, con un golpe seco, y se ha hecho pedazos. Gran carcajada de la mayoría)

EL GUASON: ¡Eso si que estuvo como pa cogé palco!... Cogió la mata e palma pa dale por la cabeza con el pote, y el pote se le salió y le dejó la mata en la mano.

DANILO *(bufeante):* ¡Con mi hermana no vienen ningún lambucio a bailá rucaneao!... ¡Es preciso que sepa que aquí hay un pantalón!

EL CONTRICANTE: (con voz chillona): ¿Y quéééé? ¿Qué me vas a hacé tú con tu pantalón a mí? ¿Tú me vas a asusta a mí con tu pantalón?

UNA ANGUSTIADA: ¡Quítenselo, quítenselo!

EL GUASON: ¿Cómo es el golpe?

LA ANGUSTIADA: ¡Quítenselo, que lo va a matar!...

EL GUASON: ¡Eso sí que estuvo como pa cogé palco! Yo creía que era que le quitarán el pantalón!

SEÑORA: Mire, señor, tenga la bondad de dejar ese vasito ahí. Mire que usté tiene muy mala bebida.

EL GUASON: ¿Mala bebida? ¡No oh, misia! ¡Mala bebida es el lavagallo ese que ustedes dan aquí!

(Danilo produce un ruido extraño con la garganta, a causa de que el otro le tiene la mano metida en la boca.)

CARLOTICA: ¡Pero no sea criminal, señor! ¡Sáquele la mano de la boca, que lo va a ahogar!...

EL CONTRICANTE: ¡Es que él me la tiene mordida y no afloja!

SEÑORA: ¡Ay, qué angustia, Genoveva! Pon un disco pa disimular.

(Empieza, una vez más a sonar "Taboga", que como de costumbre, vuelve a pegarse en -ga mía -ga mía, ahora sin que nadie le haga caso por atender al pleito. Segundos después de empezar el disco, la casa comienza literalmente a estremecerse, lo que indica que el chivato de al lado ha cogido el techo; y al estruendo infernal que forman todas estas cosas juntas, viene a sumarse el de la barra que, al verse privada del espectáculo por habérsele cerrado la ventana, ha levantado una gritería de pronóstico.)

TELON RAPIDO

DELICIAS DEL TIEMPO ACTUAL
CRONISTA QUE "DAN LA HORA"
UNA RESEÑA SOCIAL
O COMO SE ESCRIBE AHORA

En la elegante mansión
de don Mamertino Plasta,
un gran juego de canasta
tuvo antenoche ocasión.

Su esposa doña Leonor
y su sobrina Pichicha,
amarraron una bicha
de las de marca mayor.

El juego duró tres horas
y fue dado a beneficio
del Comité pro señoras
que no pagan el servicio.

De la gente que allí había
recuerdo al Gocho García
y a la Nena Morgallete,
quien se casa el diez y siete
y el diez y ocho espera cría.

También vi a Ramiro Nava
y al doctor Hadgialy Divo
charlando sobre el cultivo
del gusano en la guayaba.

Puesta en los corredores
las mesitas de paleta,
allí hasta la camiseta
perdieron los jugadores.

Como agradable sorpresa
míster Plasta y su mujer
nos llamaron a la mesa
para echarnos de comer.

El menú fue delicado:
mute, mondongo, tequiche
y tapiramo picado
con conchas de arepa piche.

La mesa se vio asistida
por húespedes tan despiertos
que al terminar la comida
ya no quedaban cubiertos.

Para animar el festín,
el joven Luis Bellorín,
que también era invitado,
contó un cuento colorado
con títulos en latín.

Pero la nota saliente
fue la rifa del colchón
en el que recientemente
se murió cierto pariente
del distinguido anfitrión.

AL NAZARENO DE SAN PABLO

Tú que fuistes, Señor, tan dulce y bueno;
y que tan noble corazón tuviste;
tú que consuelo le brindaste al triste
y el dolor tuyo hiciste del ajeno;

Tú que en nieve trocaste el torvo cieno
y en dulce vino el agua convertiste,
y en premio a tanto amor como el que diste
te dieron una cruz, oh Nazareno.

Vuelve ahora a nosotros tu mirada
y si tu corazón aún se apiada
por lo que el hombre sufre y lo que llora.

Entonces, Oh Jesús, en esta hora
nuestro clamor escucha y nuestros lecos,
¡Y líbranos, Señor, de los adecos!

HERNANI DE VICTOR HUGO
O EL AMOR FUE MI VERDUGO

Personajes principales:
Doña Sol, la condesita
que pinta, toca y recita
y pesa veinte quintales
por la medida chiquita.

Y un tío de la doncella
que aunque pinta muchas canas,
no puede aguantar las ganas
de apersogarse con ella.

Por supuesto, doña Sol
con respeto al viejo acata,
pero en el fondo lo trata
como si fuera un perol.

No diremos que lo esquiva
ni que a humillarlo propende,
pero sí que se defiende
como gata boca arriba.

Pero lo más singular
es que el pobre vejestorio
ya da por hecho el casorio
y hasta da fecha y lugar.

Y en tanto el novio senil
compra el radio y la nevera,
la mopa, la pajarera
y el juego de aguamanil.

Hay un mozo de Aragón
que al irse el viejo a la cama
sube al cuarto de la dama
moneando por el balcón.

Y es el lugar de la acción
un castillo en Zaragoza
donde todo el mundo goza
menos el viejo en cuestión.

ACTO PRIMERO

Doña Sol en su aposento
y en escena su mucama,
y un piano color cemento
que hace juego con la cama
y en el que suele la dama
tocar música de viento.

(Entra un tercio de capote
con la capa hasta las cejas,
el pelo hasta las orejas
y el sombrero hasta el cogote.)

DOÑA JOSEFA: ¿Sois Hernani, tan temprano?
¡Qué temeraria imprudencia!
Menos mal que el noble anciano
está en el Aseo Urbano
dictando una conferencia
que se titula La Influencia
del Cochino en el Marrano.

Aquí el tercio se destapa
y a la criada que se escapa
le ordena con voz sonora:
—Anda dile a tu señora
que la busca Care Papa!

DOÑA JOSEFA: ¡Vive Dios, me he equivocado!
Ese rostro enmascarado
no es la faz dulce y risueña
del tercio con quien mi dueña
tiene su trompo enrollado.

EL TERCIO: ¿A otro esperabais acaso?
Pues si viene que haga cola,
y si hacia adentro da un paso
os juro que lo traspaso
con esta daga española!

DOÑA JOSEFA: Mas, oigo pasos, señor,
y son pasos de pie plano.

¡Corred, que viene el an
¡Corred por el corredor!

EL TERCIO: ¿Segura estáis que es el
¡Pues entonces, basirruque!
Conseguidme un escondite
pues ese duque es casquite
y hay que huir de su retruque
cual del ciclón huye el buque
y el perro del mapurite!

DOÑA JOSEFA: Meteos en esta caja,
mas cuidado si se raja,
se ensucia o se deteriora,
que allí es donde la señora
guarda de noche su faja.

EL TERCIO: Pues si eligió tal empaque
para prenda tan idiota,
¡cómo será esa cajota
donde guarda el miriñaque!

Escóndese el caballero
y entonces hace su entrada
con su cara muy lavada,
Hernani Portocarrero.

HERNANI: Por trepar, oh, doña Sol,
a este balcón adorado
por poco quedé colgado
del guaral del quitasol.

Por llegar a estos confines,
oh, doña Sol, donde estás
he cruzado tus jardines
entre rosas y jazmines
con treinta perros atrás.

Y después de haber sufrido
tantos tormentos por verte,
falta que tú hayas salido...
¡porque yo tengo una suerte!...

Aparece Doña Sol
y emocionada en exceso
a Hernani le acuña un beso
que lo deja tornasol.

DOÑA SOL: Mi tucusito ermitaño,
(muy cariñosa) mi gavilan, mi palomo
te estoy esperando como
caimán en boca de caño!

Pues te tengo un chisme cruel:
figúrate que mi tío
volvió a cogerla, amor mío,
con que me case con él.

HERNANI: ¡Ah no!... Yo haré lo inaudito
contra el destino que fragua
lanzar tu cuerpo bendito
en brazos de ese viejito
que ya está mascando el agua!

En esto, de sopetón,
sale el que estaba escondido
con el cuerpo más torcido
que un colador de almidón.

EL TERCIO: Perdonad la intromisión,
mas morir prefiero a flote
que aguantar en el cogote
la tapa de ese cajón.

HERNANI: Explicaos, caballero;
explicad claro y ligero
que hacías en esa caja
donde se guarda la faja
de la mujer que yo quiero!

EL TERCIO: Vine en pos de esta doncella,
pero encerrado en la caja,
después que he visto su faja
no quiero nada con ella.

Se oyen golpes en la puerta,
y doña Sol, como muerta,
exhala un grito: ¡Ay, dios mío!
Ese debe ser mi tío
que de nada se despierta!

VOZ DEL VIEJO: ¡Abrid pronto, vive Dios!
¡Abrid, que no es permitido
que a un anciano desvalido
lo estén tumbando entre dos!

Corre a abrirle Doña Sol,
y entra furioso el vejete
blandiendo un viejo machete
del Siglo de Oro español.

EL VIEJO: ¡Ah, viles, no hacen mella
ni se os importa un pito
ni el honor de una doncella
ni las canas de un viejito!

¡Con qué soltura se ultraja
de un anciano la mansión:
mientras el uno entra en caja
el otro se roba el jon!

Mas por mi raza española
os juro que con mi acero
ya os voy a dejar el cuero
como un rollo de pianola!

Pero cuando va a rasparlos
se le ocurre examinarlos
a la luz de una bujía,
y exclama: Virgen María!
Por poco mato al Rey Carlos!)

EL VIEJO: Rey Carlos, vaya un error!
Mas ya que por su realeza
no alcanzó vuestra cabeza
mi machete vengador,

              ¿queréis hacerle a mi honor
              un servicio de los buenos
              permitiéndome que al menos
              se la corte a este señor?

EL REY: Permíteme que lo sienta,
              mas como otra grave afrenta
              tengo también que cobralle,
              déjame eso de mi cuenta
              que yo lo arreglo en la calle!

EL VIEJO: Y en cuanto a vos, Doña Sol,
              os odiaré mientras viva,
              pues tamaña lavativa
              no se le echa a un español.

HERNANI: Pero ella muere en su ley,
              que aunque chillen y hagan uy,
              ni fue la amante del Rey
              ni fue la esposa del Ruy.

Telón.

HE DECIDIDO APRENDER CHINO

Para enseñar el chino en Venezuela,
se ofrece un profesor venezolano
nacido en cierta capital del Llano,
pero que estuvo en China, en una escuela

Si hay quien oyendo radio se desvela
o trasnocha en el cine, que es tan vano,
¿cómo no va a haber más de un ciudadano
que estudiar por las noches quiela?

El profesor me invita a que me inscriba
para que clases yo también reciba
desde el quince de agosto venidero...

Tal vez, pues, cambie pronto mi destino:
mañana mismo empiezo a aprender chino
y después me dedico a lavandero.

HIGH LIFE

Impecable en su frac, el financista
baja del automóvil. Lo acompaña
una rubia de porte imperialista
y cabellera de color champaña.

Como dirá mañana algún cronista,
ella, siempre tan chic y tan extraña
parece una portada de revista
en verde Nilo y en azul montaña.

Y comienza el concierto. La señora,
que ama a Beethoven y a Chopín adora,
le dice a su galán en un susurro,
que no perciben los demás oyentes:
—Ay, Gustavo, Gustavo, ¿tú no sientes?...
Aquí hay una hedentina como a burro...!

RANCHERA DONDE SIEMPRE HAY
ALGUIEN QUE SE LLAMA RAFAEL

En carta desde Cagua,
un bachiller de Aragua
llamado Rafael,
me dice que él quisiera
que escriba una ranchera
para cantarla él.

Y aquí le escribo una
que, aunque sin gracia alguna,
ni exceso de oropel,
con mi mejor empeño
dedico a ese cagüeño
llamado Rafael.

Donde nos conocimos
fue casa de mis primos
Crisógeno y Manuel,
y tú entonces, por cierto,
vivías con un tuerto
llamado Rafael.

Mirándonos las caras
yo te dije a las claras
que rompieras con él,
y te llevé a un bohío
que era de un tío mío
llamado Rafael.

Pero un día en Baruta
me agarró la recluta
y me pegó el cordel.
Y fui a tener a Oriente
al mando de un teniente
llamado Rafael.

Allí pasé los días
y tú no escribías

siquiera ni un papel,
hasta que al fin un cuento
me llevó allá un sargento
llamado Rafael.

El cuento me informaba
que mientras yo pasaba
trabajo en el cuartel,
dejándome en el lastre
te fuiste con un sastre
llamado Rafael.

Después supe en Valencia
que como consecuencia
de aquella unión con él
tuviste un muchachito
trigueño y retaquito
llamado Rafael.

Así de esta manera
termina la ranchera
que a una mujer infiel,
llorando le ha cantado
un charro despechado
llamado Rafael.

REENCUENTRO
Poema para ser recitado por radio.

Después de tantos años
volvimos a encontrarnos... ¿Lo recuerdas?
Ya en el lento crespúsculo asomaban
las primeras estrellas,
y el cielo parecía, de tan limpio,
que le hubieran pasado una coleta.

¿Qué podía decirte sino: "Hola",
interjección bisílaba que emplean
a modo de saludo
dos seres conocidos que se encuentran?

Y te tendí la mano,
y me tendiste tú la mano aquella
que un día fue la mano que más quise,
la mano que más quise en esta tierra,
sin sospechar que luego aquella mano
sería para mí la Mano Negra!

De la "boite" a la íntima penumbra,
cogimos una mesa:
yo pedí una ensalada de gallina,
tú pediste paella,
y diciendo: —Olvidemos el pasado,
te pegaste a comer como una fiera.

Luego vino aquel brindis con mondongo
que te puso tan lírica, ¿recuerdas?
Y tu conversación fue como un bálsamo
que a perfumar viniera mi tristeza.

Nunca llegó una voz tan a lo hondo
de mi alma de poeta,
como cuando me hablaste, entre sollozos,
de lo cara que estaba la manteca!

Ni miraron mis ojos unos ojos
iluminarse de una luz tan tierna

como cuando mirándome a los míos,
como buscando en ellos la respuesta,
con infantil afán me preguntaste
si daban urticaria las arepas.

¿Cuánto tiempo duró nuestro coloquio?
No sé. Mi corazón sólo recuerda
que en el instante en que abrazarte quise,
cuando ya estabas en mis brazos, trémula,
recordando a tus hijos
me dijiste: —¡No, espera!
Y cayendo a mis plantas de rodillas,
como una mártir griega,
recogiste una rueda de pescado
que andaba por debajo de la mesa!

BABILANDIA

Como en cartel no hay nada, francamente,
que convide a meterse en vespertina,
he cambiado de planes, y en la esquina
de La Torre me paro a ver la gente.

Pero algo raro está pasando enfrente,
pues con agitación de ventolina
todo el mundo a la plaza se encamina
en medio de un escándalo imponente.

¿Qué podrá ser? ¿Un mitin? ¿Algún lío?
Como no es la indolencia el fuerte mío,
corro también a ver lo que solaza

o aterroriza a tantos compatriotas.
¡Y es que acaba de ver un limpiabotas
una iguana en un árbol de la plaza!

EL PROGRESO Y LOS COROTOS

Si lo inútil, lo ruin, lo estrafalario
es —como aquí se piensa de ordinario—
indicio de progreso,
sin vergüenza ninguna lo confieso:
yo debo ser un gran retardatario.

Pues para mí el progreso es lo contrario:
un estado de cosas en que todos
de ennoblecer su vida tengan modos
—como lo ha dicho más de una eminencia—
con la ayuda del arte y de la ciencia.

Una cosa, por eso, es progresista
en cuanto civilice a quien la use,
pero no porque brille a simple vista
o porque a las orejas engatuse.

¿Podrá ser progresista, valga el caso,
la mejor motorola
porque toque cien discos ella sola?
Por el contrario, es un factor de atraso
y un foco de mal gusto... Y, sin embargo,
no hay un solo negocio, por desdicha,
que no tenga su bicha.
Y de ellas están los dueños muy ufanos,
aunque, en cambio, no tengan lavamanos.

Pero, ¡ay!, entre nosotros lo frecuente
es creer progresista cualquier cosa,
aunque inútil nos sea o estorbosa,
el todo es que trabaje con corriente
y resulte estridente.

¿Qué ganamos con eso?
Que ajenos al auténtico progreso,
por hacernos del falso tan devotos,
del atraso seguimos siendo esclavos
como en tiempos remotos,
y si no se nos nota el taparrabos
es porque nos lo tapan los corotos.

360

A UN RADIO ESCUCHA

Amigo radioescucha
que te pasas la vida oyendo radio,
que si eres peatón vas por la calle
con la oreja pegada a tu aparato
y si un carro manejas
escuchándolo vas dentro del carro...

Amigo radioescucha
que intoxicas tus tímpanos a diario
con el veneno ruin de los boleros,
con la bazofia cursi de los tangos
o con la llorantina vergonzosa
de los valses peruanos...

Amigo radioescucha
que del silencio ignoras los encantos
y del mundo no escuchas otras voces
que las de los anuncios de la radio,
y al vibrante drama de la vida
—al que tú mismo estás incorporado—
prefieres los tonantes culebrones
del analfabetismo organizado...

Amigo radioescucha
que te pones tan bravo
cuando pegado vas de tu coroto
si alguien te dice: —¡Bájalo...

Amigo radioescucha,
dime una cosa, hermano:
después de haber pasado todo el día
escuchando la radio,
oyendo locutores
tartamudos, chillones, mentecatos,
llenando tus oídos de bazofia
—es decir, de boleros y de tangos
y de radio-novelas

y de valses peruanos—,
¿te has preguntado, dime,
después que ya el coroto has apagado
y en tu cama te acuestas y te quedas
contigo mismo un rato,
te has preguntado, amigo radioescucha,
¿qué te quedó de un día oyendo radio?

COSTUMBRES QUE DESAPARECEN

Hoy quiere hacer memoria
mi pluma costumbrista
de un vieja costumbre
que ya nadie practica;
una costumbre de esas
que están hoy extinguidas
y a la cual en Caracas
le deben hoy en día
su renombre y su fama
muchas grandes familias.

Antes en las pensiones
y casas distinguidas
cuando alguna señora
mataba una gallina
tiraba para el techo
las patas y las tripas
y a los pocos minutos
ya estaban ahí arriba
diez o doce zamuros
que a comerse venían
las tripas y las patas
que botaba la misiá.

A veces uno de ellos,
por estar de egoísta
el vuelo levantaba
llevándose una tripa,
y en la tripa enredada
una teja se iba,
por lo cual en Caracas
una casa no había
que no tuviera siempre
varias tejas corridas.

Pero a pesar de eso,
seguían las familias

tirando para el techo
las patas y las tripas,
y cuantos más zamuros
al tejado venían,
más contenta en la casa
la gente se ponía,
pues aunque les volvieran
el tejado papilla,
en aquella Caracas
los zamuros servían
para que el vecindario
viéndolos ahí arriba
conociendo las causas
se muriera de envidia.

¡Qué costumbre tan bella!
¡Qué costumbre tan lírica!
Bastaba que en el techo
de la casa vecina
alguien viera un zamuro
comiéndose una tripa
para que de inmediato
corriera la noticia:
—¿Te fijaste, fulana?
Voltea para arriba,
¿Qué tendrán las Mengánez
que mataron gallina?

O bien se lo callaban
porque eran gentes dignas,
pero viendo al zamuro
para sí se decían:
''En la casa de al lado
están dándose vida.''

Pues bien, esta mañana,
recordando esos días
en busca de un zamuro
tendí al cielo la vista

y aunque busqué en los techos
e indagué en las cornisas,
al no hallar a ninguno
donde tantos había,
pensé casi llorando
con tristeza infinita:
O en Caracas la gente
ya no come gallina,
o a los techos ahora
nadie tira las tripas!

Aquiles Nazoa en El Calvario. 1976.

EL INFIERNO RODANTE

Un crujiente montón
de abollado latón
que vomita, al pasar, sobre el viandante
un humo turbio, fétido, asfixiante.

Unos asientos hechos
al máximo de estrechos
provisto de una especie de bojotes
sucios, rotos, más duros que Monote
y en los que viaja usted casi en cuclillas
sin saber cómo hacer con las rodillas.
Y esto si no le toca ir parado,
besándole el cogote al que va al lado.

Un timbre que no suena
porque tiene la cuerda reventada,
y un chofer que no atiende o se envenena
si se le pide a voces la parada.

Unas descalabradas ventanillas
con el vidrio atascado o vuelto astillas;
una lámina entera despegada
que causa, en un frenazo, una cortada;
un piso con los hierros levantados
hundiéndose en los pies de los parados,
y unas costras oscuras en el piso
que parecen casabe untado con guiso.

Una puerta de atrás que no funciona
cuando se va a bajar una persona,
o que funciona tan violentamente
que, de darle donde es, mata a una gente.

Y, sobre todo esto, una hedentina
tan fuerte y tan tenaz a gasolina,
que, sin echarse un palo, hasta el más macho
si hace el viaje hasta el fin, llega borracho.

Este infernal suplicio,
digno de Adolfo Hitler y su corte
se llama aquí "Servicio
Público de Transporte".

LOS AUTOBUSES DEL INTERIOR

Si en Caracas viajar en autobús
es, no obstante, su corto itinerario,
para los pasajeros un calvario
que deja tamañito al de Jesús,
hay algo aún peor:
viajar en autobús al interior.

A muchos que aquí pasan por muy machos
porque un toro derriban por los cachos
y a subirles la voz no hay quien se atreva,
debiera ponérseles la prueba
de encaramarse en esos mamarrachos:
Que hasta el más valeroso ciudadano
coge uno aquí, en el Metropolitano,
y esperando no más a que se vaya
ya antes de comenzar, tira la tohalla.

Figúrate, lector, si toda espera
por latosa exaspera
aún en buen salón, con amplias sillas,
¿cómo será en un carro todo sucio
en el que viaja usted casi en cuclillas
y pegándole al techo el occipucio?

Y cuando el mamarracho sale al fin,
cree usted que se va, pero ¡qué va!
Camina cuatro cuadras y ya está:
a coger gasolina va a Junín
y a revisar los cauchos y el aceite,
y allí se está dos horas detenido,
dándole tiempo a usted de que se afeite
la chiva que esperando le ha crecido.

Pero de pronto, a un ¡Vamos! del chofer,
el fulano autobús dice a correr
como si hubiera visto a Satanás
o acaso algo peor,
prisa que ha provocado el colector
al decir que "Manteca" viene atrás.

Y entonces, ¡ay del pobre pasajero!
Tenso, la vista fija en el volante
y agarrado al asiento delantero,
ya no podrá pensar desde ese instante
sino que está oloroso a voladero.

Y si al chofer le pide por su madre
que recorte un poquito, es lo seguro
que éste responderá: —Qué va, compadre...
¿Y usted no era el que estaba con apuro?...

Total: treinta minutos "rosca y rosca"
y a una velocidad que al diablo amosca,
sólo porque la idea les obseca
de no verse pasados por "Manteca".

Pero súbitamente, cosa rara,
el autobús se para
frente a cualquier negocio del camino,
y mientras el chofer compra cochino
y el colector molesta a un billetero,
allí le sale moho al pasajero.

Y al que siquiera esboza una protesta,
de los dos el más rudo le contesta
o con alguna "chapa" que lo humilla
o con lo que es peor: con la manilla.

Yo proclamo por eso a todo trapo
que el que al cañón se enfrente o al obús,
será muy guapo, pero no tan guapo
como el que al interior va en autobús.

SALIR EN TELEVISION

La más grande aspiración
de muchos que "astros" se sienten
es que el chance les presenten
de actuar en televisión.
Yo, que en más de una ocasión
he tenido ese placer,
un cuento les voy a hacer
—si el lector me lo permite—,
que a algunos tal vez les quite
las ganas de aparecer.

El cuento puede empezar
cuando usted, como un cañón,
se aparece a la estación
que lo va a televisar;
recorre todo el lugar
con mirada zahorí,
toca allá, pregunta aquí
buscando al que lo ha citado,
¡y ocurre que del malvado
no hay ni sombra por allí!

Harto ya usted de esperar,
llega el tercio a la carrera
y le dice que qué espera,
¡que se vaya a maquillar!
Y entonces lo hacen entrar
a un monísimo salón,
del que, a fuerza de loción,
colorete y brillantina
sale usted como Cristina
después de la operación.

No halla usted dónde meter
aquel rostro repintado
mientras piensa avergonzado:
"¡Si me viera mi mujer!"...

Mas ya se va a proceder,
pasamos al interior,
y es tan grande su temblor
del "estudio" ante la entrada,
que ya usted no quiere nada:
¡lo que quiere es un doctor!

Llega el momento de actuar
y usted, mudo y tembloroso,
presa de un miedo espantoso
no sabe cómo empezar;
de nada valió ensayar
con tanta anticipación!,
pues frente a aquel perolón
que lo enfoca inquisitivo,
se pone usted como chivo
cuando hay ternera en Falcón.

Otras veces el terror
sobreviene al cabo rato,
por culpa de un aparato
que llaman el Monitor,
un bicho que el director
ha puesto allí con la idea
de que usted mismo se vea
y se duela en lo más profundo
de haber venido a este mundo
con una cara tan fea.

Termina la trasmisión
y está usted como humillado,
consciente de haber quedado
como un solemne... simplón.

Así es la televisión:
para el vidente, un placer,
mas para el que ha menester
de enfrentarla en su guarida,
¡esa bicha es más temida
que un pleito con un chofer!

LE CHIEN ET MOI

En los países del Lejano Oriente
—lo vi en el cine ayer— hay ciertas zonas
donde, sin encontrarla repelente,
comen carne de perro las personas.

El perro allá es un plato tan corriente
como aquí en Cumaná las pepitonas,
y le complace tanto a aquella gente
que al comerlo no dejan ni boronas.

Yo en cocina oriental no soy muy ducho,
pero, en cambio, de perros sí sé mucho
como para decir claro y raspado

que aunque sea un manjar muy exquisito
y aunque con trufas me lo sirvan frito,
¡yo no me como un perro ni amarrado!

SERENATA A ROSALIA

Levántate, Rosalía
a ver la luna de plata
que el arroyuelo retrata
y el lago fotografía...

Levántate, vida mía;
¡anda, pues, no sean ingrata!
Levántate con la bata,
o sin ella Rosalía.

Ay, levántate mi nena:
sé complaciente, sé buena
y ¡levántate, por Dios!

Levántate, pues, trigueña,
que esta cama es muy pequeña
y no cabemos los dos!

LA FAMILIA TRAGALDABA
O HISTORIA DE UNA GRAN FIESTA
QUE TERMINO EN TRAPATIESTA
CUANDO MENOS SE ESPERABA

Personas del microdrama:
Don Pepe, Doña Tapioca
y una niñita que toca
y además pinta y declama.

Al levantarse el telón
la Tapioca en referencia
prepara su residencia
para la fiesta en cuestión.

UN CRIADO: ¿Qué lámpara se coloca
sobre el pañito bordado?

LA VIEJA: Pon la que imita un pescado
con el bombillo en la boca.

EL COCINERO: Señora, dice Benito
que le consiga un zapato,
porque hay que matar al gato
para rendir el diablito.

LA VIEJA: Pero bueno, Sinforoso,
¿cuántas veces les he dicho
que respeten a ese bicho
porque matarlo es pavoso?

DON PEPE: Mi amor.
(entrando)

LA VIEJA: ¿Pero dónde estabas, Pepe?

DON PEPE: Preparando la tisana.

LA VIEJA: ¡Eso es! ¡Tú estás de mangana
mientras yo sola echo el nepe!...
¿Te mediste la levita?

DON PEPE: Tiene las manga choretas,
y además, las tijeretas
le comieron la colita.

LA VIEJA: No te preocupes, querido,
que eso lo compongo yo:
cortándole lo comido
te queda como un paltó.

O, si no, espera... ¡Ciriaca!...
Ve y dile a la mandadera
que pregunte en la chivera
cuánto vale una casaca!

UN CRIADO: Señora, dice Torcuato
que qué se pone de ornato
entre el piano y el armonio.

LA VIEJA: Ya se lo dije hace rato:
dile que ponga el retrato
de mi primer matrimonio.

(llamando): ¡Pepe!...

DON PEPE: ¿Qué es corazón?
(llegando)

LA VIEJA: ¡Qué dejes la caña quieta!
Si sigues esa retreta
vas a acabar con el ron!

DON PEPE: Es que estoy haciendo chicha...

LA VIEJA: Se te nota en el color...
Si sigues haciendo chicha
vas a amarrar una bicha
de las de marca mayor!

OTRO CRIADO: Manda a decir Valdivieso
que qué se pone en la sala,
porque ya el Nerón de yeso
tiene la lira muy mala.

LA VIEJA: Ya se lo dije a Ruperta
que ponga, como acostumbra,

el Manolete que alumbra
cuando uno cierra la puerta.

Y tú, Pepe... ¡Pero Pepe!
¿Dónde diablos te has metido?...
¡Qué castigo de marido!
¡Ya fue a pegarse otro lepe!

CAPITULO SEGUNDO

EL PIANO EXPLOSIVO

Va a continuar la función;
pero, en lugar del telón,
el autor la mano saca
y levanta la casaca
del distinguido anfitrión.

Ya la fiesta ha comenzado:
se brinda con caraotas
y al fondo se oyen las notas
de la orquesta Valse Aguado.
Es un conjunto sencillo
y hay dos músicos en él:
uno con plato y cuchillo
y otro con peine y papel.

La vieja, vuelta un caimán,
al portero del zaguán
le entrega una cachiporra
para evitar que de gorra
se introduzca algún vivián.

LA VIEJA: Ya lo sabe, Pantaleón,
mantenga el ojo pelado,
pues entre tanto invitado
nunca falta algún gorrón!

UN CRIADO: Perdón, señora, allá afuera
la reclama su marido.

LA VIEJA: ¿...?

EL CRIADO: Parece que en un descuido
se perdió la escupidera.

A trancos extraordinarios
doña Tapioca se aleja
y apenas sale la vieja
comienzan los comentarios.

UNA INVITADA: ¿Ya te fijaste en Tapioca?
Con esa especie de toca
parece una pajarraca.

OTRA: Pues yo me encontré a don Pepe
y de la risa eché el nepe
cuando le vi la casaca.

UN GUASON: ¿De dónde la habrá sacado
para estrenarla en la fiesta?
¿Verdad que con ella puesta
parece un confederado?

(Vuelve la vieja)

LA VIEJA: Aquí tiene, don Damián,
cómase este sanguchito.
Me perdona lo chiquito,
pero está muy caro el pan.

Entra don Pepe en acción,
y apenas se le divisa,
todo el mundo de la risa
se desmaya en el salón.

DON PEPE: Y ahora, ¡una gran sorpresa!
Nuestra niñita Teresa,
a complacerme ha accedido
y va a interpretar al piano
el valse venezolano
"No llores, Guaire querido".

Se levanta un sobrecama
don Pepe a aplaudir invita

*y aparece una sordita
que no estaba en el programa.*

LA SORDITA: *Allí donde las aguas*
(cantando) *arrástranse tranquilas
bañando a las anguilas
con jugo de carbón;
allí donde del Guaire
la linfa es más risueña,
allí entre peña y peña
quedó mi corazón.*

*Va a continuar la canción
pero alguien grita: —¡eso es
pava!*
¡Yo nunca hubiera venido
si me hubieran advertido
que la niñita cantaba!

*Y tras esa exclamación
que es como un grito de alerta,
todos corren a la puerta
gritando:* ¡Traición! ¡Traición!

*Y en medio de la alharaca
gime don Pepe: —*¡Por Febo,
no me tiren tanto huevo
que me manchan la casaca!

LA VIEJA: ¿Te fijase en don Damián?
¡Ese viejo es un cipote!
¡Tirarle ese sanguchote
con lo caro que está el pan!

DON PEPE: Fracasó la recepción!
(llorando) ¡Oh suerte cruel y bellaca!

LA VIEJA: ¡Menos mal que la casaca
fue comprada a condición!

Telón

"TRAILER" DE UNA PELICULA MEXICANA

En un cine de los más chic de Caracas. Al apagarse la luz, y cuando ya el público está bien fastidiado de ver pasar vidrios de propaganda, la pantalla se oscurece brevemente, y con los tres primeros compases de la *Quinta Sinfonía, de Beethoven,* aparecen unas letras que anuncian:

"Mamerto Urruchúa, el prestigioso director mexicano que se consagró el año pasado en *La Mujer sin Pelo y El Cajón de Pellejos,* vuelve ahora triunfante para ofrecernos la conmovedora historia de una mujer que vendió su cuerpo para pagarle los estudios de cornetín a su hermanito."

A continuación la pantalla se pone como si se estuviera quemando, y mientras suenan las melodiosas notas de la guaracha *Esa no porque me Jiede,* aparecen unos redondillos de letras que después de dejarlo medio ciego a uno, van formándose en renglones sucesivos, así:

a-c-o-m-ó-d-e-n-s-e

p-a-r-a q-u-e- b-r-i-n-q-u-e-n

c-o-n e-s-t-e s-e-n-s-a-c-i-o-n-a-l

D-R-A-M-A D-E

P-A-S-I-O-N

Sale un descarnado morfinómano metiéndole la cabeza por el cogote a una mujer vestida de suaré.

EL: Ya no puedo más. No me importan las fronteras sociales que nos separan. Déjame morderte el cerebro.

ELLA: No, tú eres el marido de mi mejor amiga. No me atoques.

A continuación, con el fondo de una coreografía de rumberas en plena actividad artística, y que de tan carnosas tienen la zona umbilical como un caucho de automóvil, se oye la voz del narrador, que dice:

NARRADOR: *El Albañil Arrepentido.* Una película que recomendamos con orgullo a todas las madres desnaturalizadas. El conflicto íntimo de miles de muchachas que sueñan con dedicarse a sinvergüenzas y no saben cómo empezar.

Otro cuadro, en un cabaret. A media luz, rodeada por un público de viejos libidinosos que la miran con media vara de

lengua afuera, una catira con cara de león chiquito canta el
último hit *musical. La voz se le oye como si estuviera metida*
dentro de una lata, para dar la impresión de que es una voz
acariciadora:
Quien pudiera zamparse en tu boca
y morder con ansia de caimana loca
tu agalla sensual.
Pero yo a tu lado resulto muy peque:
tú tienes rubises, vidriantes y cheques,
yo si no me vendo no consigo rial.
Se esfuma este cuadro y sale otro rincón del cabaret, en el
que el morfinómano y la catira aparecen enclinchados en un
beso con rasjuñitos en la espalda, mientras el locutor conti-
núa:
NARRADOR: Momentos de amor y de intensa poesía.
La "intensa poesía" se la da a la escena la llegada de otra ter-
cia, una narizona con ese pelero parado y una impresionante
cara de mula con sueño, que coge una botella por el pico, la
rompe contra una mesa de mármol y yéndosele encima a la
catira la acuña como veinte cortadas. Luego, al verla huir
chorreando sangre y con el traje desgarrado, le advierte, en-
cañonándola todavía con el pico de la botella:
Y que no te güerva yo a ver sonsacándome el macho, porque
entonces sí es verdad que te la meto por la barriga y le doy
güerta adentro.
NARRADOR: Además, debut de los famosos cómicos del cine
mexicano Tequiche y Caliche, quienes harán las delicias
del público con su fino humorismo.
Aparecen Tequiche y Caliche cayéndose de borrachos.
CALICHE: Oiga, mi Tequi, ¿sabe que un tío mío acostumbra
bañar a sus gallinas todos los días?
TEQUICHE: Pos, ¿y eso para qué?
CALICHE: Diz que para que los huevos le salgan pasados por
agua.
UN AGENTE DE INVESTIGACION QUE ESTA EN LA GALERIA:
¡Ja, ja, ja, ja!
Cambia el cuadro y aparece la escena correspondiente al
letrero "Conflicto de sentimientos", que acaba de dejar en-

candilado a todo el mundo. Se trata de una dramática con-
versación entre la protagonista y una mujer de luto con siete
muchachitos jalándole los camisones y diciéndole que tienen
hambre.

—Mi marido era un hombre honorable antes de conocerla a
    usted.

—No sería muy honorable puesto que se casó con usted.

—No me ofenda. Usted no es sino una cortesana. Una mujer
    que debía meterse la cabeza debajo del brazo cuando
    hablamos la que tenemos la frente en alto.

—Yo no soy lo que usted cree. Yo soy buena. Lo que pasa es
    que no se me nota porque estoy acabada.

LOCUTOR: *El Albañil Arrepentido.* No deje de ver esta sen-
    sacional película, en donde el gran Urruchúa vuelve a
    poner el dedo en la llaga y después no se lava las manos.
    ¡Pronto en esta sala!

LO QUE ABUNDA

La señora Paquita de la Masa,
ricacha de esta era,
se compró hace algún tiempo una nevera
y la instaló en la sala de su casa
en donde se la ve todo el que pasa,
ya que desde la seis de la mañana
abre doña Paquita la ventana,
pone allí, en un cojín, una perrita
y hasta la medianoche no la quita.

Aunque tiene teléfono en su casa,
la señora Paquita de la Masa
use el de la cercana bodeguita,
procurando pedirlo a aquellas horas
en que haya en la bodega otras señoras
que no tienen nevera ni perrita.

Y por si ustedes quieren escucharla,
les transmito un fragmento de su charla:
—''¿Hablo con el Bazar Americano?
Es la señora del doctor Fulano...
Mire, que yo quisiera
que mandara a arreglarme la nevera...
Sí, la que le compramos de contado;
pues le metimos un jamón planchado
y al ir hoy a cortar un pedacito,
la sirvienta de adentro pegó un grito
porque el jamón estaba conectado.

''Además, casi todas las mañanas,
al meterle la torta de manzanas
el motor hace un ruido
que despierta al chofer de mi marido...''

''Bueno, pues, yo confío
en que hoy mismo vendrán a repararla.
Mire que vamos a necesitarla
para la graduación de un primo mío.

Usted sabe: mi primo Pantaleón
que llegó de Chicago por avión.''

Cuelga el auricular, y la mirada
le tuerce a alguna pobre cocinera,
como diciéndole: —Desventurada,
qué le vas a tirar a mi nevera!

Y es lo peor que si usted, que no es discreto
le suelta un ''bollo'' que la larga fría,
todo el mundo lo acusa de irrespeto
y le acuñan un mes de policía.

¡Lo que le prueba una vez más al mundo
que no hay justicia en este mundo inmundo!

JUAN VEINTITRES EN EL CIELO

A la puerta del cielo toca Juan Veintitrés;
San Pedro desde adentro le pregunta: —¿Quién es?

Y Juan, humildemente, quitándose la capa,
—Gente de paz —responde. Yo soy el Santo Papa.

Acabo de morirme, como ya sabréis vos,
y pido que me acepten en la casa de Dios.

A lo que dijo Pedro franqueándola el zaguán:
—¡Por supuesto, mi viejo! ¡Pasa adelante, Juan!

Tú eres el primer Papa que entra en esta mansión:
Los otros ni siquiera pasaron del portón.

Conque, pasa que tienes el camino expedito,
y espera mientras voy a avisarle al Viejito.

A los pocos minutos lo recibía Dios
y así hablaron los dos:

—¿Cómo sé yo, hijo mío, que fuiste un Papa bueno,
ajeno a la injusticia y a la maldad ajeno?

—Pero, Señor, la prueba de lo bueno que fui
está en el hecho mismo de que me encuentre aquí.

—¿Lo prueba? No comprendo —le replicó el Señor.
Vamos, Juan Veintitrés, explícate mejor.

¿Por qué, di, va a ser una prueba de tu bondad
el hecho de que te halles aquí en la Eternidad?

—Eso —concluyo el Papa— lo entiende hasta el más tonto:
Si hubiera sido malo no me muero tan pronto.

—¡Me ganaste de mano! —dijo Dios complacido,
le otorgó a Juan el título de Huésped Distinguido,

y mientras las campanas tocaban a rebato,
se dieron un abrazo de chivato a chivato.

QUE HUBO, PACHECO...

Después de muchos meses esperando
que con tu soplo gélido
a refrescar vinieras la canícula
que este año enflaqueció a los caraqueños,
he aquí que ya estamos en noviembre,
un mes que era muy frío en otros tiempos,
y el calor continúa
ocasionando pérdidas de peso,
porque a ti no te da tu perra gana
de regresar, oh pícaro Pacheco.

¿A qué debe atribuirse tu retardo,
tú que eras tan puntual y tan correcto?
¿Si antaño, cada vez que las campanas
doblaban por el Día de los Muertos,
ya tú estabas haciendo tus valijas,
limpiando tu bufanda y tu chaleco
para después bajar, lleno de flores,
con tu sonrisa de anciano fresco
y tu pincel teñido de manzana
que en los rostros ponía un rosa tierno?

Todo el mundo exclamaba en ese entonces
con júbilo infantil: —¡Llegó Pacheco!,
mientras tú por el Avila llegabas
con tu bufanda vegetal al cuello,
y una flota pascual de golondrinas
volando de tu lírico sombrero!

Pero este año, Pacheco, pasó octubre,
noviembre se está yendo,
y sin saber nada de ti seguimos
porque ni un simple telegrama has puesto.

¿De dónde te ha salido
esa informalidd después de viejo?
Sabiéndode esperado, ¿por qué tardas?

¿Por qué no vienes, pícaro Pacheco
¿Es que te has puesto bravo con nosotros?
¿es que eres enemigo del gobierno?
¿Temes, ay, que los guardias nacionales
te puedan confundir con un sin techo,
o es que ha resuelto no venir este año
por temor a caerte en algún hueco?

La culpa será tuya
oh pícaro Pacheco,
si para el año entrante, en la estadística
baja la curva de los nacimientos...

Pues con tanto calor, ¿quién se apechuga?
¿Qué muchacha es capaz de darle un beso
a un novio sudoroso
y hediondísimo a guante de boxeo?

En cambio, cuando hay frío,
cuanto tú estás entre los dos, Pacheco,
hay que ver esos tórtolos de sala
a las diez de la noche más o menos
cuando ella erizadita,
dice: —Qué frío tengo...
Y le conecta al tercio una mirada
como si fuera un romantón el tercio...

Por tan justas razones,
es tiempo de que tornes, ¡oh Pacheco!
Te lo pide un poeta enamorado
a quien su novia ayer le negó un beso
porque al decirle: —¿Quieres un besito?
Ella le respondió: —¡Qué va, mi negro;
con el tierrero que hay por esas calles
y con el calorcito que está haciendo,
tú debes de tener ese bigote
como rollete de chicharronero!...

¡OH AMOR!

Julieta, muchachita muy coqueta,
tiene dos caballeros de conquista:
el uno extravertido y deportista
y el otro soñador y mal poeta.

Mientras éste le escribe una cuarteta,
aquél, seguramente más realista,
la invita por teléfono a que asista
con él a alguna fiesta de etiqueta.

Y los domingos, mientras nuestro bardo
con rimas pule el cupidesco dardo
y transfiere al papel su llanto mudo,
ella, la florecilla que él describe,
se pasa todo el día en El Caribe
llevando sol con su Tarzán peludo.

DON ANSELMO

Desde hace muchos años,
sin fallar, a la hora del almuerzo
día a día en el quicio de mi casa
se sienta un pobre viejo.

Los muchachos del barrio
lo tratan con cariño y con respeto,
y hasta hay algunos que con él comparten
su menguada ración de caramelos.

Nadie sabe su nombre
ni jamás han tratado de saberlo,
pero es tan venerable su figura,
tan rebosante de bondad su aspecto
y su manera de mirar tan dulce,
que todos los llamamos don Anselmo.

Y se sienta en el quicio de mi casa
—como ya dije al comenzar el cuento—
y se pone a contar los centavitos
que recogió mostrando su sombrero,
o tierno y paternal tiende la mano
para hacerle arrumacos a algún perro.

Sin que él toque, en mi casa
por intuición sabemos
que en su sitio habitual ya está instalado
como todos los días, don Anselmo.
Sale entonces mi madre, y el mendigo
le da tres perolitos que al regreso
vienen llenos de sopa, de ensalada,
de tortilla, de plátano, de huevos
y de mil cosas más que, francamente
quisiera recordar, pero no puedo.

Llegados a este punto de la historia,
me dirán los lectores: ¡Qué embustero!

Ni las casas de ahora tienen quicio
ni existe semejante don Anselmo,
ni en la casa de usted cocinan tanto,
ni todo ese menú se come un viejo
y aunque se lo comiera, no cabría
en unos perolitos tan pequeños.

Pues bien, me habéis cogido en la pisada:
he mentido, señores, y no niego
que cuanto he referido es puro embuste:
¿Pero verdad que es bello, bello, bello?

Aquiles Nazoa. Año 1976.

EL PERIQUITO DE LA SUERTE

Hoy he visto al señor del periquito,
un caballero sonrosado y fuerte
que sin mucho trabajo se divierte,
divierte a los demás y gana el frito.

En augurios y magias erudito,
lo nutren —y muy bien, según se advierte—
los que en la pava creen y en la suerte,
que le pagan a medio el papelito.

Dos y trescientos bolos por semana
me ha confesado este señor que gana
sin tener que sudar como un bendito.

Yo, en cambio, largo el forro en mi faena
y no llego ni a cien en la quincena...
¡Mañana mismo compro un periquito!

ELEGIA A LAS COCHINERAS DE PETARE

Yo que en sencillas rimas corraleras,
como también en versos diamantinos,
con la emoción de un lírico de veras
las virtudes canté de los cochinos,
hoy os vengo a cantar, ¡oh cochineras!,
que al modo de los bálsamos más finos,
a la orilla del manso Caurimare
¡los aires perfumabais de Petare!

¡Oh viejas cochineras todas rotas,
que con vuestra balsámica fragancia
me lleváis a las épocas remotas
en que en casa la sopa estaba rancia
o había que botar las caraotas
y en un perol que daba repugnancia
se le guardaba aquello a un campesino
para que envenenara a su cochino!

Mudos testigos sois de mi pasado
que es el de aquellos tiempos tan felices
en que yo con mi perro amaestrado
iba al monte a cazar cotoperices,
y al regreso, al pasar por vuestro lado,
el perro se tapaba las narices,
pues entonces, por causa que se ignora,
los cochinos olían más que ahora.

Bien recuerdo lo atentos y lo finos
que solían mostrarse ante el viajero
vuestros siempe pulquérrimos cochinos,
los cuales, si faltaba el cochinero,
le pedían un tobo a los vecinos
y ello mismos limpiban su chiquero,
y por si esto no fuera suficiente
se cambiaban de ropa diariamente.

Y es que en vuestro recinto, a los marranos,
no sólo les brindasteis pan y techo,

sino que los formasteis en los sanos
principios del civismo y del derecho
para que fueran buenos ciudadanos
y resultarán hombres de provecho
y nos les ocurriera como a miles
que salen delincuentes juveniles.

Sin embargo, ya veis: el hado ingrato
que del mundo gobierna los destinos
hoy blande un argumento tan barato
como el de que asfixiáis a los vecinos,
para que la Ley de Inquilinato
padezcan el rigor vuestros cochinos:
¡Acto de ingratitud que a mí, de veras,
me ha destrozado el alma, oh cochineras!

GEOGRAFIA BROMISTA DE VENEZUELA

Entre Puerto La Cruz y Barcelona
hay un pueblo —que el mapa no menciona—
cuyo nombre parece una ironía,
pues el pueblo se llama Lechería
y es el menos lechero de esa zona.

Yo, por lo menos, comprobé hace poco
que, no obstante, tan láctea toponimia,
quien busque leche allí se vuelve loco
y, a no ser que la saque de algún coco,
no la conseguirá ni con alquimia.

Un caso parecido, si no igual
nos presenta en el llano Guayabal,
pueblo al que usted va en busca de guayabas
y no consigue sino reses bravas.

De la misma manera
pecarán de insensatos
quienes crean que yendo a Lobatera
regresarán cargados de lobatos.
Que ya podrán pedirlos hasta a gritos
y quizá no consigan ni perritos.

Y es que en nuestro país ya es tradición
el que los pueblos —como más de un hombre—
no guarden con su nombre
ninguna relación.
Lo corriente es que en toda la nación
un pueblo, un caserío, un vecindario
resulte siempre todo lo contrario
del nombre con que el mapa lo prohija;
pero ¡a!, esto tampoco es regla fija...
Yo estuve en Mantecal un mes entero
y nunca vi ni un gordo: ¡puros flacos!
En cambio, pasé un día en Bachaquero
¡y por poco me comen los bachacos!

DEPORTES OCCIDENTALES

Dicen que es un deporte magnífico el raidismo;
yo, que no lo comprendo, no lo encuentro lo mismo
Para mí de deporte sólo merece el nombre
aquel en que interviene directamente el hombre:
los juegos de pelota, los saltos de garrocha,
el pulquérrimo tennis, la criollísima bocha
y hasta la lucha libre, no obstante, que hoy en día
está tan contagiada de vagabundería.

¿Pero será deporte que un hombre coja un carro
al que él mismo ha dejado convertido en cacharro,
y después de ponerse lo mismo que un robot
con un disfraz que oscila entre buzo y pierrot
"puye" el coroto y salga como si más atrás
lo siguieran las huestes del propio Satanás?

Eso será deporte para la mayoría,
pero el nombre que tiene para mí es osadía
o despego a la vida (sobre todo a la ajena),
o tener de riñones una dosis muy buena.

Eso fuera deporte —cualquiera así lo ve—
si el tercio, en vez de en carro, fuera corriendo a pie.
¿Pero en un automóvil? Esa es una carrera
que con pagar dos bolos puede hacerla cualquiera.

Para mi deportista no es quien va en el vehículo
y (aunque este juicio a muchos les parezca ridículo)
me parece que, en cambio, sí lo son de verdad
cuantos al verlo huyen de su proximidad.

Hay que ver, por ejemplo, lo que corre un cochino
cuando ve algún raidista venir por el camino:
en cuestión de segundos cubre cien metros planos
(cosa que no hacen muchos corredores humanos).

Y en cuanto a perros, pollos y gallinas y gallos,
yo tengo un hermanito que sabe de caballos,

y podéis preguntarle para que él lo atestigüe,
lo que corre un pollito del camino de Güigüe.

Y no sólo perros y gallinas y chanchos:
cuando viene un raidista corren hasta los ranchos;
ya ha sucedido el caso de familias enteras
—campesinos que viven junto a las carreteras—
que estaban en el pueblo durante un maratón
y al volver no encontraron del rancho ni un horcón.

Seré, pues, un sujeto muy poco deportivo,
pero yo al tal deporte no le encuentro atractivo.
No entiendo cómo tiene tantos espectadores
un tipo de carrera donde a los corredores
debe calificárseles, como se echa de ver,
más que por lo que corren, por lo que hacen correr.

APUROS DE UN ATACON

Contando —ya voy por cien—
para quedarme dormido,
hambriento, solo, aburrido,
vengo de Cagua en tren.
Paramos junto al andén
de una pequeña estación,
y allí se sube un hembrón
de tan espléndido empaque,
que, iniciado el plan de ataque,
le busco conversación.

No me tengo que esforzar
para "buscarle pelea",
pues ella también desea,
por lo visto, conversar.
La coge, para empezar,
por el tema del calor,
y a falta de algo mejor
con que seguir adelante,
se paga a hablar de un cantante
que es de mi mismo color.

Tratando de contener
aquel torrente espantoso
que por estar de gracioso
yo mismo he puesto a correr,
le ofrezco: —¿Quiere leer?
Y ella, alarmada: —¡Qué horror!
Si usted supiera, señor,
a mí, libro no me pasa...
Y eso que tengo en mi casa
"Los *Tintanes* del Amor".

Y empieza el cuento sin fin
en torno a cierta historieta
que su hermanita Enriqueta
se está leyendo en "Pepín".

Para ponerse carmín
apaga un poco el motor;
pero con furia mayor
vuelve a la carga al instante
¡de nuevo con el cantante
que es de mi mismo color!

Ya tengo la sensación
de que, prendida en la oreja,
lo mismo que una cangreja
llevo a la dama en cuesitón.
¡Oh lector, por compasión,
moviliza tu saber
y dime qué debo hacer
contra su implacable charla!
Sin tener que asesinarla,
¿cómo callo a esta mujer?

NO ES TAN AZUL

La Mansión Celestial, según parece,
no es, como el Catecismo nos la ofrece,
un remanso de angélica armonía
donde, tocando el arpa todo el día
se desquitan los buenos del trabajo.

Todos los imaginábamos así,
pero ¡ay!, esta creencia era un prejuicio
y cada instante surge un nuevo indicio
de que el cobre también se bate allí.

Y un hecho que este acerto corrobora,
es que entre tanta vírgenes que ahora
suelen aparecen por donde quiera,
ninguna, si juzgamos por el cable,
tiene el aspecto que tener debiera
quien vive en lugar tan agradable,
siendo, por el contrario,
que sangren o que lloren lo ordinario.

Y sin hacer referencia a la local
Virgen del Espinal,
gracias a cuyo llanto en todo el globo
cobró súbita fama a Carabobo,
en Niza hay una santa, Santa Ana
—trabajo en yeso de un modesto artista—,
que a más de ser en llanto especialista
se la pasa vertiendo sangre humana.
Y entre tanto se informa que un ascenso
en su caudal de lágrima acusa
—debe ser por el humo del incienso—
otra Virgen que llora en Siracusa.

¡Santas que lloran, Vírgenes sangrantes!...
Dios sabrá perdonarme si me pelo,
pero, ¿cómo admitir que es bueno un cielo
habitado por seres semejantes?

Nada: que el Catecismo nos engaña;
que en el cielo tal vez no habrá suplicios,
pero en cuanto a sus goces vitalicios,
lo que dice Ripalda es pura caña.

PAGINAS INMORTALES DEL PERIODISMO
CONTEMPORANEO

SENSACIONAL VELORIO DE UN MILLONARIO NORTEAMERICANO

*La viuda de Randolph Hearst bate todos los récords
mundiales de llanto*

San Francisco, agosto 30 (Desenterrated Press),

Con un velorio en el que se repartieron más de setenta mil tabacos, el multimillonario Randolph Hearst, recientemente fallecido, batió anoche todos los récords alcanzados por muertos anteriores de su misma categoría.

El imponente velorio, para el que se compró café y papelón por valor de millón y medio de dólares, estaba presidido por la propia viuda de míster Hearst, quien voló desde Nueva York a San Francisco en un avión pintado de negro, específicamente diseñado para esta ocasión por la American Raspinflay Funeral Company.

Numerosos camarógrafos enviados por las distintas compañías cinematográficas recogieron el momento en que la señora Hearst, visiblemente emocionada, expresaba su gratitud al gran cómico Bob Hope por haber suspendido su programa de televisión para quedarse contando cuentos en el velorio.

El primer pésame recibido fue el del general Charles MacArthur, quien en una corta peroración interrumpida varias veces por el llanto, señaló a los barbudos de Fidel Castro como posibles culpables de la muerte de míster Hearst.

A pesar de la huelga de floristas declarada por los rojos al enfermarse míster Hearts para dificultar el envío de coronas en caso de que se muriera, el volumen de ofrendas florales recibidas logró superar por lo menos en siete puntos la marca lograda recientemente por los cinco últimos matrimonios de Rita Hayworth.

La Ford Motor Company envió una bellísima ofrenda consistente en un modelo de automóvil de tamaño natural totalmente confeccionado con claveles de muerto. Algo semejante ha hecho la Standard Oil Company, cuya corona, evaluada en setenta mil dólares, es una copia exacta del conocido óvalo Esso. La historia de esta corona fue contada por el cronista necrológico del *New York Times,* y según él, fue totalmente hecha con unas orquídeas especiales que la Standard había venido cultivando en la India (Estado de Indiana) para cuando míster Hearst se muriera. Pero la ofrenda más original y también más costosa es la enviada por el cardenal Mamerto Spellman. Se trata de una bellísima corona fabricada con flores de larga duración, y cuya ventaja sobre las coronas ordinarias es que una vez usada los dolientes pueden desarmarla y guardarla para cuando haya otro muerto.

San Francisco, agosto 30 (Jediondo a Muerted Press). Se informa que el número de muertos adicionales que participan en el velorio del magnate Randolph Hearst había subido a cinco en la primeras horas de la noche. El parte médico expresa que por lo menos tres de ellos eran mujeres, atribuyendo su intoxicación por gotas del Carmen. Por otra parte se añade que dos dolientes no identificados murieron esta madrugada ahogados en sus propias lágrimas.

Entre tanto, crece el entusiasmo de todos los Estados de la Unión a medida que se acerca la hora del entierro, por haber sido ese el momento fijado por el Instituto Gallup para aclamar a la señora Hearst como la viuda más inconsolable de los Estados Unidos.

En un pésame de seiscientas palabras leído ante una multitud de dolientes congregados en el Madison Square Garden, el Presidente de los Estados Unidos mencionó el velorio de míster Hearst como una prueba de los progresos alcanzados en los últimos años por la industria funeraria norteamericana. La peroración, interrumpida constantemente por golpes de llanto, terminó pidiendo al Congreso la aprobación de un presupuesto de veintiséis billones de dólares para organizar la defensa de los cementerios norteamericanos contra el consumismo.

El Presidente dijo después a los periodistas que el velorio de Hearst constituye la mejor respuesta del mundo libre a las recientes demostraciones del llamado ''festival de la paz'', organizado por los rojos en Berlín.

LES FLEURS DU MAL

Sus gustos se compendian en dos cosas que son:
el cine mexicano y el "Champagne" de Caron's
Aunque trigueña, tiene la melena dorada:
virtud maravillosa del agua oxigenada.

Las dos o tres sortijas que luce en cada mano
son, como las pulseras, del más grueso cochano:
material empeñable que proviene sin duda
del señor que "la ayuda".

Creyente en brujerías y otras mágicas artes,
se fuma su tabaco los viernes y los martes;
y los lunes se baña con cierta agua rosada
que por sí sola tumba cualquier empalizada.

Opone los cosméticos a su física ruina,
mas no hay Dios que le borre las "patas de gallina":
nada hace que los años su desastre retarden,
a pesar de Max Factor y de Elizabeth Arden.

Y como ella bien sabe que no le quedan muchos,
hoy quema en el turismo los últimos cartuchos,
y cada mes se pasa de diez a quince días
en Curazao, y que "comprando mercancías"...

ARROCERAS

A Cecilia y a Pilar,
mis dos vecinas de enfrente,
las llaman ''patacaliente''
por su afición a bailar.
Cuando no por celebrar
el santo de Fulanito,
es... por lo que importa un pito,
lo cierto es que estas hermanas
no se pasan dos semanas
sin montar un arrocito.

Hay que ver ese trajín
de Cecilia y de Pilar
cuando empiezan a arreglar
la casa para el festín.
Casa de pobres al fin,
no tiene grandes salones
pero ellas, sin más cuestiones,
resuelven lo del tamaño
trasladando para el baño
las camas y los colchones.

Mientras ésta lava el suelo
aquella cuida, hacendosa,
que esté el dulce de lechosa,
a punto de caramelo;
después se arreglan el pelo
las dos, y van en carrera
rogándole a Dios que quiera
el pulpero de la esquina
ponerles la gelatina
por un rato en la nevera.

Lleno todo requisito
y abiertas ya las ventanas,
las pimientosas hermanas
comienza el arrocito:

un "pick up" a todo grito
y lo demás es bailar...
De vez en cuando a Pilar
se la escucha entre el jaleo:
—¡Si se va don Servideo
yo me voy a disgustar!

Y así transcurre la fiesta
sin grandes complicaciones,
salvo algunas ocasiones
en que un vecino protesta
y un borracho le contesta
con algunas groserías...
Después, las vecinas mías
amanecen "de a centavo",
pensando en sacarse el clavo
con las botellas vacías...

LAS LOMBRICITAS

Mientras se oía
desde una rosa
la deliciosa
marcha nupcial
que con sus notas
creaba un ambiente
completamente
matrimonial.

Dos lombricitas
de edad temprana,
cierta mañana
del mes de abril
solicitaron
en la pradera
al grillo, que era
jefe civil.

Al punto el grillo
con dos plumazos
ató los lazos
de aquel amor.
Las lombricitas
se apechugaron
y se mudaron
para una flor.

Tras una vida
dulce y risueña,
con la cigüeña
las premió Dios.
Y cuando abrieron
las margaritas,
las lombricitas
ya no eran dos.

La primorosa
recién nacida

pasó la vida
sin novedad.
Y al cuarto día
de primavera
ya asi era
mayor de edad.

Quiso ir entonces
a una visita,
y su mamita
le dijo: —¡No!
Mas de porfiada
salió a la esquina
y una gallina
se la comió.

ROMANCILLO DE LA MOSCA

—Buenos días, buenos días,
¿Qué hacéis por este lugar?
—Estoy buscando una mosca
y no la puedo encontrar.
Ella se llama Rosita
tiene quince años de edad,
una trompita delante
y un rabito por detrás;
donde quiera que se para
pone un puntito final,
y viste un vestido negro
que no se quita jamás,
porque esa mosquita es
más cochina que el cará…

Salio anoche para el cine
del brazo de su galán,
un mosquito muy buen mozo
de la mejor sociedad
que a la seis vino a buscarla
y se la llevó a pasear.
Dijeron que iban primero
a ver "Forever Ambar"
y después a beber fresco
al mercado principal.

—¿Refrescar con este frío
que baja de Galipán?
¿Atreverse a tomar fresco
con este clima polar?
puede que no le mintieran
tal vez dijeran verdad,
pero en cuanto a mí, le digo
que esto me huele muy mal.

Mosquito no toma fresco,
no hay que dejarse engañar.

Si en los frescos de guarapo
uno los ve aterrizar,
no es beber lo que allí quieren,
es que se quieren bañar
para ponerse bien bellos
y salir luego porái
engañando a las mosquitas
que se dejan engañar.

Y aquí termina el romance
de la mosquita inmoral
que se fue con un mosquito
diciéndole a su mamá
que iban a tomarse un fresco
al mercado principal,
y esta es la hora en que nadie
sabe por donde andarán.

LOS ANIMALES EN CARACAS

Porque leyó en su tierra que Caracas
era prolija en fieros animales,
una ametralladora en la maleta
de Trípoli se trajo un inmigrante.

"Por si las moscas", era su consigna.
"DDT", la inscripción de su estandarte,
y aunque se enoje más de un compatriota
por darle la razón al inmigrante
mi modesta opinión es que la culpa
la tenemos nosotros y más nadie.

Y si queréis las pruebas,
juzgad por estas joyas del lenguaje:
"A fulano de tal lo cogió el toro.
A mi casa no van sino chivatos.
Yo tengo un hermanito que es un tigre.
Regáleme una locha, mi caballo.
La mujer de mengano es una zorra
y él un pájaro bravo.
Antenoche fui al cine con el Mono,
con el Chivo Capote y con el Gato.
¿Quién es aquel que va con la pollitas?
—No sé, yo no conozco ese pescado.

¡Qué ratón tan terrible el que yo tengo!
¡Qué pava tan feroz tiene Fulano!
¿Quiéres un zamurito?
Vamos hasta la esquina del Venado.
Anoche te encontré con esa perra:
tú no eres sino un perro desgraciado!"

Y es bueno que termine
antes que algún lector malhumorado
salga diciendo: —"Miren, pues, al burro
dándole la razón a un italiano.

ALGUNOS ANIMALES Y SUS DEFECTOS

De no ser por sus defectos,
que los hacen imperfectos,
multitud de animalitos
pudieran ser muy bonitos.

Si no fuera que recula,
muy linda sería la mula.

Si no fuera por el pico,
muy lindo fuera el perico.

Si no fuera tan cochina,
fuera linda la gallina.

Si no pareciera gafa,
fuera linda la jirafa.

Si no fueran tan ingratos,
qué lindos fueran los gatos.

Si no fuera tan cazurro,
¡qué lindo sería el burro!

La gallineta, qué hermosa
si no fuera tan pavosa.

Qué bello fuera el marrano,
si renunciara al pantano!

Si tuviera más regato,
qué bonito fuera el pato.

De no ser tan erosivos,
qué lindos fueran lo chivos!

El día en que nos nos pinche
será muy bella la chinche

Cuando el violín se le quite
será lindo el mapurite.

Finalmente, el elefante
fuera lindo por demás
si lo que tiene delante
lo tuviera por detrás.

Disfrazado de charro mexicano en casa de su amigo Vinicio Jaén, en Villa de Cura. Año 1967.

LOS NOMBRES DEL COCHINO
A Angel Rosenblat

Allá por el año treinta
—quién sabe si más allá—
cuando yo era todavía
un niño de tierna edad
y con mi padre ciclista
salía al campo a pasear
—él pedaleando adelante
y yo como un mono atrás—,
cada vez que nos tocaba
junto a un cochino pasar,
—¿Cómo se llama ese bicho?
¿cómo se llama, papá?,
le gritaba yo a mi padre
mostrándole el animal
cuya presencia excitaba
mi infantil curiosidad.

Siempre era igual mi pregunta
frente al robusto animal,
mas la respuesta paterna
no era la misma jamás.

Pues cada vez que veíamos
algún cochino pasar,
por un nombre diferente
me lo nombraba papá.
Este de acá era cochino,
marrano el de más allá,
lechón o cerdo aquel otro,
chancho y puerco los demás,
y en fin, seis nombres distintos
y uno sólo el animal.

Pues bien, ya no soy un niño,
ya se murió mi papá,
ya no salgo en bicicleta
por los campos a pasear,

ya soy padre de familia,
ya soy un hombre de edad,
y aún comprender no he podido
por qué al cochino le dan
esa cáfila de nombres
con que lo suelen nombrar.

Animales en el mundo
cien veces más grandes hay
y sólo tienen un nombre
—que es el nombre popular—
aparte del que le ponen
en la Historia Natural.
Ahí tenéis al elefante,
que con ser todo un titán
y pese a su gran volumen
sólo dos nombres le dan:
elefante, paquidermo
y... pare usted de contar.

En cambio, siendo el cochino
tan pequeño y tan vulgar,
tiene —y que Dios me perdone—
más nombres que en santoral:
cochino, lechón, marrano,
chancho, puerco y... basta ya.
Oh lector, respondedme
decid con sinceridad,
¿no son demasiados nombres
para tan poco animal?

FABULA CON LORO

A la fuerza bruta del toro
quiso oponer el loro
''la desarmada fuerza de la idea'',
y apenas comenzada la pelea,
aunque vertió sapiencia por totumas,
del loro no quedaron ni las plumas.

Así muy noble, justa y grande sea,
si no tiene a la mano algo macizo,
por sí sola, lector, ninguna idea
sirve para un carrizo.

FABULA CON COCHINA

Para salvarse un día una cochina
del clásico leñazo,
decidió disfrazarse de gallina
y se sentó a poner en un cedazo

En eso el propietario, un viejo chocho,
quiso hacer un sancocho de gallina,
y con apio, con yuca y con topocho
se comió a la cochina.

DOS FABULAS SIN MORALEJA

Una vez había una oveja tan industriosa que se puso a tejer un sweter utilizando su propia lana.

En eso pasó un gusano de seda y, viéndola tan industriosa, decidió que él no iba a ser de menos, y se puso a tejer una corbata utilizando su propia seda.

En eso llegó Rómulo Betancourt, y sorprendido de ver unos animalitos tan inteligentes, vistió al gusano con el sweter que había tejido la oveja le puso a la oveja la corbata que había tejido el gusano y los mandó ambos animalitos de regalo a Walt Disney para que hiciera una película.

Un caluroso día de verano el doctor Luis Beltrán Prieto se hallaba de paseo por el bosque, cuando al divisar un hermoso río se quitó las orejas y las dejó en la orilla con el propósito de darse un baño.

En eso llegaron a la orilla del río dos inteligentes castores que, necesitados de pasar a la otra orilla, decidieron embarcarse en una de las orejas, utilizando la otra como vela.

En eso apareció Rómulo Betancourt, y luego de amonestar severamente a los castores, les decomisó las orejas y se las mandó de regalo al presidente de la Grace Line.

FABULAS CON COCHINO

Cortóse, por lucir más elegante,
las patas y la trompa un elefante.

Y un hombre que lo vio,
creyéndolo un cochino lo mató.

Por más que se las eche uno de fino,
siempre hay quien lo confunda con cochino.

Una vez un cochino
yendo por un camino
a su paso encontró un enorme palo
y al ver que era de pino
decidió, por echárselas de fino,
llevárselo a su dueño de regalo.

Y el dueño del cochino
que era un hombre muy fino
y todo lo trataba con esmero,
queriendo darle al palo un buen destino,
lo cogió para palo cochinero.

FABULA CON OTRO COCHINO

Pues señor, éste era
un perro que sufría de sordera,
y culpando del caso a lo muy viejas
que eran ya sus orejas,
se las cortó, y atadas con cabuyas
se las cambió al cochino por las suyas.

Con sus nuevas orejas
motivo no tenía ya de quejas,
pues aunque un poco rudas en verdad
y un tanto en desacuerdo con su tipo,
funcionaban lo mismo que un equipo
de alta fidelidad.

Sin embargo, aunque loco
de dicha por el cambio, fue muy poco
lo que de sus orejas disfrutó,
pues al verle una vieja esas orejas
coloradas y gruesas como tejas,
creyéndolo un cochino lo mató.

Así cumplió aquel perro su trágico destino:
¡lo mataron a cuenta de oreja de cochino!

LA GALLINA PARLANTE

Viendo lo bien que el loro la pasaba
tan sólo porque hablaba
—cosa que ella miraba con inquina—,
trató de hablar también una gallina.

Y con este deseo,
tras de aprender del loro el parloteo,
un día, de manera inesperada,
en vez de consabido cacareo
soltó una lenguarada.

Mas no bien iniciar quiso su charla,
cuando exclamó una vieja al escucharla:
—¿Una gallina hablando? ¡Voto al Nuncio!
¡Esto es de fin de mundo un claro anuncio!

Y tras un breve rezo,
en que invocó a los santos de rutina,
agarró a la gallina
y le torció el pescuezo.

FABULAS FRESQUECITAS

Trabajando en su hogar de carpintero,
se tragó una tachuela Juan Lucero;
y, jugando, el menor Francisco Luna,
también se tragó una.

Los médicos, en vez de cirugía
debieran de estudiar astronomía.

Ha bajado por fin
el precio de los marcos en Berlín.

Con los marcos baratos
estarán muy contentos lo retratos.

Un cochino en el Llano
le mordió la barriga a un ciudadano.

Hay un Dios que castiga
a los que no se lavan la barriga.

Al caerse en un hueco en una esquina,
se rompió la cabeza Juan Marquina;
y por darle la mano,
le sucedió lo mismo a Juan Marcano.

Para romperse el coco
ser Marquina o Marcano importa poco.

Con el fin de efectuar varios atracos
dos damas disfrazáronse de cacos,
motivo por el cual la policía
las rodó el otro día.

El hábito hace al monje en ocasiones,
pero no a los ladrones.

Los que tienen espíritu festivo
se rascan diariamente sin motivo,
y aquellos que lo tienen muy doliente,
se rascan, con motivo, diariamente.

Los borrachos no mascan:
con motivo o sin él, todos se rascan.

Por estimar que el hombre era su hermano
un tigre se metió a vegetariano.
Y un cazador que supo la cuestión
fácil muerte le dio con un tocón.

El vegetarianismo
no siempre le hacen bien al organismo.

FABULA 5

Para evitar que el hombre lo matara
como a todos los otros de su piara
que siguieron tan trágico destino,
una vez de comer dejó un cochino.

Y así logró su fin, aunque os asombre,
pues se empezó a poner como un alambre
hasta que en vez del hombre
quien lo mató fue el hambre.

Vaya por el camino
o por la calle real,
el caso es que el cochino
siempre muere al final.

FABULAS FILOSOFICAS

Yendo de Camaguán a Sabaneta
se le perdió a un cochino la maleta.

Y una iguana que estaba en el camino
se encontró la maleta del cochino.

Cuando uno pierde algo, su desquite
es que lo encuentre alguien que lo necesite.

Un señor de El Socorro
murió ayer al caerse de un chinchorro.

Y una señora en Duaca
murió antier al caerse de una hamaca.

Y después hay quien piense —¡qué cinismo!
que chinchorro y hamaca no es lo mismo.

FABULA DEL RABIPELADO

Al verse el rabo un día
cierto rabipelado
sintió un incontenible desagrado
observando cuán feo lo tenía.

Y en rápida visita
fue a pedirle prestado el de la ardita,
la cual ante su ruego
accedió con un fino: —Desde luego...

—¡Me queda como un clavo!
dijo el rabipelado muy contento
y dándole las gracias fue al momento
a mostrárselo a su esposa el nuevo rabo.

Mas la rabipelada
que no estaba del préstamo enterada
al verlo con el rabo de la ardita,
se asustó de tal modo, pobrecita,
que tomando al marido
por algún animal desconocido,
lo acometió de un brinco, y con fiereza
lo mató de un mordisco en la cabeza.

El cuento que aquí copio
nos demuestra, lector, que bien mirado,
más vale feo y propio
que bonito prestado.

FABULA CON COCHINO

Ahogándose una vez en un pantano
se encontraba un marrano;
y al verlo un cochinero
le dijo: —No se ahogue, compañero;
yo lo voy a salvar, deme la mano.

Y una vez que al cochino
salvó del pantanero,
siguiendo luego juntos el camino
lo llevó derechito al matadero...

FABULA CON COCHINO

Una vez un marrano
viendo cómo mataban a su hermano,
dijo: —Si esa es mi suerte, yo prefiero
suicidarme primero
Y de un leñazo exacto
se suicidó en el acto.

Al hallarlo después patas arriba
con el coco deshecho,
el dueño comentó: —Pero qué chiva,
ya el mandado está hecho!...

Y mientras cerro abajo
lo llevaba a vender, el muy marrajo,
agregaba después con gran cinismo;
—Para ahorrarme trabajo,
ojalá hicieran todos eso mismo.

Aquí, lector, mi fábula termino;
con ella probar quiero
que no sirve el suicidio del cochino
sino para ayudar al cochinero.

FABULA CON ZORRO Y GALLINITA

Viendo una gallinita enfermo a un zorro,
acudió conmovida en su socorro.

Y lo trató tan bien
que el zorro se curó en un santiamén.

Y el final fue que el zorro de este cuento
dio un fiesta exquisita
y celeberó su restablecimiento
comiendo gallinita.

FABULA DE LA AVISPA AHOGADA

La avispa aquel día
desde la mañana,
como de costumbre
bravísima andaba.
El día era hermoso
la brisa liviana;
cubierta la tierra
de flores estaba
y mil pajaritos
los aires cruzaban.

Pero a nuestra avispa
—nuestra avispa brava—
nada le atraía,
no veía nada
por ir como iba
comida de rabia.
''Adiós'', le dijeron
unas rosas blancas,
y ella ni siquiera
se volvió a mirarlas
por ir abstraída,
torva, ensimismada,
con la furia sorda
que la devoraba.

''Buen día'', le dijo
la abeja, su hermana,
y ella que de furia
casi reventaba,
por toda respuesta
le echó una roncada
que a la pobre abeja
dejó anonadada.

Ciega como iba
la avispa de rabia,

repentinamente
como en una trampa
se encontró metida
dentro de una casa.
Echando mil pestes
al verse encerrada,
en vez de ponerse
serena y con calma
a buscar por donde
salir de la estancia,
¿sabéis lo que hizo?
¡Se puso más brava!
Se puso en lo vidrios
a dar cabezadas,
sin ver en su furia
que a corta distancia
ventanas y puertas
abiertas estaban;
y como en la ira
que la dominaba
casi no veía
por donde volaba,
en una embestida
que dio de la rabia,
cayó nuestra avispa
en un vaso de agua.

¡Un vaso pequeño
menor que una cuarta
donde hasta un mosquito
nadando se salva!...

Pero nuestra avispa,
nuestra avispa brava,
más brava se puso
y al verse mojada,
y en vez de ocuparse
la muy sensata
de ganar la orilla

batiendo las alas
se puso a echar pestes
y á tirar picadas
y a lanzar conjuros
y a emitir mentadas,
y así poco a poco
fue quedando exhausta
hasta que furiosa,
pero emparamada,
terminó la avispa
por morir ahogada.

Tal como la avispa
que cuenta esta fábula,
el mundo está lleno
de personas bravas,
que infunden respeto
por su mala cara,
que se hacen famosas
debido a sus rabias
y al final se ahogan
en un vaso de agua.

FABULA CON PERRO Y COCHINO

Para eludir su trágico destino
de morir bajo el palo cochinero,
un astuto cochino
optó por escaparse del chiquero,
dejando en su lugar un sustituto
que tuviese la cara "acochinada"
a fin de que el criador, que era algo bruto,
no sospechara nada.

Con este plan en mientes, un domingo
llamó nuestro cochino al perro chingo
que cuidaba la casa
y le observó en el tono más sincero:
—Yo no sé, francamente, lo que pasa,
pero el mundo es injusto, compañero:
mientras yo me reviento de la grasa,
usted se va quedando el huesero...
¿Verdad que es harto injusto
el que sea usted flaco y yo robusto?

—Hombre —le dijo el can—, pero, ¿qué se hace?
¿Cómo no va a ocurrir que yo adelgace
y que de raquitismo me desplome
si usted aquí es el único que come?

Y el astuto cochino, con malicia:
—Tiene razón —le dijo— compañero,
y para reparar tanta injusticia
yo le voy a dejar este chiquero.
—¿Y quién cuida la casa?
—pregunto el perro. Y el cochino: —Yo.
Eso me hará muy bien para la grasa...
Conque diga si acepta: ¿Sí o no?...
Y así fue cómo el cambio se efectuó.

Dueños de una gran talento imitativo,
de sospecha jamás dieron motivo:

Con la destreza del mejor marrano,
se revolcaba el perro en el pantano,
y el cochino ladrábale a la luna
con la más alta técnica perruna.

Vivieron de ese modo un año entero...
Hasta que una mañana el hombre vino
y creyendo que el perro era el cochino
lo liquidó de un palo cochinero.

—¡De la que me he salvado!,
—dijo entre sí el cochino entusiasmado.
Y se puso a reír como una hiena...
Pero entonces el hombre que envenena
llegó como un enviado del Destino
y sin ninguna pena
creyendo que era un can, raspó al cochino!

DECALOGO DEL BUEN BOMBERO

1º Recuerda ante todo, ¡oh hermano!, que entre tú y y el fuego se ha declarado una guerra a muerte en la cual tu primer deber es no dejarse chivatear por él. A este respecto, ten en cuenta que un incendio es una especie de reparto forzoso de bienes donde las víctimas, una vez destruidas por la candela la mitad de sus propiedades, hacen llamar a los bomberos para que vengan a caerle a hachazos a la otra mitad.

2º Recuerda que la más importante de tus tareas no es apagar los incendios, sino ofrecerle un buen espectáculo a la turba de muchachos que se paran a ver afuera. Por tanto, aunque el incendio para el que te han llamado se haya producido en un sótano, no pierdas tu costumbre de montarte a apagarlo por el techo, tirando para abajo treinta o cuarenta tejas cada vez que le des un tirón a la manguera.

3º Actúa en todos los casos con serenidad y precisión. Cuando seas llamado a apagar un incendio, al llegar al lugar de los sucesos cerciórate bien de cuál es la puerta de la que sale el humo, para que a la que le caigas a hachazos sea a la de al lado.

4º No dejes perecer a los animales. Cuando el incendio se hubiere declarado en una casa donde haya perros, el buen bombero debe ingeniárselas para primero salvar él a los perros del incendio y después salvarse él de los perros.

5º Cuando vayas a apagar un incendio debes llevar siempre un perro en calidad de ayudante. Así acompañado, pueden distribuirse entre los dos las labores de salvamento. Si, por ejemplo, en el apartamento a que has subido con tu perro encuentras a una muchacha con su novio, puedes sacar a la muchacha echándotela encima, y al mismo tiempo invitar al novio a que salga montado en el perro.

6º Sé cariñoso y atento con las damas. Cuando un bombero mantuviere relaciones con algunas cocineras del vecindario, su obligación es acudir provisto de su equipo de salvamento cada vez que a su amada se le esté quemando algo en la cocina.

7º Está siempre atento para que cuando suene la campana de alarma puedas coger el camión a tiempo. No repitas el caso de aquel famoso cuartel de bomberos donde el único puntual era el chofer, por lo que cuando sonaba la alarma, el único que salía era él mientras sus retardados compañeros iban corriendo detrás del camión y gritándole: "Párate, párate!"

8º Ejerce tu profesión con alegría, pero con seriedad. Cuando tengas puestas las botas y el casco no se te ocurra ir cantando en el camión. Mira que, aun sin cantar, hay muchachitos que cuando ven pasar a los bomberos así trajeados salen corriendo a decirle a la mamá: "¡Mamaíta, mamaíta, por ahí pasó el camión de los Torrealberos!"

9º Recuerda que tu misión más importante es defender la propiedad ajena. Cuando en el curso de las labores de salvamento una de las víctimas perdiera el conocimiento, el deber de un buen bombero es ayudarla a encontrarlo. En consecuencia, debes abrir inmediatamente una investigación para establecer en qué forma lo perdió: si antes del incendio, si durante la carrera o si fue que algún vecino se lo robó aprovechando la confusión reinante.

10º Todo bombero en servicio que encontrare a una dama sola pidiendo socorro en un apartamento debe proceder inmediatamente a sacarla cargada, teniendo mucho cuidado, eso sí, de que en el último momento aparezca un marido que le salga cargado a él.

OTRA VEZ LOS PUEBLITOS

Un señor que se firma "Un Buen Patriota"
—seudónimo en verdad bastante idiota—
me escribe una rimada trapatiesta
consignando su enérgica protesta
contra unos comentarios por mí escritos
sobre nuestros pueblitos.

"De nuestros pueblos —dice el Buen Patriota—
no sabe usted ni jota,
y al volcar contra ellos su humorismo
le hace un flaco favor al patriotismo
que tiene en ellos su último puntal
en medio de la crisis nacional.
¡Hay que ir de los pueblos al encuentro
para sentir la Patria más adentro!"

Pues bien, yo estoy viviendo en un pueblito
muy criollo y muy del género anecdótico,
y será porque soy antipatriótico,
¡pero a mí no me gusta ni un poquito!

En cambio, el que me escribe esos renglones
y divulga sus nobles convicciones
con tantos aspavientos y alharacas,
donde tiene su casa es en Caracas...

Y respecto al "ambiente salutífero",
del que me habla también el Buen Patriota,
lamento mucho usar la palabrota,
pero ese hombre está "equífero".

No hay falacia mayor que la teoría
de que el campo da "fuerza y energía".
Cuando a mí me hablan de eso, me hago el sordo,
pues si así fuera, cada campesino
debería de estar como un cochino,
rosado, reventándose de gordo
e irradiando un vigor extraordinario.

Pero sucede todo lo contrario:
las personas del campo son personas
enfermizas, apáticas, tristonas,
y, sobre todo flacas;
y si entre tanta cara compungida
se encuenra una expresión llena de vida,
podéis jurar que es alguien de Caracas.

Por lo cual mi criterio ratifico:
la vida provinciana está en derrota,
y aunque se ponga bravo el Buen Patriota,
yo, en cuanto pueda, pico!

En el antiguo Ateneo de Caracas.

LA DAMA DE LAS CAMORRAS
O HISTORIA DE UN BACHILLER
QUE SE VUELVE MAZAMORRA
POR CULPA DE UNA MUJER

ACTO I

Esta escena, la primera,
sucede en la taguarita
donde suele Margarita
trabajar como fichera.

Al levantarse el telón
aparecen en acción
un gordito que es cantante
y Armando y un estudiante
que aguantan el chaparrón.

EL ESTUDIANTE: ¡Qué cantante tan maleta!
Jamás lo escuché peor.
Si tuviera una escopeta
te juro que esta opereta
se quedaba sin tenor!
Armando, vamos, Armando!

ARMANDO: Pero, ¿por qué Rigoberto?

RIGOBERTO: Porque aquí va a haber un muerto
si ese hombre sigue cantando!
¡Qué tercio tan repugnante!
Me produce la impresión
de que en vez de una canción
estoy oyendo un purgante!

Armando que es obediente,
va a abandonar su poltrona,
más de pronto lo impresiona
la cara resplandeciente
de una catira dientona
con cara de borrachona
que le está pelando el diente.

ARMANDO: ¿Quién es aquella señora?

RIGOBERTO: ¿La que parece una lora?
o la que exhala el bostezo?

ARMANDO: No; la del fino aderezo:
Aquella tan seductora
que se está pasando ahora
la lengua por el pescuezo!
Aquella, en fin, que se azara
cada vez que me divisa,
porque al mirarme la cara
no sé con quien me compara
que se revuelca de risa!

RIGOBERTO: ¿Cuál dices? ¡Esa mujer!
¡Ay, Armando, echa a correr
no vaya a ser que te fuñas
y caigas entre las uñas
de Margarita Gautier!

(Lúgubre): Todo el que se acerca a ella,
de tal manera se estrella
contra sus uñas de gata,
que si al final no se mata
se dedica a la botella!
Es dama que a más de un hombre
le ha causado contumelias,
y a quien llaman por mal nombre
La Dama de las Camelias!

ARMANDO: ¿Por qué la llaman así?

RIGOBERTO: Por unas flores de trapo
color de piña en guarapo,
que se pone por aquí.
Y es preciso que tú sepas
que a todo el que la procura,
en lo que espabila un cura
le mete las nueve arepas!

ARMANDO: Y entonces, ¿qué hacemos, di?

RIGOBERTO: Pagar y salir a cien
y no volver más aquí.

ARMANDO: Me parece bien a mí.

RIGOBERTO: Y a mí me parece bien.

Tratan de echar a correr
pero Armando no hace nada,
pues Margarita Gautier
que le coleó la parada,
con una sola mirada
lo obliga a retroceder.
Se miran el uno al otro
cual si fueran potra y potro
y así se siguen mirando.
Hasta que Armando revienta
sin haberse dado cuenta
de que se está reventando.

ARMANDO: ¡Basta ya de disimulos!
(Reventando) Basta de cruzar miradas
con las caras amarradas
como si fuéramos mulos!
No sé que me pasa a mí!
De sólo estar junto a ti
los ayes y los suspiros
se me salen como tiros
por aquí.

MARGARITA: ¡No sigáis, por compasión,
pues con tan bella expresión
hacéis que mi alma peligre,
y cual burro frente a tigre
me ponéis el corazón;

ARMANDO: No sé quién sois, Margarita,
(Llorando) solo sé que sois hermosa
y que al veros tan bonita,
el pecho se me encabrita
como una burra mañosa.

MARGARITA:　No sé quién eres, Armando,
(Llorando)　más de oírte sólo hablando,
　　　　　mi corazón femenino
　　　　　se ha puesto como un cochino
　　　　　cuando lo están vacunando.

RIGOBERTO:　Armando, párate en seco!
　　　　　¡No te dejes seducir!
　　　　　¿No adviertes, pobre muñeco
　　　　　que el padre tuyo es adeco
　　　　　y esa mujer es del Mir?

Margarita oye este dato,
e importándole un comino
se marcha por donde vino
como quien no rompe un plato.

MARGARITA:　¡Hasta luego, noble Armando!

ARMANDO:　¿Tan pronto os vais, mi señora?

MARGARITA:　Es que soy locutora
　　　　　del tercio que está cantando!

ARMANDO:　Si te vas, oh Margarita,
(Llorando)　porque el irte te aprovecha,
　　　　　fíjame al menos la fecha
　　　　　de la primera visita.

Y mientras le dice eso,
de modo asaz emotivo
trata de meterle un beso
por el conducto auditivo.

MARGARITA:　Por favor, Armando, deja,
　　　　　no me retuerzas la oreja
　　　　　cual si fuera un cucurucho,
　　　　　pues enfrente hay una vieja
　　　　　que no está viendo mucho.

ARMANDO:　¡No importa que la señora
　　　　　descubra que te celebro:

Lo que importa es que ahora
quiero morderte el cerebro!

(Inspirado) —Yo no sé por qué razón
cuando en tus ojos me miro
se me estruja el corazón
lo mismo que a Romulón
cada vez que escucha un tiro!

MARGARITA: ¡Armando!

ARMANDO: ¡Mi Margarita!

MARGARITA: ¡Te quiero!

ARMANDO: ¡Me has subyugado!

MARGARITA: ¡Qué mozo tan preparado!

ARMANDO: ¡Qué mujer tan exquisita!

Los dos se abrazan llorando,
se miran el entrecejo
y en eso aparece el viejo
que los estaba cazando.

EL VIEJO: Debo inventar una argucia
(al público) o un plan o algún enredijo,
para librar a mi hijo
de semejante lambucia!

Como un tiro de cañón
sale la dama raspando,
a fin de dar ocasión
de que el viejo insulte a Armando.

EL VIEJO: Aunque me haya de arruinar
lo que es esa rochelita
que tienes con Margarita
te la voy a chalequear.

ARMANDO: Aguarda, padre, un instante.
Para hablar de Margarita
quítate la camarita
si eres un hombre galante!

Pues mi amada, aunque modesta,
no es una mujer vulgar
de quien pueda un hombre hablar
con la camarita puesta!

EL VIEJO: ¡Antes te quito la vida
y a mí mismo me doy muerte
que verte, Armando, que verte
en manos de esa bandida.

¿Ignoras que Margarita
es en París una dama
que tiene muy mala fama
desde que estaba chiquita?

¿Qué dirá de esas andanzas
el mundo de las finanzas?
¿Tú crees que a Wall Sreet
le gusta ese popurrit?
¿No entiendes que así te expones
a que bajen las acciones?
¿Qué dira el doctor Mayobre,
que se sacrifica, el pobre,
por conseguirnos las lochas
mientras que tú las derrochas?

Que si kermeses
todos los meses,
que si bebidas
en las comidas,
que si propinas
en las cantinas,
que si bombones
por carretones,
que si tostadas
por carretadas,
que si pastillas
por carretillas…

Mientras discuten los dos,
escuchan a alguien que grita

que a la pobre Margarita
le ha dado un golpe de tos.

EL AUTOR: Valor, Armando, valor
(Yendo hacia Armando) la griseta parisina
para abrazarlo llorando) a quien le diste tu amor
se ha muerto de tos ferina
y ahí dentro está el doctor!

El cruel anciano al saber
que se ha muerto la Gautier
brinca en una sola pata,
mientras Armando se mata
de un tiro de revolver.

VENTAJAS DE ESTAR LIMPIO

Aunque la posesión de muchas ''lajas''
tiene indudablemente sus ventajas,
puesto que con la plata coge brillo
según dice el refrán, hasta un ladrillo,
yo en más de una ocasión he comprobado
que andar sin una locha en el bolsillo
es también ventajoso en alto grado.

Primeramente un prójimo que esté
limpio de perinola,
como debe por fuerza andar a pie,
no tiene que hacer cola:
un lujo que realmente
no puede darse hoy día mucha gente.

Ni podrá hacer tanteos de fortuna
en un billete que sin duda alguna
en lugar de cambiar su situación
no iba a salir ni en aproximación.

En cuanto al alzar el codo
—cosa que daña el organismo todo—,
tendrá que mantenerse ''ensabanado''
(aunque si es un auténtico beodo
ése se come un queso o echa un fiado
pero se rascará de cualquier modo.)

Y estando en semejantes condiciones
vamos a suponer que unos ladrones
de los muchos que suelen abundar
lo atraquen de su casa a la salida:
a no ser los calzones o la vida,
¿qué le van a quitar?

Y finalmente no podrá tomar,
aunque lo quiera, un auto de alquiler,
quedando a salvo así de que el chofer
le ocasione un disgusto

diciéndole agarrado y muerto de hambre
y hasta lo deje fiambre
porque no le pagó más de lo justo.

Tras esta exposición,
contéstame, lector, en conclusión
y con toda franqueza:
¿No es una maravilla la limpieza?

LA OPERA

Yo no sé si será porque no entiendo
de cuestiones artísticas ni papa;
pero a mí con la ópera me ocurre
una cosa muy rara...
Como quiero abreviaros el fastidio
y aquí una explicación sería larga,
a un ejemplo objetivo me remito
para que comprendáis lo que me pasa.

Se levanta el telón, y una señora
envuelta en una verde sobrecama
aparece en escena dando gritos
con toda su garganta.
De pronto se le acerca un caballero
—casi siempre de bragas—
y después que se abrazan y se besan
arman una trifulca a la italiana
y discuten cantando cada uno
lo que le da su gana.

Y como se supone que es de noche
el vecindario entero se levanta
y una tras otra van entrando a escena
veinte viejas en bata.

Pero en vez de pedir que no hagan bulla
o al menos indagar qué es lo que pasa,
forman una segunda gritería
hasta que cuatro o cinco se desmayan...

Yo no sé si será porque soy bruto,
pero ver una ópera dramática
me causa algunas veces tanta risa
que tienen que sacarme de la sala.

NOCTURNO DEL POETA Y LA AREPA

Esta noche tiene hambre
la amada del poeta,
y él, temblando de frío,
sale a ver qué le encuentra.
Mas todo está cerrado:
por las calles desiertas
no se ve ni una sola
arepería abierta,
los carros de tostadas
terminaron la venta
y en triste caravana
se fueron ya de vuelta
al son de los crujidos
de sus chirriantes ruedas,
y hasta los botiquines
y bares y tabernas
hace ya mucho rato
que cerraron sus puertas...

Esta noche tiene hambre
la amada del poeta,
y él, igual que una sombra,
cruza las calles gélidas,
en la búsqueda ansiosa
de un lugar donde pueda
comprar alguna cosa
para que coma ella.

Pero todo es inútil,
pues el pobre poeta
en las calles nocturnas
ha dejado las suelas,
y encontrar no ha logrado
ni una taguara abierta
donde comprar un sánguche
de diablito, siquiera,

o una humilde empanada
de caraotas negras
que llevarle a su amada
que lo aguarda famélica.

Entonces, fatigado,
se sienta en una acera,
y mientras de cansancio
los ojos se le cierran,
apoyado en las manos
mira hacia arriba y sueña:

Entre viendo y soñando
descubre así el poeta
que es la noche a sus ojos
una cocina inmensa
con lejanas y blancas
bocanadas de niebla
que a flotantes columnas
de humo se asemejan,
tal como si allá arriba
cocinaran con leña...
y ya al sueño entregado
viendo va mientras sueña
que el cielo es un budare,
la luna es una arepa
y un gran plato de queso
rallado, las estrellas,
en tanto que las nubes
evocan de tan tiernas,
lambetazos de fina
mantequilla danesa.

Y así fue como el bardo
resolvió su problema:
después de rellenarla
de nubes y de estrellas,
la luna en el bolsillo
le llevó a su doncella,

y ésta, que todavía
lo esperaba despierta,
entrándole a la luna
como a cualquier arepa,
se la pegó enterita
sin ver la diferencia.

EXTRACCION SIN DOLOR

El escenario es la antesala de un dentista. Llega un pobre hombre con la cara amarrada con un pañuelo, debajo del cual puede vérsele el cachete hinchado y engrasado con unto de gallina. Viene a atenderle una enfermera, y empieza el diálogo.

—Tenga la bondad, señorita, ¿cuánto cobra este doctor por sacar un diente?

—Veinte bolívares.

—¿Veinte bolívares, señorita? No juegue. ¡Ni que fuera un diente de oro!

—Bueno, de dos en adelante podemos hacerle un descuento. ¿Cuántos se va a sacar usted?

—Uno.

—¿Uno solo? ¿Y por qué no se saca más para hacerle el descuento?

—Porque éste es el único que me queda.

(En ese momento se oye un tremendo alarido en el gabinete del dentista):

—¡Aaayyyy…!

—¿Qué fue eso, señorita?

—Un cliente. Debe ser que el doctor le está haciendo una extracción sin dolor.

—¿Sin dolor, señorita? Y entonces, ¿por qué grita?

—Ah, porque es sin dolor de su alma.

(Se oye un segundo alarido, todavía más espeluznante que el anterior):

—¡AAAaaayyyyy…!

—¿Y ése, señorita? ¿Ese es otro cliente?

—No, ése es el mismo. Lo que pasa es que aquí los clientes acostumbran a gritar dos veces: El primer grito lo pegan cuando el doctor les arranca la muela…

—¿Y el segundo?

—Cuando les arranca los veinte bolívares. Es una norma que no falla en esta clínica. Y si no, fíjese en ese señor que va a entrar ahora.

(Se abre el fondo de una puerta, y por ella sale la cara del dentista, que ordena con un espantoso vozarrón):

—:El otro!

(Entra por la puerta un tembloroso caballero. Hay una pausa de silencio, al cabo de la cual se oye el clásico grito):

—¡Aaayyyy…!

—¿Se fija? Ya le arrancó la muela.

(Nueva pausa de silencio, y revienta otro desgarrador berrido):

—¡Aaaaayyyyyy…!

—Ahora le está arrancando los veinte bolívares.

(Pero inesperadamente se oye un tercer alarido, mucho más tremendo que los dos anteriores):

—¡Aayyy…! ¡No! ¡No! ¡Ay mi madre…!

—¿Y ahora, señorita, qué es eso?

—¿Ahora?… Pues caramba, eso sí que es raro… Esto sí que me desconcierta. Es la primera vez que ocurre… *(Con súbito chispazo de inteligencia):* ¡Ah, sí; Ahora el que está gritando es el doctor. Ya sé lo que pasa: ¡Seguro que le sacó la que no era!

A UN PERRITO QUE ME MORDIO ANTIER

Yo no practico, ¡oh perro!, la venganza,
pero en esta ocasión, a mi manera,
de Aquiles vengador la hiriente lanza
para puyarte a ti blandir quisiera,
pues colgajos creyéndolos de panza
o acaso medallones de ternera
anteayer tus diabólicos colmillos
clavar osaste, ¡oh perro!, en mis fondillos.

No es el dolor, ¡oh perro,!, ni es la ira
ni tampoco el rencor lo que me impele
a que hoy tuerza las cuerdas de mi lira
y cual látigo usándolas te pele,
pues tu mordisco fue, sin bien se mira
un mordisco trivial que ni me duele;
pero me duelen, sí, mis pantalones,
y en su nombre te escribo estos renglones.

Jamás varón alguno, que yo sepa,
de todos los que inscribe mi linaje,
ni aún cuando jugaban palmo y pepa,
rodeados de famélico perraje,
o enfrentaban, buscándose la arepa
perros de variadísimo pelaje,
jamás ninguno fue, vuelvo y repito,
atacado por perro ni perrito.

Tal nuestro orgullo fue y nuestra presea
en el deporte igual que en el trabajo;
mas llegas tú de pronto con la idea
de que solomo soy o bien tasajo,
y de un solo empellón, maldita sea,
toda una tradición echas abajo:
¡Gracias a ti y al diablo que te auxilia,
soy el primer mordido en la familia!

Yo consagré a los perros más de un canto,
yo en más de una ocasión, con voz canora,

le suplique a San Roque, vuestro santo,
que os tendiera su mano protectora:
hoy os quiero también, pero no tanto,
pues si os tuve por buenos hasta ahora,
hoy os encuentro, ¡oh perros!, tan cretinos
que prefiero a los dóciles cochinos.

Contempla, pues, ¡oh perro!, lo que has hecho:
al hundir en mis glúteos tus colmillos
no sólo, como he dicho, me has deshecho
una vasta porción de los fondillos,
sino que a suponer me das derecho
que son todos los perros unos pillos...
¡Todo esto por morderme a mí, tan seco,
habiendo en este mundo tanto adeco!

EL HOMBRE QUE ENGAÑO AL PERRO

Contra la vieja costumbre
de los pueblitos pequeños,
donde cuando un sobrenombre
le acomodan a algún tercio
siempre es para compararlo
con un animal casero:
—"Boca e' Burra", "Mono Echado",
"Picure", "Cochino Tuerto"—,
contra esa vieja costumbre,
como les iba diciendo,
en el pueblo en que yo vivo
que es un pueblito aragüeño,
tengo un amigo al que llaman
"El Hombre que engaño al Perro",
lo que más que un sobrenombre
parece el nombre de un cuento.

Tan curioso apelativo
se debe a que nuestro tercio
tiene una pata de palo
con la que anda por el pueblo,
y una vez a cierta casa
llegó a vender unos huevos
y en lugar de la señora
lo que le salió fue un perro.
¡Ah carrizo!, pensó el hombre,
qué ingrato recibimiento!
¡Y yo que con esta pata
no puedo salir corriendo!
Y el perro, que era un perrazo
de los más bravos del pueblo,
le salió al encuentro al hombre,
le salió al hombre al encuentro,
y en plena pata de palo
le dio un mordisco tremendo.

Y cual, lector, no sería
la sorpresa de aquel perro
al notar que su mordisco
no hacía el menor efecto,
sino todo lo contrario:
cuanto más mordía aquello,
más impasible y tranquilo
se mostraba nuestro tercio…
Hasta que ya fastidiado
de inútilmente morderlo,
maltratados los colmillos
y destrozado los nervios,
se le quitaron las ganas
y se volvió para adentro.

Y así fue como aquel hombre,
honesto, sencillo, bueno,
con la ayuda de su pata
pasó a la historia del pueblo
con el raro apelativo
de ''El Hombre que engañó al Perro''.

NUESTRAS MUSAS TRASNOCHADAS
o a ¡Gozar con las Tostadas!

Pot-pourrit o menestrón
compuesto con pinceladas
de una venta de tostadas
en la Esquina de Colón.

El negocio lo regenta
un luso. llamado Diego
cuya bata está más sucia
que guaral de perro e' ciego.

Son las doce ya pasadas
adentro se ve un gentío;
se oye una voz destemplada
—Dame una con pío-pío!

En un rincón está un flaco
queriendo buscar pelea.
Tiene una rasca más fea
que la palabra "sobaco".

Flota un violín en el aire
a camiseta de loco,
combinado con un poco
de aromas del río Guaire.

—Portugués, una pepeada
con bastante chicharrón.
—A mí me das un marrón
y una arepa con cuajada.

—Guá, mi horse, ¿usted aquí?
Mucho gusto en saludarlo,
¿Me permite convidarlo
a una arepa con güiri?

—Muchas gracias, camarada,
por su atenta invitación;
me comeré una empanada,

otra arepa con cuajada
y un arroz con tropezón.

—(Caracoles, este tercio
come más que un sabañón;
me ha resultado bien cara
esta "atenta invitación".)

Al caer la madrugada
la clientela va escaseando.
No queda carne mechada
y es hora de ir cerrando.

Se van los clientes
y sólo quedan
el borrachito
y el comelón.
Un perro negro,
huele que huele,
lambe papeles
en un cajón.

Y así terminan
estos versitos
que son escritos
sin intención.
Si las tostadas
son indigestas,
¿por qué las comes,
Guachamarón?

EL PERRO DE AL LADO

Pared por medio al salón
donde a trabajar me encierro,
tiene mi vecina un perro
que va a ser mi perdición.
Practica el perro en cuestión
la costumbre singular
de que le basta escuchar
que yo a trabajar me siento
para armar un aspaviento
que no se puede aguantar.

Mientras yo no lo importuno
permanece él tan callado
que parece que ahí al lado
no hubiera perro ninguno.
Mas después del desayuno,
cuando me siento a escribir,
rompe entonces a latir
en tal forma —el muy marrajo!
que del cuarto en que trabajo
me obliga el perro a salir.

Gracias al perro en cuestión,
cuanto trabajo acometo
¡tengo que hacerlo en secreto
como si fuera un ladrón!
Pues apenas el bribón
oye que muevo el papel,
se pone como un chirel
a dar aullidos y gritos,
y eso que yo en mis escritos
nunca me meto con él.

Y es lo curioso, lector,
que mientras a mí me ladra
y el cacumen me taladra
con sus muestras de furor,

la otra noche un malhechor
entró adonde el perro habita,
de su rápida visita
se llevó hasta una ponchera,
y el perro —¡quién lo creyera!—
no echó ni una ladradita.

CORREO DE LOS ENAMORADOS

Mi ideal es una negra picada de viruela que tiene la cara como un jamón planchado y la anda buscando la investigación. Contestar al que estaba en el baile el domingo pasado y le sacó la navaja al agente.

•

Mi ideal es ese viejito de bigotes que se la pasa asomado por la parte arriba del Arco de la Federación. Contestarle a la trigueña que le preguntó si era que estaba desnudo que no quería sacar todo el cuerpo.

•

Supiros por un bendedor de ampliasiones que se yebó de casa el retrato donde llo estoy chiquita disfrazada de conego Ci me hacecta espérame en la plaza de Capuchino difrasado de chanplín.

•

Al bombero que me brindó el milkao. El otro día pusimos un incendio en casa y no fuiste. Pero no importa. Yo sé que tú no vas sino a los incendios de los ricos. La que se midió tu cachucha.

•

Mi ideal es un trinitario flaquito que cuando se viste de liquiliqui parece un fósforo apagado. Contestar a la que dejó la arepa y el frasquito de perfume en el asiento de atrás.

•

Mi ideal es un trigueño que vende perro con yuca y al que por mal nombre le dicen "Foro de Urna". Contestar a la que te regaló a "Corasmín".

Suspiro por un señor que cada vez que se echa un palo sale enjuagándose la boca para la calle. La que vive frente al botiquincito.

•

Mi ideal es un colector de autobús que estaba el otro día en la posadita de enfrente metiéndole unos periódicos doblados al forro de la cachucha. También algunas veces se recuesta del poste a verse los dientes en un espejito. Contestar a la que vive en la casa donde está el letrerito que dice "Se Boltean Fluses".

•

El ideal de mi vida es una negra que se echa pintura en ese jocico hasta que le queda como si se lo hubiera pintado con brocha gorda. Contestarle al que te preguntó anoche y que guá como que comiste chorizo.

•

Mi ideal es un boquineto que llaman loro sin pico y mete la caña que su hermano es guardia. Contestar a la que te dijo mire señor no diga tanta grosería que aquí hay enfermo.

•

Suspiro por un chichero que vive frente a mi casa y que cuando va a batir la chicha se quita la camisa y le mete todo el brazo. Conteste a la que te dijo regálame una ñinguita e ligao.

•

Ar poeta que me escribió la carta que filmó "El Vaquero Estudioso". Nunca llegaré a ser tuya si antes no te hablas con un sastre para que te corte esa melena. Papá dice que si no te la haces ver con alguno que sepa de eso, dentro de poco vas a tener que conseguir un muchachito para que te la lleve. ¡Cóltate esa bicha, mi amol! ¡Mira que si te la pisas te vas a dar la gran matada! Déjame la contestación con el barbero que el otro día te dijo adiós amigo y tú le dijiste cortando un palo.

Aquiles Nazoa en el año 1975.

ELOGIO DE LOS BARDOS DE ANTAÑO

Cuando un poeta de antes, afeitándose un día,
una cana en su negra tumusa descubría,
al punto se inspiraba, y esa misma mañana
le escribía unos versos a su primera cana.

Cuando un poeta de antes contemplaba el crespúsculo,
lo arreglaba en seguida con un canto mayúsculo;
y si no era el crepúsculo, sino el alba más bien,
en cuestión de minutos lo arreglaba también.

Antes, cuando un poeta peleaba con su amada,
aunque el pleito ocurriera por una zoquetada,
en el acto el poeta pelaba por la lira
y en un canto volcaba su despacho y su ira.

Y pasados del pleito cinco días o diez,
ya contento con ella, le escribía otra vez,
primero suplicándole de rodillas perdón
y luego celebrando la reconciliación.

Cuando un poeta de antes un entierro veía,
a escribir unos versos en seguida salía
sobre la gran mentira de la humana existencia
y otra pila de cosas de mucha trascendencia.

Antes, cuando ante un niño se encontraba un poeta,
en el acto sacaba la clásica libreta
y a los cinco minutos ya totalmente escrito
tenía en el bolsillo su canto al muchachito.

Mas si era un viejecito lo que ante sí veía,
no se apocaba el bardo por esa tontería:
se armaba de su lira como de una sartén
y con un canto al viejo se mandaba también.

Los poetas de antaño no tenían problemas
como lo de estos tiempos para encontrar sus temas:
a un poeta de hoy día de escribir le dan ganas
y buscando un buen tema pasa hasta dos semanas.

Los temas, por los cuales hoy día hasta se paga,
abundaban entonces como la verdolaga:
se encontraba con tantos el poeta a su paso,
que en muchas ocasiones no les hacía ni caso.

Por eso yo, lectores, aunque os parezca extraño,
siento una gran envidia por los bardos de antaño:
ellos que producían sólo grandes poemas,
en cualquier parte hallaban fácilmente sus temas;
yo, en cambio, que un temario más corriente utilizo,
¡para escribir los míos no consigo un carrizo!

LOS SANTOS Y LOS GATOS

Quisiera yo encontrarme con un teólogo,
teólogo que a la vez fuera algo zoólogo
para que me explicara por qué el gato
ha sido casi el único animal
que no ha tenido acceso al santoral...
No en calidad de santo —¡qué herejía!—,
sino como animal de compañía.

Todo santo, en efecto, consagrado,
tiene algún animal siempre a su lado,
y hasta dos, como el fiero San Miguel,
que, además de un dragón, tiene un corcel.

Y esto sin que se toque
el perro de San Roque,
el león de San Marcos de León,
los bueyes del patrón del aguacero
y el pez de Rafael, tan milagrero,
bisabuelo del pez de la emulsión.

No existe, en fin, deidad del santoral
que no tenga consigo un animal
los cuales constituyen un acervo
que va desde la víbora al ciervo,
incluyendo de paso a la gallina
que de una degollina
salvó Santa Rosita de Viterbo,
y que está allí por recomendación
del gallo que ameniza la Pasión.

En cambio, no hay un santo —¡un simple beato!—
al que se represente con un gato.

Gatos, ya veis: ¡Culebras y dragones
se prefiere a vosotros, que sois buenos!...
Pero un consuelo os queda, por lo menos,
y es que tampoco hay santos con ratones.

LAS MUÑOZ MARIN SALEN DE COMPRAS

En Sears una señora andaba como una hormiga loca sin resolverse por nada, cuando se topó con otra señora que también andaba como una hormiga loca.

—Guás, niña, óuh, tú por aquí? Yo te hacía en la vieja.

—¿Cuál vieja?

—La vieja Uropas.

—Pues no. A última hora resolvimos dejar el viaje para el año retropróximo venidero. ¿Y tus, qué haces por aquís?

—Ay niña, loca buscando un fulano papel tualé de Navidad que no se consigue. ¡No sé cómo van a hacer pupú esos niños este año!... ¿Y esos discos que llevas ahí, qué son?

—Música plástica. Tú sabes que a Freddicito le ha dado por la música plástica desde que vio el Valle Ruso en Nueva York. Aquí le llevo la Sífilis de Chaplin, La Hipotetica de Charcosqui, y una sinfonía de Schubert que me dieron más barata porque le falta un disco

—¿Y eso fue todo lo que compraste? ¿Por qué no compraste la Novela de Beethoven el Divino Sórdido?

—Ya la tenemos. Freddicito la compró en Nueva York tocada por la orquesta de Arturo Brinquinini. También tenemos El Mascanueces, El Lago de los Chismes, El Manubrio Azul y la ópera que se llama Tristán y la Sorda de la Warner Bros.

—Niña, pero entonces ustedes tienen una discoteca completa.

—Y eso que tú no has visto la billoteca. ¡Tenemos una billoteca!... Todas las noches me pongo mis anteojos jazzband, abro una caja de manzanas y me acuesto a leer Don Cipote de la Mancha en inglés. ¡A mí me encanta Don Pipote!

—Tendrán muy buenos libros, ¿verdad?

—Naturalmente. todos están forrados en cuero. Vamos hasta ahí, que estoy buscando unas velitas de vidrio de esas que tienen agua hervida por dentro y echan bombita.

—¿De esas que parecen unas ampolletas rosadas?

—Yes... ¿Verdad que son un sueño? Figúrate que Freddicito trajo dos cajas de Nueva York, ¿y tú crees que queda una para remedio?... Todas las hemos ido regalando entre nuestros amigos más ínfimos. Y a mí me dislocan esas condenadas velitas. Para ponérselas a las tortas de cumpleaños están soñadas. Uno las sopla y no se apagan como las otras.

—Ahí las tienes...

—Ah sí... *(Llamando.)* Esteeem... ¡Mire, señorita! (Ahí viene. Pregúntale tú a cómo son.)

—¿Very moch bólivar biútiful general eléctric merry critsmas?

—¿Cómo es el golpe?

—Ay, chica, como que no entiende. Esa mujer es nativa. Mire, señorita, ella le está preguntando que a cómo son esas velitas. (Qué horror, qué servicio tan pésimo; no sé como a estos americanos tan prácticos que son se les ocurre poner nativas a atender a uno. En Estados Unidos todas las dependientas de tiendas saben hablar inglés.)

—¡Ay, mira quién viene allá!

—Ay, qué sorpresa. Cuchi Mogollón. Me privo. *(Llamando.)* ¡Come jía, Cuchi!

—Jalou!... ¿Pero qué hacen ustedes aquí? Yo las hacía en la Exposición de Huérfanos. ¿Ustedes no y que eran del Comité Organizador, pues?

—Yo sí, pero tuve que renunciar porque no me ha quedado tiempo para nada. Primero, despidiendo a William Guillermo que se fue para Mayami Flórida; después, recogiendo levitas viejas paa los niños pobres: Total, no he tenido tiempo para nosing at oll.

—Yo también renuncié al Comité. No me he sentido muy bien después de aquella botella de ponche crema que nos tomamos el otro día en el desayuno. Bueno, Cuckyí ¿y cómo está tu marido?

—¡Guá, niña, en Estados Unidos. Tú sabes que a él lo mandaron en una Micción. Es que los dos gobiernos van a celebrar conjuntamente este año el fifticentenario del Natalicio de la muerte del Libertador, y él va a pronunciar la oración lúgubre.

—¡Ay, prívense! ¡Miren aquella americana que viene allá!

—¡De veras, niña! ¡Qué musiúa tan elegante! ¿Verdad que se parece a Majarete Truman?

—Bueno, yo las dejo. Voy a ver si me cambian un tráveles para comprar aquel juego de reinocerontes de yeso parados en dos patas. ¿Verdad que están soñados?

—Son fantásticos. Bueno, yo también me voy. Freddicito debe estar esperándome para ir a la piscina a practicar un poco de nutrición. Mañana damos un almuerzo criollo en casa. No dejes de ir por allá para que te tomes aunque sea una copita de mondongo.

Babay…

—Gubay…

—So long…

—Ariós!…

—Iúuju!…

—Iuju…

—Jasta luegou!…

EL INFIERNO EN MINIATURA

Si alguna cosa tiene la industria radiofónica
digna de que le escriban una sangrienta crónica,
son esos radiecitos que vienen del Japón
y que parecen una cajita de jabón.

Uno no se imagina, viéndolos tan chiquitos,
el diabólico invento que son esos bichitos...
Pariente de la bomba que cayó en Nagasaki,
esos aparaticos son como el triqui-traqui:
chiquitos de tamaño, grandes en el estruendo,
en donde prenden uno hay que salir corriendo...

Como son tan baratos, y además es un hecho
que puede manejarlos hasta un niño de pecho,
se comprende que hoy día no haya grande ni chico
que no se haya comprado su propio aparatico.

Hay quienes lo escuchan solamente en su casa,
en donde no molestan sino a alguno que pasa,
pero los más los llevan por la calle a un volumen
capaz de reventarle hasta a un sordo el cacumen.

¡Y que nadie proteste, porque los más seguro
es que, en vez de bajarlos, se los pongan más duros!

Sube usted, por ejemplo, a un carrito de a real
y aparte de el del carro, que ya es algo infernal,
es raro que no encuentre dos idiotas o tres
con sus tres coroticos funcionando a la vez.

y ¡Ay! de los que se pasen a un autobús, creyendo
que allí van a escaparse de ese martirio horrendo,
pues esos coroticos —¡tú lo sabes, lector!—
es en los autobuses donde suenen mejor:

Niños, mozos, ancianos, señoras de recato
a ningún pasajero le falta su aparato:
Con aquel corotico pegado en el oído
y el sereno semblante dulcemente caído,

la actitud pensativa, los ojos entornados
como en "El Secretario de los Enamorados",
cree uno, al contemplarlos en pose tan artística,
que irán oyendo alguna composición muy mística
pero no: lo que escuchan son sólo culebrones
de esos que aquí transmite la radio por montones,
o una de esas guarachas tan sucias que hay ahora,
que si usted se las canta a un cochino, se azora...

Yo viajé para Catia en carrito hace poco,
y al llegar a Pagüita me bajé medio loco:
¡Tres de los pasajeros —dos señoras y un chico—
andaban cada uno con su aparatico
y los tres escuchando distintas estaciones!...
¿Y qué creéis que hicieron aquellos tres bribones?
¡Qué cuando que bajaran los radio les pedí,
en lugar de los radios, me bajaron a mí!

LA OPERACION DE UN CRONISTA SOCIAL
NARRADA POR OTRO CRONISTA SOCIAL

Entre los numerosos agasajos de que han sido objeto los periodistas venezolanos que viajaron a Long Beach con motivo de la elección de la Señorita Universo, la crónica menciona especialmente la simpática operación de apendicitis ofrecida a nuestro compañero Oscar Escalona Oliver por un grupo de galenos de aquella localidad. La iniciativa de operarlo surgió del médico particular del Hotel Wilton durante una intoxicación de langosta bailable, a la cual asistió Escalona en calidad de intoxicado de honor.

En media hora la mesa de operación estuvo lista, destacándose las cultas enfermeras médicos asistentes por su exquisito gusto en el arreglo de los preparativos. Las bellas damitas, primorosamente trajeadas de blanco con toquitas del mismo color, recibieron a los doctores en el amplio pabellón de cirugía, donde había sido dispuesto un original servicio de mesitas rodantes con pequeñas bandejas colmadas de gasa, yodo triple, trocitos de adhesivo y artísticas pinzas para servirse el algodón. Dos decorativas bombas de suero fueron colocads de lado y lado de la mesa, así como también un frasco grande para el servicio del alcohol y una graciosa sopera en forma de pato descabezado.

Terminada la disposición de la mesa y arreglados todos los detalles, a las doce en punto de la noche fue servido el delicioso enfermo, el cual apareció vestido para la ocasión con una sencilla camisola blanca, cogida aquí y allá con alfileres de gancho, un amplio velo de gasa amordazándole el bigote, dándole así un momentáneo aspecto de disfraz de odalisca.

Cumplida que fue la simpática ceremonia de la anestesia, la joven pareja de cirujanos procedió a picar la tradicional barriga, disfrutando todos los presentes de su maravilloso contenido de menudas sorpresas.

Al terminar la operación, una de las tripas de Escalona fue rifada entre las damas asistentes, disponiéndose luego entre los caballeros la acostumbrada rifa del guante de goma del médico.

EL OCASO DE LOS LOROS

Cuando yo era muchacho todavía
—y de esto hace ya tiempo, no lo ignoro—
recuerdo que en Caracas no existía
un solo hogar en que no hubiera un loro.

Mas pasaron los años, y hoy en día
—de sólo recordarlo casi lloro—
ya no hay ni la mitad de los que había:
¡todos han hecho mutis por el foro!

Poco a poco la escoba del destino
con la implacable saña de un felino
los ha ido abatiendo en sus estacas.

Y el resultado de esto, oh caraqueños,
es que para descanso de sus dueños,
¡ya no quedan ni loros en Caracas!

NO HAY MARGEN

Fulanito de Tal, que de chiquito
fue, como yo, muchacho de mandados,
y como yo, por calles y mercados
rodó hasta ayer para ganarse el frito.

Hoy más que un personaje es casi un mito,
funcionario con quince o veinte empleados,
de estos que como están tan ocupados
le hablan a usted pujado y ligerito.

Ayer al encontrármelo me dijo
entre café y café, que tiene un hijo
al que al Norte enviará próximamente.

—Porque aquí, chico, margen no hay ninguno
y tú comprenderás que un hijo de uno
no se puede educar en este ambiente.

BESITOS MANUALES

Si hay algo que yo llevo hasta el exceso
es el culto del beso;
mas no el besito cursi, destemplado,
que llamamos aquí *beso de ahijado,*
sino aquel que en la bíblica serpiente
tiene su más antiguo antecedente.

E igual que yo es aquí la mayoría:
Aquí no concebimos, como en Francia,
ese besito abstracto y sin sustancia
que las gentes se dan por cortesía.
¡Nadie se besa aquí sin interés,
aunque el beso en cuestión se dé en los pies!

De allí que desde tiempos ya lejanos
pasara el besamanos
a ser una costumbre sin clientela
que no practican hoy en Venezuela
sino algunos tenores italianos.

Esto era, hasta ayer a medio día,
lo que yo suponía;
pero ayer descubrí que es otro el cuento
y que en algunos medios culturales
los besitos manuales
parecen ser la moda del momento.

Hay un grupo de mozos literatos
—en los que nunca faltan mentecatos—,
que a riesgo de encontrarse algún marido
de estos que celan más que celadores,
de algún tiempo a esta parte la han cogido
por besarles la manos a las señoras,
costumbre que en París será elegante,
pero que aquí resulta repugnante,
repugnante y más cursi que el carrizo,
como pasa con todo lo postizo.

Se trata de muchachos, pobrecitos,
que con esos modales
quieren hacerse los originales,
pues ya que no lo son en los escritos
se conforman con serlo en los besitos.

Mas lo que ignoran estos ciudadanos
es que la ejecución del besamanos
requieren una prestancia versallesca,
sin la cual dicha acción luce grotesca.
De lo contrario, les sucederá
lo que a un amigo mío tiempo ha.

Trató este amigo mío, en mala hora,
de besarle la mano a una señora,
y cuando a hacerlo ya se disponía
le causó a la dama tal sorpresa,
que la dama exclamó: —Pero, García,
¿qué lavativa es ésa?
¿Usted besando manos? —Uhm... Basirruque!
¡Usted vendió conservas en Escuque!

¿VERDAD QUE LOS CARAQUEÑOS PARECE QUE HABLAN EN SUEÑOS?

¡Qué formas tan pintorescas
son nuestras formas de hablar!
Para decirnos dos cosas
que en cualquier otro lugar
se dicen directamente
con dos palabras no más,
aquí estamos media hora
tratando de concretar,
y el pavoroso enredijo
que nos formamos es tal,
que el que nos está escuchando
no entiende ni la mitad,
ni nosotros entendemos
lo que él nos quiere explicar.
Y si quieren una muestra
de nuestros modos de hablar,
acomoden las orejas,
que allí van:

—Yo, chico, hablé con el hombre
y él me dijo que si tal
que si qué sé yo qué cosa,
que si yo no sé qué más,
que si esto, que si lo otro,
que si lo de más allá,
que si patatín,
que si patatán...
¡Bueno, puej, me volvió loco
con ese tronco e macán!

Pero yo le eché coraje
y le dije: —para guan,
si usted me viene con curvas
que si tal que si cual
y que si yo no sé qué
y que yo no sé qué más,

conmigo estás bueno, puej,
¡porque conmigo qué vá!

Si él me dice en un principio:
"Mira, Pedro, ven acá,
yo vengo a tal y tal cosa,
pero tal y tal y tal",
pues entonces, qué carrizo,
¿pero así? ¡No, oh, qué vá!

Y así como habla ese tipo
que acabamos de escuchar,
así hablamos casi todos
en la Caracas actual:
Un montón de frases mochas,
alguno que otro refrán,
cien mil mentadas de madre
y el resto, ni hablar, ni hablar!

CUPIDO AL VOLANTE

Señoras y señoritas
que en los carros de alquiler
—y no sólo en esos carros
sino en los otros también—
le lleváis echado el brazo
por los hombros al chofer,
a riesgo de que a un frenazo
que de pronto el tercio dé
os queden las naricitas
pegadas de una pared.

Señoritas y señoras,
perdonad mi estupidez,
pero eso de que una dama
vaya abrazada a un chofer
para que todos sepamos
que está *pegada* con él,
eso, a juicio de vosotras,
muy bonito podrá ser,
pero yo, lo siento mucho,
yo soy de otro parecer.

Me diréis que esto es envidia
resentimiento tal vez,
pues yo, cuando sientos ganas
de abrazar a mi mujer,
como no tengo automóvil
tengo que abrazarla a pie...
El caso es que no hay estampa
que tan mala espina dé,
como esa que hacéis vosotras
creyendo lucir muy bien,
cuando os da por ir pegadas
como un chicle, del chofer,
con aquellos amapuches
y aquella desfachatez,

con los que a un mismo cochino
las tripas le revolvéis.

¿Qué fin perseguís con eso?
Con eso, ¿qué os proponéis?
Señoras y señoritas,
yo no sé por qué los hacéis,
pero esa son monerías
que en un carro no están bien;
porque una dama, una dama
que en verdad quiera a un chofer
debe escogerse otro sitio
para abrazarse con él;
un lugar donde él le pueda
con calma corresponder,
donde no tenga un volante
ni un motor a qué atender,
"ni otro afán que el de adorarte",
como dijo el tercio aquel.

Pero, ¿en un carro, señoras,
y un carro a todo correr?
Eso es poner, como dicen,
en tres y dos al chofer,
eso es plantearle un dilema
como el de ser o no ser,
y ante el cual, el pobrecito,
no encontrando qué escoger,
ni le atiende al automóvil
ni le atiende a la mujer!

DOMINGO 1927

Cuidadosa y severa en su chaqué,
la gente luce un poco maniquí.
Unos oyen la banda (von Suppé)
y otros comen lairenes y maní.

Las niñitas vestidas de organdí
mascan chicle y exclaman comonié,
y un chiquillo con cara de tití
revienta una tinita con el pie.

A mi lado una dama lanza un ¡oh!
Diagonal al kiosquito en que estoy yo
se forma un animado bululú,

pues pasan, muy ceñidos por detrás
—sonrojo de niñeras y mamás—,
dos mocitos hablando en cuti-tú.

A CARMEN LA QUE CONTABA DIECISEIS AÑOS, EL DIA QUE LOS CUMPLIO

Según me dicen, Carmen, los que saben latín,
tu nombre en ese idioma significa jardín;
de allí que, contrariando mis deseos mejores,
hoy día de tu santo no quiero echarte flores,
pues teniendo tú un nombre con tal significado,
florearte a ti sería llover sobre mojado.
Imagínate, Carmen, darte flores yo a tí,
¡a ti que ya de flores estarás hasta aquí!

No, mi amor, yo prefiero regalarte otra cosa,
que no será tan fina, pero sí más sabrosa:
prefiero regalarte una buena escudilla
repleta hasta los bordes de carne a la parrilla
y unas veinte hallaquitas del grueso de un topocho
de esas que tú las pelas y parecen un ocho.

Pero si prefirieras algo un poco más fino,
puedo enviarte unas cuantas tostadas de cochino
y una media camasa de carato enfuertado
de ese que echa bombitas cuando está embotellado.

¿Qué te parece, Carmen, que te mande todo eso,
además de un menudo de cachapas con queso?
Perdona que te ofrezca semejante menú
cuando algo más poético quizá esperabas tú;
pero, es amada mía, que los nervios me ataca
el ver cómo te pones cada día más flaca,
y yo no puedo estar con los nervios tranquilos
¡sabiendo que no llegas ni a ciento veinte kilos!

P.D. *Un pernil de cochino con ésta te remito*
Hazlo por mí, mi negra: ¡Cómetelo enterito!
Y otra cosa: recuerda lo bravo que me pongo
cada vez que me dicen que dejaste el mondongo.
Adiós, amada mía, recibe un tierno beso
y obedécele al médico: ¡cómete todo el queso!

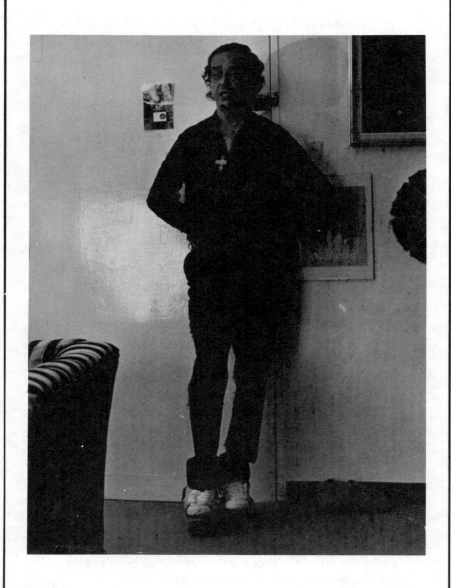

Foto de su amigo el joven Edgar Lugo (q.e.p.d.). Aquiles acostumbraba patinar para relajarse.

CHACHITA Y SARA GARCIA

Ya adquirí mi billete. El calorcito
levanta un tibio vaho de guisote
sobre la multitud. Hay un gordote
que suda junto a mí como un bendito.

Señoras tan delgadas como un pito
llevan muy densas pieles al cogote,
sugiriendo la imagen de un mogote
en el que se hospedara un pajarito.

El grupo se prolonga hasta la acera;
preséntase la gran empujadera
y hay un pleito de seis. La ola humana

hierve y ruge, y arrecia la canícula.
(Y todo para ver una película
mexicana!)

ALGUNAS COSAS VENEZOLANAS QUE POR ANTICUADAS PASARON A SER PAVOSAS

- Los bailes de escote con sifón de cerveza y un policía en la puerta.
- Los perros que se llamaban Firpo.
- Las señoras que nombraban a su esposo por el apellido.
- Comprar un centavo de harina con azúcar.
- Tener una perrita pequinesa llamada Nena y echarle agua de colonia.
- Decirle "chinchas" a las chinches.
- Llamar "música de viento" a las orquestas de baile.
- Jugar la sortija vaya y venga y podré podrá usted.
- Decirles coronel a los jefes civiles y tratar de doctor a los boticarios.
- Llegar uno a su casa contando que vio un entierro.
- Llorar leyendo.
- Bañarse dentro del cuarto.
- Monear poste.
- Traer agua de mar en garrafones desde La Guaira para que un enfermo se diera baños de mar en la casa.
- Decir qué va mi Zulia, comoónie y fulano es muy pretencioso.
- Bautizar un muñeco.

SALMO DE LA ROSA VERDADERA
Soneto colombiano

Eres la rosa tú, la verdadera,
aunque la verdadera rosa es rosa,
mas la rosa sin ti rosa no fuera
sino otra flor cualquiera, menos rosa.

¿Vas a negar que eres la rosa, Rosa?
No importa, pues la rosa verdadera
dice que entre las dos tú eres la rosa
y que ella es una rosa de chivera.

¿En qué quedamos, pues? ¿Quién es la rosa?
Por juez al corazón poner quisiera,
pero mi corazón también es rosa.
De modo que es posible que me muera.

De modo que es posible que me muera
sin que me digan, entre rosa y rosa,
quién diablos es la rosa verdadera.

EL CONSEJERO DE LA JUVENTUD

Si como un joven de novela aspiras
a labrarte una buena posición,
haz lo que muchos en tu caso han hecho:
dedícate a doctor!

¿Qué tú no tienes vocación científica
ni te llaman los partos la atención?
Esas son tonterías, lo importante
es que obtengas tu grado de doctor.

Lo importante es que saques tu diploma
y te hagas el retrato de rigor
con tu rollito de papel sellado,
tu birrete y tu oscuro camisón.
Y que después te cases y consigas
un automóvil Ford,
que son dos de las cosas que precisa
para que lo respeten un doctor.

Lo demás son detalles: un despacho
con fotos de Pasteur y de Herr Koch
y una placa en la puerta: doctor Pérez,
especialista en tal y qué se yo...

Puede que tú no sepas ni siquiera
poner una ampolleta de alcanfor,
pero para los fines que persigues,
lo que importa es la placa en el portón.

Si el difunto Negrín, sin ser graduado,
tanto real consiguió,
cuánto más que él —y trabajando menos—
conseguirás tú, siendo doctor!

Escucha, pues, mi paternal consejo:
si aspiras a cambiar de situación,
aunque te encante la alpargatería,
¡dedícate a doctor!

LO QUE DEBE EVITARSE

Del tipo que a la vuelta de una esquina
te detiene y te muestra una receta
para ver si te arranca una peseta
combinando sablismo y medicina;

y del súbito encuentro en la cantina
con Romancito Flores, un poeta
que sin dejarte respirar te espeta
una oda que nunca se termina;

del que te pone ante un recién nacido
para ver si le encuentras parecido
con el padre o la madre, o con los dos,
y, en fin —es hora ya de que concrete—
de que te vean cara de zoquete,
¡líbrete Dios, lector, líbrete Dios!

LA CENICIENTA AL ALCANCE
DE TODOS

El dramático relato
de una pobre muchachita
que aprendió desde chiquita
dónde le aprieta el zapato.

ACTO PRIMERO

Al levantarse el telón
aparece una cocina
que por ser de gasolina
se inflama y hace explosión.

Llorando junto al fogón
estará la Cenicienta
que saluda y se presenta
con la siguiente canción.

LA CENICIENTA: A mí me llaman
la Cenicienta;
soy la sirvienta
de esta pensión
y tengo amores
con un bombero
muy sirvientero
y harto atacón.

Entra una vieja
bastante harpía
que luciría
bastante bien,
si no tuviera
toda la cara
como tapara
con comején.

Y al ver a la cocinera
junto al budare sentada,
le acomoda una patada
que por poco la agujera.

LA VIEJA: Lávame mi justansón
con cepillo y con hisopo
porque mañana hay joropo
casa del Rey del Cañón.

Llegan dos damas muy monas
que relinchan y reculan
para ver si disimulan
que son bastante jamonosas.

JAMONA PRIMERA: Y a mí me limpias
(a la Cenicienta) cuando termines
los brodequines
y el tirolé,
pues los Marqueses
de Raboalzado
me han invitado
para un minué

JAMONA SEGUNDA: Y hay que asear el inodoro,
llevarle la ropa al chino,
ponerle alpiste al cochino
y darle un purgante al loro.

Por la puerta lateral
que da sobre la azotea,
sale otra vieja más fea
que un pleito en un cardonal.

Y con espantosa voz
a las otras les avisa
que se cambien de camisa
porque en Palacio hay arroz.

LA VIEJA: Y tenemos que asistir,
pues allá estará también
el Barón Lambesartén
y su cuñado el Visir.

TODAS LAS JAMONAS: Ay, la emoción nos ahoga!
Vamos para allá ligero,

pues el Príncipe es soltero
y a lo mejor se apersoga!

EL AUTOR: Cuando las viejas paran la cola,
(*llorando*) la Cenicienta se queda sola,
por ser de todas las más pistola.

LA CENICIENTA: Para gozar un millón
y beber champaña helada,
me dejan a mí pegada
rolo a rolo en el fogón!

Pero un buen corazón
hacia el bien siempre la arrastra,
y a rezar por su Madrastra
se arrodilla en el fogón.

LA CENICIENTA: San Antero de mi vida,
oye mi llanto y mi queja
y haz algo a ver si esa vieja
deja la mala bebida!

Como mansa mapanare
se tiende sobre el budare
y tantas lágrimas vierte,
que con su llanto convierte
la cocina en un manare.

LA CENICIENTA: Y tú, Santa Cochinchina,
apiádate de estas canas
y haz que mis pobres hermanas
renuncien a la morfina!

De repente, por un lado,
surge un Hada linda y bella
que ilumina a la doncella
con un topocho encantado.

EL HADA: Soy el Hada
Mezanine
y aquí vine
por avión,

a librarte
de la garra
que te amarra
del fogón.

¿Quiéres plata
por montones?
¿Camisones
a granel?
¿Ganar cientos
de millones
con acciones
de la Shell?

LA CENICIENTA: Quiero un vestido y un coche,
pues me consume el deseo
de asistir al picoteo
que tiene el Rey esta noche.

Coge el Hada
su topocho,
cuenta ocho,
da un traspié,
y del pote
del potaje
saca un traje
de soirée.

Después invoca a San Pablo,
y al momento por el foro
sale el coche de Isidoro
como alma que lleva el Diablo.

EL HADA: Móntate en este quitrín
que ha de cruzar el espacio
para llevarte a Palacio
donde te espera el festín.

Si nadie allí te conoce
les dices que yo te mando,
pero regresa a las doce:
mira que están reclutando

ACTO SEGUNDO

El coche llega ligero
al palacio del Visir,
y el príncipe sale a abrir
creyendo que es el lechero.

Pero al ver a Cenicienta
tan linda y tan maquillada,
le conecta una mirada
que por poco la revienta.

EL PRINCIPE: Cuando a tus ojos me asomo
y tu aliento me perfuma,
el pecho me brinca como
cochino que ve totuma.

Por su parte la chicuela
siente que pierde el aplomo
y el cuerpo le tiembla como
gelatina en parihuela.

EL PRINCIPE AZUL: ¿Dónde sales
(que está rascado) con esa facha
de cucaracha
con DDT
y esas orejas
verde perico
y ese jocico
de chimpancé?

¡Contesta bicha,
te estoy hablando!
Responde cuándo
viniste aquí.
¿Eres delirio
de fiebre aftosa,
o eres la esposa
de algún sigüí?

LA CENICIENTA: No sigáis, por compasión,
que con lenguaje tan puro

como en pico de zamuro
me ponéis el corazón!

Mientras el joven
coge el caballo
y un lavagallo
va echarse al bar,
una campana
toca la hor

por la emisora
Crono-ladrar.
Y la muchacha
sale en carrera
por su escalera
particular.

ACTO TERCERO

Vuelve el Príncipe, y al ver
que se ha ido la visita,
se mete en una cuevita
llorando a más no poder.

Pero cuando allí se cuela
para estar solo y oculto,
el Príncipe siente un bulto
y no va para la escuela.

Y dando un salto de atleta
descubre, ¡suerte bendita!
un zapato de vaqueta
que dejó la muchachita.

ACTO CUARTO

Al levantarse el telón
se descorre una cortina
y aparece la cocina,
que vuelve a hacer explosión.

Mientras por el suelo inmundo
la Cenicienta se arrastra,

las hijas de la Madrastra
dicen cosas de gran mundo.

JAMONA PRIMERA: Al Marqués de Cocorote
le dio fiebre en el bigote.

Y el Barón de Tapiramo
piensa mandarnos un ramo.

LA VIEJA: La Marquesa me ha obsequiado,
con un callo autografiado.

JAMONA SEGUNDA: Y el Duque de Las Tres Pepas
me metió las nueve arepas.

JAMONA TERCERA: Anoche en la Ceremonia
vi al Condés de Parapara,
y el Barón de Titiaronia
por poco se me declara.

Suena el Himno Americano
se abre en foro un baúl
y sale el Príncipe Azul
con un zapato en la mano.

EL PRINCIPE: Le daré mi corazón
a la doncella o madame
que logre meter su ñame
dentro de este zapatón.

Con los ojos abiertos
cual huevos fritos,
las solteronas saltan
pegando gritos;
entablan una lucha
con el zapato
y se dan por vencidas
al cabo rato,
pues la maldita pata
no se les mete,
ni que se la recorten
con un machete.

En vista de lo cual
el Príncipe se ausenta,
mas ve a la Cenicienta
durmiendo en un huacal.

Y mirándole los pies
le dice: —Dime Fulgencia,
¿por alguna coincidencia
calzas tú cuarenta y tres?

LA CENICIENTA: Sí, dotol...
(bajando los ojos

Y aceptando con rubor
el zapato de vaqueta,
lo coge y se los encasqueta
por la cabeza al autor.

EL AUTOR: ¡Y así damos finiquito
a una gran obra maestra
que a las claras nos demuestra
lo que puede un pie chiquito!

NUESTRO CONMOVEDOR CUENTO DE NAVIDAD

Personajes:

Timote Antonia,
Agapito José,
Uno de los Niños,
Una caritativa señora.

AGAPITO: ¡Otra noche de Navidad que pasamos en la miseria, Timotea mía! ¡Estoy desempleado; tengo dieciséis años sin trabajo!

TIMOTEA: Es nuestro destino. Yo no sé por qué los personajes de los cuentos de Navidad tenemos que ser siempre tristes, estar muriéndonos de hambre, y tener unos hijitos que justamente en la Nochebuena sueñan que están con el Niño Jesús y se levantan a pedirle pan a uno. ¿A ti no te parece que eso es muy cursi, mi amor?

UN NIÑO: ¡Mamá, mamá!...

TIMOTEA: ¿Qué te pasa ahora?... ¿Yo no te dije que cuando tienes que llamarme es a las doce de la noche para que yo experimente un íntimo y silencioso sufrimiento?

EL NIÑO: ¡Pero es que estoy cansado de.temblar y además está cobija me da mucho calor!...

TIMOTEA: Pues aguántese como pueda, carrizo. ¡Usté sabe que los niños pobres de los cuentos de navidad tienen que pasar la Nochebuena temblando de frío!

EL NIÑO: Pero es que también tengo ganas de hacer pipí...

TIMOTEA: Nada de eso. Ya yo le dije que los niños de los cuentos de Navidad de lo único que pueden tener ganas en la Nochebuena es de comer pan.

AGAPITO: Bueno, vieja, vamos a ver si empezamos a sufrir de una vez; ya son casi las doce, dentro de poco va a llegar esa señora caritativa y que aparece haciendo el bien en todos los cuentos de Navidad, y yo ni siquiera he comenzado a maldecir mi destino.

TIMOTEA: Por mi parte podemos empezar. ¿Ya estás bien sucio y tienes el pelo bien alborotado?

AGAPITO: Sí. Lo que falta es que tú te acuestes en el camastrón afectada por una cruel dolencia y saques un pie por el hueco de la cobija. Pero... Pero, ¿qué es eso, chica?... ¿Habráse visto qué mujer mas imprevisiva? ¿Cómo se te ocurre cortarte la uña del dedo gordo precisamente hoy? ¿Tú no sabes que las mujeres enfermas de los cuentos de Navidad deben tener la uña del dedo gordo como una peineta?

TIMOTEA: Ya no hay remedio. Así que vamos a echarle pichón a esto y empieza tú.

AGAPITO: Otra noche de Navidad que pasamos en la miseria... ¿Te acuerdas, Timotea mía, cuán distinta era nuestra Nochebuena en otro tiempo? ¡Qué desnuda y fría se ha ido quedando la que fuera otrora nuestra rumbosa mansión del Callejón Carmona! ¡Recuerdas que a esta hora ya tú habías terminado de preparar las hallacas de gallineta? ¿Te acuerdas que teníamos un loro al que yo había acostumbrado a dormir en el copete de nuestra amplia cama matrimonial? ¿Te acuerdas que yo siempre tenía un frasco de ron con ponsigué debajo de la cama? Ahora todo ha cambiado. Lo único que no he llevado a empeñar ha sido la pianola-piano, y eso porque no sale por la puerta después que hicimos aquella reparación. ¿Te acuerdas de aquella reparación?

TIMOTEA: Muy bien. Te está saliendo perfecto, mi amor. Ahora pregúntame si hay algo de comer.

AGAPITO: ¿Hay algo de comer?

TIMOTEA: Nada. El último pedacito de correa se lo comieron los muchachos esta mañana.

AGAPITO: ¿Y el perro?

TIMOTEA: ¿Cuál perro?

AGAPITO: El perro caliente que me regalaron aquellos señores ricos que me prometieron ayudarme.

TIMOTEA: Ah, ¿ése? Ese se lo comió el perro.

AGAPITO: ¿Cuál perro?

TIMOTEA: Guá, el perro de nosotros.

AGAPITO: Muy mal hecho del perro de nosotros, porque ese perro era de nosotros.

TIMOTEA: Al contrario, me parece que hizo bien; de todos modos ese perro estaba nacido.

AGAPITO: ¿Cuál perro?

TIMOTEA: Guá, el que se comió el perro.

AGAPITO: *(Llorando.)* Creo que tú me mientes. Tú bien sabes que perro no come perro.

TIMOTEA: ¿Qué insinúas?

AGAPITO: Insinúo que la que se comió el perro fuiste tú.

TIMOTEA: No lo niego, yo fui efectivamente quien se comió el perro.

(En esto llega la caritativa Señora que aparece en todos los cuentos de Navidad.)

SEÑORA: Como todos los años —dice— lo primero que he hecho esta noche de Navidad para ponerme bien con el niño Dios, ha sido acordarme de las clases bajas que sufren… No riñáis… No os dejéis arrastrar por los odios y resquemores que engendra la miseria. Vivid en paz y armonía teniendo siempre presente que todos los sufrimientos de esta vida son transitorios, y tienen su compensación en la felicidad eterna que espera a los buenos en el Más Allá. Y agregando: —Aquí tienen esta cosita para que se calienten el estómago—, les regala un soplete.

PRESENTAMOS NUESTRA SECCION DE PAVA CLASIFICADA

Una tabla en la que no sólo señalamos la cosa pavosa sino también la categoría de pava a que pertenece

TIPO DE PAVA	DESCRIPCION
Tratar de despertar a uno que tiene una pesadilla, llamándolo por un nombre que no es el suyo, por creer que si se le llama por su propio nombre se vuelve loco.	Pava tradicional. Ha caído en desuso desde que se descubrió que tratando de despertar a una persona por ese sistema, lo que casi siempre se logra es que el que se despierte sea el vecino de al lado.
Creer que el caldo alimenta mucho porque uno suda tomándoselo.	Pava ingenua. Por su inofensividad puede catalogársela en la categoría de la pava menor, denominada también pichón de pava.
Contestar uno las cosas que se le dicen a un recién nacido, haciendo uno las veces de recién nacido.	Pava de alta explosividad. Lamentamos no poder dar la clasificación exacta, porque al tratar de calibrarla en su valor justo, se reventó el aparato.
No decir que uno tiene hambre, sino tengo fatiga.	Pava simple, sólo cultivada por los que podríamos llamar los primitivos de la pava.
Las mamás de cura que le dicen padre a su propio hijo y le piden la bendición en el	Pava compuesta, cuyas irradiaciones llegan a veces a alcanzar a toda la familia,

mismo momento en que el cura se la pide a ellas.

incluyendo a las sobrinitas del sacerdote en cuestión, que en ese caso se ven obligadas a pedirle la bendición, diciéndole: "La bendición, tío padre."

Llevarle de regalo a la novia el día de la visita un paquete de dulces de pasta y volver por la mañana anes de irse para el trabajo a preguntarle si no le guardó uno.

Pava antigua. Hoy en día ya no la cultivan sino algunos coleccionistas.

Decir "Voy a poner un telegrama" cuando uno va para el baño.

Pava cochina. ¡Fó, fó!

Nombrar por una sola pieza cosas que normalmente se presentan por pares, como, por ejemplo: "¿Ese zapato? Ese es un zapato muy fino."

Por su evidente propensión a economizar zapatos, puede clasificarse en la categoría de pava económica.

Los enfermos que explican su enfermedad diciendo que sienten como si les subiera y les bajara una pelota.

Pava deportiva.

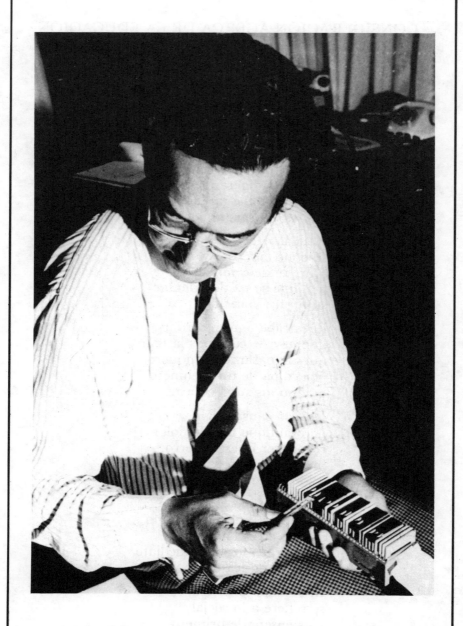

Preparando el programa "Las Cosas más Sencillas" (1975).

CONSIDERACION ACERCA DE LA EDUCACION
DE LOS COCHINOS

Fragmentos de una ponencia
presentada en la Convención
Nacional de Medicina Veterinaria.

Señores de la asamblea:
permitid que aunque yo sea
sólo un hijo de vecino,
os dé una ligera idea
sobre la noble tarea
que es educar un cochino.

Apenas nazca el pichón,
se pone en observación,
a fin de determinar
a dónde se ha de orientar
su futura vocación.

Pues cabe aquí recordar
que hay de cochinos la mar
que no pasan del chiquero
por culpa de un cochinero
que no los supo educar.

Decirlo causa pavor
pero aunque nos dé dolor
reconocer nuestro yerro,
menos sabroso es el perro
y lo educamos mejor.

Pero mi tema es porcino;
volvamos, pues, al camino
dejado atrás hace rato
y expliquemos de inmediato
cómo se educa un cochino.

El cuidado principal
se refiere a lo social,
y es enseñarle primero

a que cuide con esmero
su apariencia personal.

Hay que ponerle atención
si mostrara inclinación
a andar siempre empantanado,
pues cochino desaseado
no llega ni a chicharrón.

Hay que inculcarle, señores,
que las tres prendas mejores,
después de la inteligencia,
son el amor, la obediencia
y el respeto a los mayores.

Hay que infundirle la idea
de que, por macho que él sea,
debe hablar con mucho esmero,
porque no hay cosa tan fea
como un cochino grosero.

También se le ha de imponer
el sentido del deber
y enseñarle desde chico
a que se lave el jocico
cuando acabe de comer.

Que si va a un baile o coctail
de gente de otro nivel,
ninguna protesta emita
cuando alguna señorita
se niegue a bailar con él.

Pues según la educación
que se le imparta a un lechón
desde que mama chupón
hasta que ya está rollizo,
unos son para chorizo
y otros son para jamón.

VENEZUELA LIBRE ASOCIADA
o
LA GENERACION DEL 5 Y 6

Nos encontramos en los aristocráticos salones del Club Campestre Los Cuartillos, la tarde de un domingo. En el salón de recreo, algunos de los miembros más distinguidos juegan dominó. Todos están sin saco, con el sombrero puesto, las elásticas caídas sobre los fondillos, los pantalones desabrochados a la altura de la barriga y un cigarro detrás de la oreja. En la biblioteca y discoteca —llamada también *billoteca y discoteca* por los miembros más nuevos— hay una motorola que toca un concierto de música clásica a base de *Júrame, la Serenata* de Schubert y *Estrellita* en inglés. Por todas partes se ven educativas tablitas que dicen: "Se prohibe escupir en las matas", o bien: "Sea decente. No bote cabos de tabaco en la piscina." De paso para el jardín viene una tal Cuchi, dama bastante antigua, más cursi que mondongo en copita y fea como el cará. Como hoy es uno de los días señalados por el reglamento del club, para que sus miembros vistan el traje típico venezolano, la tal Cuchi lleva una sencilla indumentaria criolla, consistente en unas alpargatas blancas de esas que dicen "Souvenir of Venezuela", unos pantalones de los llamados pescadores y una cotica bordada con motivos tropicales. Con todo lo cual, lo que Cuchi parece no es precisamente una persona decente, sino un "pato" disfrazado de apache. Cerca de ella hay otras dos socias del aristocrático club, que en ese momento se ponen los sombreros de sus maridos para retratarse con ellos puestos y haciendo una venia militar. Hecha la fotografía, las espirituales consocias siguen paseando. Una de ella ve a Cuchi y da un brinquito de sorpresa.

—Ay, me privo: Ahí está Cuchi Hueleperro... Jaló, Cuchi!

—¡Plasty! No me digas que eres tú. ¿Y ese milagro tú en el clús?

—Guá, con William Guillermo, que está antojadísimo de comerse unas caraotas con langosta. Tú sabes que él se chifla por la comida criolla.

—¿Y dónde está ese sanababiche? No lo veo desde Mayami Flórida.

—Fue hasta la casa un momento en el carro. Figúrate que vino con intenciones de darse un baño en la piscina, y tuvo que devolverse porque se le olvidó el jabón... ¿Y ustedes no se conocen?

—Cómo no, niña... ¿Usted no es la cuñada del doctor Peter Pérez?

—No, usted me confunde con Puppy. Yo soy Ñoñi.

—¿Ñoñi? Yo tengo una sobrinita haciendo el jai escul en Canadá, que también se llama Ñoñi. Qué confidencia. ¿verdad? ¿Y qué está haciendo Peter ahora?

—Sigue en París. En la última carta nos decía que pensaba dictar una transferencia en la Universidad de Las Hormonas.

—Ay, eso es fantástico. ¿Y sobre qué versaba la coincidencia?

—Guá, sobre antropología. Usted sabe que él se graduó de antropófago.

—Niña, ese Peter es inmortal. Cuando yo estuve en Europa, puede decirse que pasamos todo el año santo juntos. Primero fue en París... Me meto en el Museo de la Ubre, y con el primero que me encuentro es con Peter.

—Ah sí, él nos mandó la fotografía que se sacaron junto a la Momia Luisa.

—Bueno, después nos volvimos a encontrar en Roma cuando fuimos a visitar las cacatumbas. La última vez que lo vi fue en la canal...

—¿En la canal? ¿Y qué hacían ustedes en una canal, Cuchi?

—Guá, niña, en la Canal de Venecia. ¿No te acuerdas que te mandé una postal diciéndote que había paseado en gandola y todo?

—Ah, cómo no. Sí hombre, si Freddicito me contó que hasta tuviste un romance con el hombre que manejaba la gandola.

—Ay sí. Esos bandoleros son muy románticos.

—A propósito de romántico: ¿quiéres ir esta noche al concierto de Elena Rubinstein?

—No, gracias. Yo nunca voy a conciertos. A mí no me gusta dormir fuera de casa. Además, tú sabes que en casa tenemos piano.

En ese momento, de un cercano cocotero se desprende un enorme coco. Y habiendo abajo tantos nuevos ricos dignos de un buen cocazo, el contundente fruto va a caer directamente —oh justicia divina, dónde estás— en la cabeza de un inocente mesonero.

IMPORTANCIA Y PROYECCION
DE LA ÑEMA DE COLON

Prólogo por el
AUTOR

Mañana 12 de Octubre,
tu estatua, Colón, se cubre
de flores, como un poema;
pero entre tanta zalema,
tanto homenaje barato
no habrá en este mundo ingrato
quien se acuerde de tu ñema;

ACTO UNICO
(Unico en su tipo)

El drama ocurre en Castilla,
la noble y vetusta villa
donde la reina Isabel
nos echó la gran varilla
de aportar la mostacilla
con que vino el loco aquel.

Decoración principal:
un castillo un poco eval
en cuyos espesos muros
suelen hacer los zamuros
su ejercicio matinal.

Hay al foro una redoma
junto a la cual se destaca
la leyenda de una placa
que dice en letras de goma:

"Fue en estas sagradas gradas
donde Ulrico Barbatiesa
libró su duelo a nalgadas
contra Bartolo de mesa.

Gloria a la sangre leonesa!
Vivan las fuerzas armadas!"

La católica Isabel,
como siempre, está rezando;
costumbre que al rey Fernando
tiene ya como un chirel.
¡Y eso que reza por él!

ISABEL: San Pepe y San timoteo,
oíd de mi alma los gritos,
y haced, oh santos benditos,
que el rey consiga un empleo!

Entra un sirviente gordito
que fue esbirro en Guasdualito.

ESBIRRO: —¡Señora, qué obstinación!
Aunque no hace casi nada
que de una sola patada
lo saqué por el balcón,
señora, qué maldición,
el porfiado siempre gana
y esta vez por la ventana
volvió a meterse Colón!

(Llorando) ¿Habre de decirle
que vuelva a otra hora?
Decidme, señora,
¿le ordeno pasar?
¿Le suelto los perros?
¿Lo saco con humo?
¿Lo entierro? ¿Lo inhumo?
¿Lo mando a peinar?

ISABEL: Mejor que esa lata
ya casi obsesiva,
será que salgamos
de esa lavativa;
veremos qué quiere,
veré qué motiva

su afán de buscarme
con ansia tan viva;
sin duda es un loco
con chispa inventiva
que tiene un invento
de gran perspectiva
del cual me ha nombrado
madrina adoptiva,
o el jefe de alguna
cooperativa
de entierros por cuotas
o viejas con chiva,
que quiere sin duda
que yo me suscriba
al módico precio
de un real para arriba.

Aquí nadie busca
que yo lo reciba,
si no es por el gusto
de echar lavativa.

¿No ve que se cree
la gente abusiva
que yo me la paso
de vaga aquí arriba?

Aquí aparece Colón
y es tan grande su emoción
ante Isabel de Castilla,
que le quiebra una costilla
del primer apurruñón.

COLON: Señora, en el corazón
   y en el páncreas y el riñón
   y otros órganos internos
   recibid besitos tiernos
   del almirante Colón.
LA REINA: Bueno, Cristóbal, al grano:
   ¿qué buscas en esta villa?

<pre>
                      ¿A qué has venido a Castilla
                      con esa ñema, en la mano?

       COLON: Pues mi visita de ahora
                      se debe a que os traigo el mapa
                      donde, aunque os parezca chapa,
                      mi tesis se corrobora
                      de que es la Tierra, señora,
                      redonda como una papa.

       LA REINA: ¿Papa el mundo que Dios hizo?
                      Pues vaya tesis extraña...
                      (¡Entienda que en esta España
                      hay más locos que el carrizo!)

                      Mas papa, salchicha o queso,
                      para usar vuestros vocablos,
                      ¿queréis decirme qué diablos
                      tengo yo que hacer con eso?

       COLON: Que si una buena mascada
                      me entrega vuestra persona,
                      muy pronto la real corona
                      tendrá esa papa pelada.

       LA REINA: ¡Ay, Colón, con qué tristeza
                      tan buena oferta rechazo,
                      pero es tal nuestra limpieza
                      que hablándote con franqueza
                      te caíste a platanazo!

       COLON: Perdonad, señora, el tono,
                      pero con tal lechería
                      debierais dejar el trono
                      y abrir una pulpería.

       LA REINA: No seas injusto, Colón,
                      tú ves así la cuestión
                      porque tú eres un extraño,
                      pero aquí hace como un año
                      que no se prende el fogón.
</pre>

Y es más bien de un desparpajo
y de un sarcasmo tremendo,
pedirnos plata sabiendo
que el rey está sin trabajo.

COLON: Pero, ¿y aquesos banquetes
que os pegáis con estofado,
con embriagantes claretes,
con perniles de venado
y unas lonjas de pescado
que brillan como machetes
y un champán color dorado
cuyos corchos, cual cohetes,
estallan en los golletes
y van a dar al tejado,
¿acaso todo eso es fiado?

LA REINA: Esos, querido Colón,
son sobrados que a Fernando
le mandan de cuando en cuando
sus parientes de Aragón.

Colón, que es un caradura,
nota la intensa amargura
que su sonrisa refleja
y en voz baja le aconseja
que empeñe la dentadura.

La reina envuelve sin ruido
los mentados atributos
y a los cinco o diez minutos
ya están montando el hervido.

Y gracias a su bolsillo
que de nuevo está colmado,
sale Colón del castillo
como garrafón quebrado.

Pero aunque ya tiene la blanca
para comprarse un buen bote,
vienen a pararle el trote
los sabios de Salamanca.

LOS SABIOS: Antes de emprender camino,
conteste, señor Colón,
¿por qué el rabo del cochino
parece un tirabuzón?

Contéstenos sin tropiezo,
¿por qué razón al zamuro
le ha salido ese pescuezo
como un plátano maduro?

Pero Cristóbal, qué va,
parece que ni los nota,
y a tanta pregunta idiota
no dice ni fo ni fa.

LOS SABIOS: Los puntos no contestados
confirman nuestra opinión
de que los cables cambiados
tiene Cristóbal Colón.

Ante tamaño anatema,
Colón no contesta nada,
pero, para estratagema,
deja a la audiencia asombrada
parando, muy bien parada
sobre un pupitre una ñema.

Y según dice el Mantilla,
fue esa suerte tan sencilla
lo que al fin pudo lograr
que a Colón y a su pandilla
se les diera la flotilla
con que cruzaron el mar.

MORALEJA: Más puede a veces un truco
que la ciencia y el sistema.
Si no es por aquella ñema
no soltamos el guayuco.

Con César Rengifo, director de su programa, y un técnico del canal 5.

RELAFICA DEL NEGRO
Y LA POLICIA

Oye, negra, ¿te ha fijao
la cantidá y la cuantía
de cuelpos de policía
que existen en la ciudad?
Pues cuéntalo, y si lo cuenta
uno, dó, tré, cuatro y tal,
si en la cuenta no te enreda
te va a caé pa atrá.

Policía con cachucha,
policía con pumpá;
policía de sombrero
y de cabeza pelá.
Y hasta policía mujeres
pal que se quiera casá.
Eso sí es policiera,
¡qué policiera cará!...
Que si la criminológica,
que si la municipá,
que si la arta policía,
que si la de más allá,
que llego la PTJ,
que si se fue la social,
que si éstos son digepoles
y del Sifa lo demá;
que si aquélla es la civí,
que si ésta es la militá,
que si ésta no tiene rolo
sino que tira con gá,
que si éste te afloja un tiro
y el otro te muele a plan
y en una radiopatrulla
te rueda el de más allá;
cualquiera te pone preso,
cualquiera te hace rodá,
que con o sin uniforme,

con sombrero o con pumpá,
en cuanto a rodalo a uno
todo lo ruedan igual,
pues la sola diferencia
que del uno al otro va,
e que depué tú no sabe
cuál de ellos te va a soltá.

—Suéltame al negro, mijito,
—le dice tú a la Social—
y la Social te conteta
que vaya a la judicial,
la judicial que te entienda
con el cuerpo ditrital,
y el cuerpo que es asunto
de la gualdia nacional,
o de la alta policía
o bien de la milital,
o bien de lo de cachucha,
o bien de lo de pumpá,
o bien de lo que trabajan
con la cabeza pelá,
o bien del que tira tiro
o bien del que tira gá,
o bien que si patatín
o bien que si patatán.

Que si uno que tocan pito,
que si el que no toca ná,
que si el que usa la pistola
con el piquito pa trá,
o la lleva en la cintura
lo mimo que una empaná
pa dale muelte a la novia
ca vez que la va a limpiá;
que si el que lleva manopla
que si el que tiene black jack,
que si el que no lo rueda a uno
sin etale haciendo ná,

que si el que llega a lo robo
depués que el ladrón se va;
policía con cachucha,
policía con pumpá,
policía que trabaja
con la cabeza pelá…
¡Y no te lo cuento todo
porque me voy a enredá!

EL AGUA DE YUGOSLAVIA

Desde Yugoslavia
llega el notición
de que en una aldea
de aquella nación
ha brotado un agua
con cuya ingestión
cualquier viejecito
levanta presión.

Viejito que bebe
del agua en cuestión,
viejito que al punto
se vuelve atacón
y deja rosario,
cachucha y bastón
y llama a su vieja.
que está en el fogón,
y cuando ella viene:
¿Qué quieres, Ramón?,
ya el viejo bandido,
ya el viejo bribón,
igual que el famoso
sapito lipón,
ni tiene camisa
ni tiene calzón.

Y así esté el viejito
como un chicharrón
o de un renacuajo
nos dé la impresión,
apenas de agua
toma una ración,
ahí mismo se pone
de guachamarón
a decir que quiere
meter un jon ron.

Es tal la eficacia
del agua en cuestión
que gracias a ella
y a su extraña acción,
ya cualquier viejito
de la reacción
superarrugado,
superochentón,
podrá enamorarse
de un lindo bombón,
y una vez que logre
parar papelón,
lo demás lo arregla
con el garrafón.

UNA EXQUISITA PAGINA SOCIAL
COMO LAS QUE PUBLICA "EL NACIONAL"
Tips de perro seco

En esta población se han celebrado
seis intoxicaciones con pescado,
de las cuales, sin duda, la más linda
fue la de Congolocha Guinda —Guinda,
quien celebró anteayer su indigestión
con una deliciosa defunción.

•

Hoy celebra sus quince la correa
del general Temístocles Govea.

•

El pantalón de Asdrúbal Vermicida
sufrió ayer una nueva recaída.

•

La camisa de Hermogénes Poleo
está estrenando un cuello de volteo.

•

Ayer fue detenido Juan Partidas
por tener las elásticas vencidas.

•

El flux de Juan Bernardo Conchadura
está hoy en su cuarta volteadura.

•

La fiancée de Johncito Verdegallo
presentó en sociedad su primer callo,
y con este motivo
se brindó un delicioso vomitivo.

El bozo de Pepita Meregote
presentó ayer su tesis de bigote.

•

Al bachiller Maimónides Heredia
le cayó comején en una media.

•

Y al doctor Agachancio Veintemillas
le ha caído carcoma en las patillas.

•

El general Temístocles Chorrillos
inauguró sus nuevos calzoncillos,
maravillosa prenda ultramoderna
con un dibujo abstracto en cada pierna
y, sujeta al fondillo con dos lazos,
una almohadilla a prueba de planazos.

•

¡Y después hay quien piense
que no hay vida social perrosequense!

LOS MARTIRIOS DE NERON
O EL DRAMA DE UN GORDIFLON
A QUIEN DE MODO OBSESIVO
CADA VEZ QUE VE UN RECIBO
SE LE ARRUGA EL CORAZON

ACTO I

*Al levantarse el telón
está en escena Popea,
bejuca bastante fea
que es la esposa de Nerón.*

*Feroz, tremante y huraño
y embojotado en un paño
que parece un colador,
viene saliendo del baño
su esposo el Emperador.*

NERON: ¡Sicarios y centuriones,
¿dónde están mis pantalones?
¡Vestales y pitonisas!
¡¿En dónde están mis camisas?!

¡Embajadores de Esparta
y otras naciones amigas,
contestad, mal rayo os parta,
¿dónde pusisteis mis ligas?!

POPEA: No habrán de traerte nada,
pues la verdad descarnada
es que al igual que otros bienes,
tú hace dos años que tienes
toda la ropa empeñada.

NERON: ¡Pero es que están por venir
los ministros del Estado,
y envuelto como un fakir
en este paño mojado
no los puedo recibir!

Se forma una silbatina
de las de marca mayor,
y hace su entrada Agripina;
una especie de gallina
que empolló al Emperador.

Y con los brazos en cruz
a Nerón le hace saber
que se debe el alquiler,
que les cortaron la luz
y que habrá, para comer,
que matar al micifuz.

Mientras Nerón compungido
se lamenta en español,
se oye en el foro un ladrido
y aparece un digepol.

DIGEPOL: Perdonad la interrupción.
Dice el primer centurión
de vuestra Guardia de Hierro,
que bañar no puede al perro
porque se acabó el jabón.

POPEA: Mi amor, ¿tendrás aunque sea
dos lochas o un mediecito?

NERON: ¿Plata yo? ¡Vaya una idea!
Yo estoy, querida Popea,
como talón de angelito!

POPEA: Entonces no hay manera de arreglarlo;
(al Digepol) Que se coman al perro sin bañarlo!

Al foro se abre un portón
y aparecen ocho ingleses
que desde hace algunos meses
están cazando a Nerón.

LOS INGLESES: A pesar de tu fama de pagano,
tú eres, Nerón, un maula soberano...
Si quieres demostrar tu paganismo
páganos estas cuentas ahora mismo!

Nerón igual que un muchacho
forma un tremendo llantén,
mientras entran sin empacho
los Ministros del Despacho
que están ladrando también.

LOS MINISTROS: Los ministros de la Roma de Neŕón
(cantando) sus renuncias han venido a presentar,
pues no cesan los ingleses de atacar
y no queda ni una locha en el cajón.

MINISTRO I: Aquí está el Libro Mayor,
en el cual se nos revela
que a cada santo una vela
le debe el Emperador.

MINISTRO II: Monos de todos los tonos
nos acosan por doquier,
y no encontramos qué hacer
para bajar esos monos!

Afuera se oye un bullicio
que a Nerón saca de quicio.

NERON: ¿Qué es ese ruido?
¿Quién ruge afuera
de una manera
tan singular?

LOS MINISTROS: Son los ingleses,
que, cual payasos,
a maletazos
quieren entrar.
Están buscándonos
desde el viernes
para un asunto
que nos concierne.

Al foro se abre un portón
y parece un centurión
que le transmite a Nerón
la siguiente información:

CENTURION: Majestad, afuera hay grupos,
de ingleses gritando a coro
que en las arcas del tesoro
quedan algunos churupos!

LOS MINISTROS: Tienen muy mala pupila,
pues con lo que éste ha chupado,
de los reales del Estado
no queda ni la mochila.

NERON: No sé qué demonios
(llorando) iremos a hacer:
tenemos los monos
a más no poder,
y no hay una puya
con qué responder.
Le debo al lechero,
le debo al chofer,
le debo al muchacho
que viene a barrer...
¡Ya esto fastidiado
de tanto deber!

POPEA: Oh, no. No llores, Nerón!
No llores si es que me amas,
pues el llanto que derramas
me destiñe el camisón.

Además —sigue Popea—,
cuanto tú lloras, Nerón,
pones la cara más fea
que un pleito en un apagón.

Como un tiro de cañón
vuelve a entrar el Centurón,
y a Popea que lo embroma
porque está bañado en fango
le anuncia que en toda Roma
se formó el arroz con mango.

CENTURION: ¡Se alzaron cuarenta esclavos,
y en los choques producidos,

dos cabos fueron heridos
y el jefe picó los cabos!

NERON: Aquí no hay más solución
que pegarle a Roma fuego
y conseguimos quien luego
la compre como carbón!

Quemadla, pues, que entre tanto
yo al compás de mi vihuela
voy a decir con mi canto
lo que no aprendí en la escuela!

Y en prueba de que no es broma
lo que acaba de expresar,
saca una una lira de goma
y así se pone a cantar:

NERON: En vista de que el Tío
que tengo en ultramar
por deberle a un gentío
no me puede ayudar,
ayúdame, dios mío,
ayúdame a pagar.

Sigue cantando Nerón,
y pues no calla el bribón
su implacable melodía,
hay alguien que, en galería,
le dispara un cohetón
con tan buena puntería,
que con la sola explosión
quema un tren, quema un tranvía,
quema un campo de aviación,
dos polainas de teniente,
dos rueditas de chupón
y, así sucesivamente,
como decía Platón.

Aquiles Nazoa en el año 1974-75.

ROMANCE EN CELEBRACION
DEL MES DE LA RASPAZON

Ya, lector, llegó Don Julio,
ya de portón en portón
llegó Don Julio anunciando
que empieza la raspazón.
Y a darle un recibimiento
digno de su condición,
los gallardos estudiantes,
sin ninguna distinción,
se quitan de zoquetadas
y dejan el camastrón.

Mirad aquel, por ejemplo,
mirad aquel mocetón,
aquel que viviendo en Catia
va a estudiar para el Panteón...
Abrumado bajo el peso
de su actual preocupación
—la raspazón y Don Julio,
Don Julio y la raspazón—;
con más corotos encima
que si fuera de excursión,
la boina hasta las orejas
cual gorrita de Pierrot,
enrojecidos los ojos
y el semblante todo hinchón;
levantada la solapa
como un viejo con pestón,
y al hombro la inevitable
silletica de extensión
con la que parece un hijo
del Hombre de la Emulsión;
con sus tesis bajo el brazo,
con su librote marrón
que ya de tan manoseada
parece de chicharrón;
con sus cuadernos de apuntes,

con sus tizas de color,
con su caucho por los hombros
tipo Cristóbal Colón,
allí va el pobre estudiante
cargado como un camión,
en busca de una placita
o un sosegado rincón,
en donde poder fajarse
—fajarse como un león—
a meterse en el cacumen
esa notamentazón
y esa pila de bichitos
que parecen de masón
y esas cuentas del carrizo
que uno no sabe qué son
porque les ponen letricas
en vez de numeración.

¿Por qué no estudia en la casa?
Decidme, ¿por qué razón?
Porque en la casa no hay forma
de concentrar la atención:
Que si Fulano te busca,
que si esta noche hay Simón,
que si coge el cenicero
que me quemas el sillón,
que si molesto a Antonieta,
que si despierto a Ramón,
que si tanto echar jareta
con tu estudio y tu cuestión
para que de todos modos
te raspen como un lechón.

Y así va el pobre estudiante
cargado como un camión,
con su thermo, con su caucho,
con su silla de extensión,
y con los demás corotos,
de que ya hicimos mención,
en busca de una placita

o de un simple callejón
donde estudiar sin que nadie
le eche a perder la cuestión.

Por el día en El Calvario,
por la noche en el Panteón,
a veces junto a una estatua,
a veces junto a un farol,
a veces junto a una mata
que según su vocación
unas veces es de mango
y otras veces de mamón.
Allí está el pobre estudiante,
fajado como un campeón,
con su thermo, con su caucho,
con su silla de extensión
y todas las otras cosas
de igual significación
que según tengo entendido
ya nombré en otra ocasión.

Desde aquí lo estoy mirando,
aquí, desde mi balcón,
estoy mirando la estampa
del estudiante en cuestión.
Miradlo cuán solo llega,
mirad su noble expresión:
de no más verle la cara
se le ve la vocación!

Antes de entrar en materia
fue a buscar inspiración
y en la venta de tostadas
se pegó tres de jamón.
Y en este momento vuelve
satisfecho y barrigón,
listo a agarrar esas tesis
y entrarles como un campeón.

Miradlo sacar sus notas,
mirad con que decisión

se saca todas las tizas
que carga en el pantalón;
mirad el gesto resuelto
con que da un solo tirón,
echando mano del thermo
le quita al thermo el tapón
y ¡observad con cuántas ganas
se empina el thermo en cuestión!
y cómo distiende el forro
de la silla de extensión
y cómo despliega el caucho
y agarra el libro marrón
y en la actitud del que lee
con sostenida atención,
¡se queda toda la noche
durmiendo como un lirón!

VERBOS IRREGULARES *

Estos son unos verbos que, a paso de tortuga,
yo conjugo,
tú conjugas,
él conjuga...

Como sin garantía todo el mundo se inhibe,
yo no escribo,
tú no escribes,
él no escribe.

Sino mil tonterías que, de modo evidente,
yo no siento,
tú no sientes,
él no siente.

Pues de escribir las cosas que uno tiene en el seso,
yo voy preso,
tú vas preso,
él va preso.

O, rumbo al frío Norte, París o Gran Bretaña,
yo me extraño,
tú te extrañas,
él se extraña.

Y por eso, temiendo que nos cojan la falla,
yo me callo,
tú te callas,
él se calla.

Por la ley del chivato, que es una ley eterna,
yo gobierno,
tú gobiernas,
él gobierna.

* Estos versos fueron escritos en 1945, pero siguen tan de actualidad
como el primer día.

HERMOSA POESIA PARA RECITARSELA
A PAPAITO EN EL DIA DEL PADRE

Hoy día de los Padres, papaíto quisiera
dedicarte un minuto de recuerdo siquiera
y al fin cantarte el himno del amor, oh papaíto
que escribirte no pude cuando estaba chiquito.

¿Y cómo no escribírtelo, papaíto querido,
si tú eres el único papá que yo he tenido
y yo debo quererte nada más que por eso,
ya que cada pulpero debe alabar su queso?

Además, hay muy pocos papás, oh papaíto,
que, como tú, merezcan un canto bien bonito,
pues siempre como padre fuiste un padre sin menguas,
pese a lo que en contrario digan las malas lenguas.

Cierto que te gustaban los palitos y a veces
cogías unas monas que te duraban meses
y que cuando llegabas a casa en ese estado
dabas unos escándalos de sacarte amarrado.

Más yo sé, papaíto, yo lo sé aquí en lo hondo,
que, no obstante, esa maña tú eras bueno en el fondo;
pero aún cuando hubieras sido un monstruo maldito,
yo te sigo creyendo muy bueno, oh papaíto!

Porque tú me inculcaste, papaíto, el ejemplo
de que un hogar auténtico debe ser como un templo.
Cierto que tú solías beber como un verraco
convirtiendo tu hogar en un templo de Baco...

Pero tú a pesar de eso —vuelvo y te lo repito—
¡tú eras bueno en el fondo, muy bueno, papaíto!
Tú con nosotros fuiste, pese a ser tan bohemio,
como no hubiera sido quizás ningún abstemio.

¿Te acuerdas de la histórica noche en que yo nací?
Tal vez tú no te acuerdas, papá, pero yo sí:
Rascado como estabas, te me quedaste viendo
y al final exclamaste: ¡Qué bicho tan horrendo!

Y gritabas en tanto te sacaban del cuarto:
¡Devuélvanme mis reales! ¡Yo no pago ese parto!,
mientras mamá gemía que dejaras la bulla
y el médico partero llamaba a la patrulla.

Después de aquella escena que yo encontré tan tierna,
siguieron tus ejemplos de ternura paterna:
inventaste, ofendiendo gravemente a mi madre,
que yo no era hijo tuyo sino de tu compadre.

Preferías —decías— verme clavar el pico
que darle a mamá un fuerte para la leche Drico.
Y agregabas de un modo tan rudo como cruel:
¡Pídesela al compadre, que ese muchacho es de él!

Aún la veo acechándote por los alrededores
de aquella taguarita del Puente de Dolores
para que le entregaras los churupos del diario
antes que te rascaras con mi padrino Hilario.

Tú, si no la insultabas, la tomabas en chanza
y ella pacientemente seguía su acechanza...
Aún te escucho diciéndole: ¡Carrizo, no me aceche,
mientras yo reclamaba: mamaíta, mi leche!

¿Cómo olvidar tampoco la Nochebuena aquella
en que llegaste a casa metido en la botella
y agarrando una vieja pantufla de cocuiza
me diste de aguinaldo mi primera cueriza?

Fue la primera noche que me meneaste el frito...
¡Por eso no la olvido jamás, oh papaíto!
Y tú también la debes recordar muy bien
porque mamá esa noche te embromó a ti también.

¡Ah papá, cómo evoco tus sabrosas cuerizas
tus clásicos trompones, tus nalgadas castizas
y tus pelas que hacían salir a mamá
con la escoba en la mano gritándote: Yástá!

Y entonces papaíto, demudado el semblante,
la agarrabas a ella de atrás para adelante

y entraban los vecinos —unos noventa o cien—
que al llegar la patrulla los rodaba también.

Así fue, papaíto, como yo con tu ejemplo
aprendí a comprender que un hogar es un templo:
Hombre ya hecho y derecho, hoy tengo mi hogar propio
donde de aquel modelo totalmente me copio.

Y en prueba de lo dicho te va esta poesía
que te estoy escribiendo desde la policía.

Dibujo de María Wicander.

Aquiles Nazoa en el año 1976. Foto Brito.

INDICE

Durante su programa "Las Cosas más Sencillas" 1974.

INDICE ALFABETICO

549

ESTE LIBRO SE TERMINO DE IMPRIMIR EN
LOS TALLERES DE EDITORIAL TEXTO
AV. EL CORTIJO, QTA. MARISA, N° 4
LOS ROSALES - CARACAS - VENEZUELA